111 GRÜNDE, COSTA RICA ZU LIEBEN

Roland Berens

111 Gründe, Costa Rica zu lieben

Eine Liebeserklärung an
das schönste Land der Welt

SCHWARZKOPF & SCHWARZKOPF

Inhalt

Wie das Leben so spielt ...

Vorwort

1992 kam ich das erste Mal nach Costa Rica. Nach ein paar Tagen in der Hauptstadt San José reiste ich nach Montezuma, den Ort, von dem ich als Geheimtipp und Aussteigerdomizil schon einiges gehört hatte. Nach der Ankunft wollte ich mich mit einem Duschbad erfrischen, als plötzlich das Wasser versiegte (das war in der damaligen Zeit dort nichts Ungewöhnliches). Um das Bein zu »retten«, das schon abgeduscht war, sprang ich über eine etwa 40 Zentimeter geflieste Mauer aus der Dusche, um zum Handtuch zu gelangen. Im Flug merkte ich schon, dass das nicht gut gehen würde. Ich rutschte auf den glatten Fliesen aus und wäre vermutlich mit dem Hinterkopf auf die Mauer geschlagen, die die Dusche vom übrigen Bad trennte. Blitzschnell drehte ich mich um und wollte mich mit einer Hand auf der Mauer abfangen. Mit großer Wucht schlug ich mit der Hand auf und brach mir dabei das Handgelenk. Die Knochen »krachten« hörbar, und die Hand stand »nach hinten«.

Ich zog mir mit letzter Kraft eine Sporthose an und lief zur angrenzenden Wohnung der Eigentümer der *Cabinas* (Zimmer mit Bad). Dort wurde ich vor Schmerz ohnmächtig, und Doña Zaida, die Vermieterin, legte mich auf die Couch. Als sie meine Hand sah, bekam sie einen derartigen Schreck, dass auch sie in Ohnmacht fiel.

Ihr Sohn fuhr mich nach Cóbano, wo mir ein Sanitäter eine schmerzstillende Spritze verabreichte. Einen Arzt gab es damals dort noch nicht. Ob der unerträglichen Schmerzen zeigte die Spritze keinerlei Wirkung, und ich »stand« zwei Tage und zwei Nächte »senkrecht« im Bett. Da ich nicht in der Lage war, mit dem Bus und der Fähre zu reisen, bestellte man mir aus San José einen Zweisitzer, denn in Tambor, wo sich heute der kleine Flugplatz befindet, gab es schon eine primitive Schotterpiste. Es landete ein junger, vielleicht 18-jähriger Pilot mit einem schneeweißen Overall. Da das Kleinflugzeug absolut nicht vertrauenserweckend aussah, fragte ich ihn: »Macht denn die Maschine das überhaupt noch mit?« Seine Antwort: »Sie ist ja 45 Jahre nicht abgestürzt.«

Glücklich erreichte ich San José und begab mich mit dem Taxi in die Clínica Bíblica. Der einzige, bereits weißhaarige Orthopäde ließ von dem ebenfalls bereits in die Jahre gekommenen Röntgengerät eine Aufnahme anfertigen. Sein Kommentar beim Betrachten des Bildes: *»Muy complicado!«* Er bestellte zwei Assistenten, die den Arm fixierten, umwickelte das Handgelenk mit einer Mullbinde und begann ohne Narkose zu »drehen«. Ob der starken Schmerzen wurde ich fast ohnmächtig. Ich wandte mich ab, denn ich konnte das alles nicht mit ansehen. Ich fühlte, wie er noch mehr Verbandsmaterial um den Arm wickelte. Meine Schlussfolgerung: Er hat es nicht geschafft, er muss noch einmal »drehen«! Doch bald darauf merkte ich, wie der gesamte Arm steif wurde, denn der Mull war die Vorbereitung für den Gips.

Der Arzt sprach mit mir halb spanisch und halb englisch. Ich verstand: *»four or five days yeso«* (vier oder fünf Tage Gips). Meine Antwort: »Nur vier oder fünf Tage? Dann kann ich ja zurück nach Montezuma fahren!«. Jetzt bemühte er sich, deutlicher englisch zu sprechen: *»No, forty-five days!«* Damit war meine erste Costa Rica-Reise nach drei Tagen beendet.

Wieder in Deutschland, erklärte mir ein Orthopäde, dass es sich um einen äußerst komplizierten Handgelenksbruch handelt, sein costa-ricanischer Kollege hätte den aber so gut es geht eingerenkt. Eine Bewegungseinschränkung würde ich aber zurückbehalten. Liegestütze oder einen Handstand würde ich wohl in Zukunft nicht mehr machen können … Durch Krankengymnastik und später durch eigenes hartes Training (bis es schmerzte) habe ich eine nahezu normale Motorik des gebrochenen Handgelenks zurückerhalten.

Ein Jahr später flog ich wieder nach Costa Rica. Wieder nach Montezuma, wieder Zimmer Nr. 3 mit der gleichen Dusche … Ich musste den Albtraum verarbeiten! Und da habe ich erst gesehen, wie schön Montezuma und was für ein einmalig interessantes Land Costa Rica ist.

Seitdem bin ich jedes Jahr nach Costa Rica und nach Montezuma zurückgekehrt (Grund 91). Natürlich frage ich mich ab und zu bis heute, ob das ohne dieses wahnsinnige Missgeschick auch der Fall gewesen wäre. Es ist müßig, darüber zu spekulieren. Heute bin ich ein halber Costa Ricaner. So spielt das Leben.

Roland Berens

1. Kapitel

Land, Leute, Klima

1. Grund

Weil in Costa Rica auf den Besucher Natur pur wartet

Costa Rica begeistert seit Jahrzehnten Besucher aus aller Welt. In erster Linie wegen der Natur. Kein Wunder, denn wo sonst kann man während eines einzigen Urlaubs durch üppige Nebelwälder oder seltene Trockenwälder wandern, nahezu undurchdringliche Regen- oder Mangrovenwälder auf einer Bootsfahrt auf natürlichen Kanälen erkunden, unter rauschenden Wasserfällen oder in heißen Quellen baden, in türkisblauen Gewässern tauchen oder schnorcheln, Vulkane besteigen, einen spektakulären Sonnenuntergang erleben, auf meterhohen Wellen surfen, im tosenden Wildwasser einen Fluss hinabfahren, beim Canopy an einem Seil hängend in den Bergen abenteuerlich von einer Station zur anderen gleiten und bei jeder dieser Aktivitäten gleichzeitig jede Menge seltene Tiere beobachten? Wenn man mal eine Pause einlegen will, legt man sich einfach an einen der vielen Traumstrände oder genießt einen exotischen Drink mit Blick auf das Meer, auf dem warme Winde ein tropisches Feeling verbreiten.

Doch vor allem kommen die Besucher, um in den vielen staatlichen und privaten Naturparks und biologischen Reservaten eine äußerst artenreiche Tier- und Pflanzenwelt zu bestaunen. Diese Vielfalt an Flora und Fauna ist einzigartig. Costa Rica lebt von der Schönheit der Natur und ist sicherlich eines der abwechslungsreichsten Länder Lateinamerikas. Das ist der Hauptgrund, warum jährlich eine immer größere Zahl von Touristen das Land erkunden.

Während eines Besuches im Nationalpark oder in einem Naturreservat, besonders in abgelegenen Gebieten, ist eine Übernachtung in einer Lodge ein besonderes Erlebnis. Mitten im Dschungel, fernab der Zivilisation, erlebt man die Natur noch intensiver. Auch bietet eine Nachtwanderung durch den Regenwald eine gute Möglichkeit, Tiere zu beobachten, die man sonst nicht zu Gesicht bekommt.

Die landschaftliche Vielfalt ist ebenfalls beeindruckend. Lava und Asche speiende Vulkane, Gebirgsmassive und Bergketten, Trocken-, Regen- und Nebelwald, Sumpfland durchzogen von natürlichen Kanälen, Traumstrände und Korallenriffe liegen dicht beieinander.

Costa Rica – gerade mal ein wenig größer als Niedersachsen – hat mehr Staatsfläche als Naturschutzgebiet ausgewiesen als irgendein anderes Land der Welt. 27 Prozent seiner gesamten Fläche stehen unter Naturschutz. Das ist Weltrekord. Heute gibt es über 160 staatliche und private Schutzgebiete wie biologische Reservate, Nationalparks und Naturschutzgebiete.

Das erste bedeutende biologische Naturreservat, das *Reserva Natural Cabo Blanco*, wurde auf Initiative des schwedischen Biologen Olof Wessberg 1963 auf der Südspitze der Halbinsel Nicoya ins Leben gerufen. 1969 wurde vom Parlament ein Gesetz zur Erhaltung des Waldes und der Natur auf den Weg gebracht. Worauf 1971 der *Parque Nacional Santa Rosa* in der Provinz Guanacaste im Nordwesten des Landes an der Pazifikküste als erster Nationalpark eingerichtet wurde. Gleichzeitig war das der Beginn einer staatlichen Nationalparkverwaltung, die aber anfangs zunächst weder genügend finanzielle Mittel noch Personal besaß, um die Parks wirksam vor Bauern und Siedlern zu schützen. Heute gibt es über das gesamte Land verstreut 26 Nationalparks mit ganz unterschiedlichen charakteristischen Merkmalen.

Wer also Costa Rica besucht, sollte neben Badeshorts auch ein Fernglas für Tierbeobachtungen und Regenschutz mit dabeihaben. In höheren Regionen, auf felsigem Geläuf bei Besuchen von Wasserfällen oder anderen touristischen Zielen und auf Wandertouren im Regen- und Nebelwald benötigt man ebenfalls festes Schuhwerk, besonders in der Regenzeit.

Die beste Reisezeit für einen Costa-Rica-Urlaub ist von Mitte November bis Anfang Mai. Im der zweiten Novemberhälfte beginnt der Übergang von der Regen- zur Trockenzeit, und der umgekehrte Wechsel beginnt im April. Costa Rica hat also nur zwei Jahreszeiten.

Die Trockenzeit nennen die Einheimischen *verano* (Sommer), die Regenzeit *invierno* (Winter). Mit ein bisschen Humor kann man konstatieren, dass die Costa Ricaner auch gern einen Winter haben möchten. Wenn die *Ticos* (so nennen sie sich selbst) wüssten, was wir Mitteleuropäer unter Winter verstehen …

Während der Trockenzeit bleibt es in den meisten Regionen bis auf ein paar gelegentliche tropische Regengüsse trocken. In Regen- und Nebelwaldgebieten muss man allerdings immer mal mit leichtem Nieselregen rechnen. Grundsätzlich regnet es an der Karibikseite mehr als am Pazifik.

In der Regenzeit sind die Temperaturen generell etwa um 5 Grad Celsius geringer und die Luftfeuchtigkeit ist höher als in der Trockenzeit. Allgemein sind September und Oktober die niederschlagsreichsten Monate. Dennoch regnet es selten durchgängig, sondern meist nur wenige Stunden am Tag oder in der Nacht. Unter Regen muss man sich in Costa Rica grundsätzlich etwas anderes vorstellen, als wir ihn in Mitteleuropa kennen. Es ist tropischer Regen. Er fällt in dicken, warmen Tropfen vom Himmel. Im Nu bilden sich Sturzbäche, und er trommelt unablässig auf die Zinkdächer und erzeugt dabei ein für unsere Ohren nicht vertrautes Geräusch. Die Regenzeit bewirkt, dass die in der Trockenzeit ausgedörrte Vegetation wieder zum Leben erweckt wird und neu ergrünt und erblüht. Ausflüge in den Regenwald sind in den Monaten November bis Dezember nach der Regenzeit deshalb besonders beeindruckend.

Die großen Schulferien (mit Wechsel des Schuljahres) beginnen in Costa Rica kurz vor Weihnachten und enden Mitte Februar. Doch das wirkt sich auf den einheimischen Fremdenverkehr recht wenig aus. Wirklich überlaufen sind die großen touristischen Ziele und die Hauptstrände nur in der Zeit von Weihnachten bis Neujahr und in der Karwoche (*Semana Santa*). Dann sind sogar an den Tagen der An- und Rückreise die durch den Urlaubsverkehr am meisten frequentierten Nationalstraßen nur in einer Richtung befahrbar, um die endlosen Autoschlangen zu bewältigen.

Trotz der ständig steigenden Besucherzahl wird man auch weiterhin in freier Natur abenteuerliche Pisten für Mountainbikes und in Naturparks Wanderpfade finden, wo man noch fast allein ist, und so manche einsame Bucht kann man auch noch entdecken.

Ob Naturfreund, Wassersportler, Abenteurer, individueller Rucksacktourist oder diejenigen, die eine Luxusherberge bevorzugen, in Costa Rica kommt jeder auf seine Kosten. Auch Familien sind in dem kinderfreundlichen (!) Land gern gesehen und finden die notwendigen Einrichtungen und Strukturen vor.

Also: Willkommen im Land, das der liebe Gott mit einer beeindruckenden Natur ausgestattet hat, viel Spaß im Land der Brüllaffen, Leguane, Tukane, Faultiere, Schildkröten, Pelikane, Kolibris und Papageien.

Pura Vida! *www.visitcostarica.com*

2. Grund

Weil in Costa Rica Ökotourismus großgeschrieben wird

Costa Rica gilt als einer der Vorreiter des Ökotourismus. Als in den 80er-Jahren durch immer mehr Raubbau an der Natur beinahe 80 Prozent der Regenwälder im Land abgeholzt waren, legte die Regierung per Dekret fest, dass fortan nur noch selektiver Holzschlag erlaubt ist. Inzwischen sind wieder über die Hälfte des Landes bewaldet und 27 Prozent des Staatsgebietes zu Naturschutzgebiet erklärt. Man gelangte zur Einsicht, dass eine intakte Natur die Grundvoraussetzung für eine touristische Nachfrage ist. Sie wurde als Ressource erkannt, die geschützt werden muss, aber gleichzeitig auch noch Devisen ins Land bringen soll. Denn der Tourismus ist heute der wichtigste Wirtschaftsfaktor Costa Ricas. Viele Einheimische leben von den Besuchern und sind darauf angewiesen, für sich und ihre

Familien den Lebensunterhalt zu bestreiten. So wird man überall im Land merken, welch hohen Stellenwert nachhaltiger Tourismus bei der Bevölkerung und den touristischen Einrichtungen genießt, besonders bei den Menschen, die in der Branche tätig sind.

Der Schutz der Natur ist mit hohen Kosten verbunden, die für ein kleines Land wie Costa Rica nicht einfach aufzubringen sind. Man suchte schon früh nach Ideen und Lösungen für einen nachhaltigen Tourismus.

Costa Rica war wohl eines der ersten Länder, die Besucher gegen Eintritt die unberührte Natur erleben ließen, und schuf damit eine neue Form zum herkömmlichen Tourismus – den Ökotourismus. Damit traf das Land den Nerv der Zeit. Die Erkenntnis, dass gerodete Wälder, verschandelte Landschaften und verdreckte Sehenswürdigkeiten auf Dauer das Gegenteil von Nachhaltigkeit bewirken, erkannte auf der anderen Seite auch eine immer größer werdende Zahl von Besuchern. Denn für Ökotouristen stellt ein Land mit einem umfangreichen System von Schutzgebieten ein attraktives Reiseziel dar. Unberührte Natur wurde so zu einem Markenzeichen Costa Ricas und lockt seitdem immer mehr Reisende an, die noch eine intakte Umwelt suchen.

Doch schon bald merkten findige Kleinunternehmer und multinationale Tourismusketten, dass sich mit dem Label »Öko« gute Werbung machen lässt. Neben wirklich nachhaltigen Tourismusprojekten tauchten immer mehr primär gewinnorientierte Unternehmen auf, die das Prädikat »Öko« nur werbewirksam benutzten. Das kam natürlich gerade bei umweltbewussten Besuchern gar nicht gut an, ist doch gerade diese Zielgruppe besonders kritisch gegenüber Naturzerstörung und Ressourcenverschwendung eingestellt. In den 90er-Jahren schien dadurch der gute Ruf Costa Ricas auf dem Spiel zu stehen.

Als Antwort darauf führte das Tourismusministerium Costa Ricas 1999 ein eigenes Öko-Label ein: das »Zertifikat für nachhaltigen Tourismus« CST (*Certificación para la Sostenibilidad Turística*), das sich bis heute etabliert hat. Damit zählt Costa Rica weltweit zu den ersten Ländern mit einer nationalen Politik für nachhaltigen Tourismus. Das Zertifikat steht für drei Hauptziele: 1. die umweltschonende Nutzung der natürlichen und kulturellen Ressourcen, 2. die Verbesserung der Lebensqualität in Kommunen und Regionen und 3. ein wirtschaftlicher Erfolg, der sich auch auf andere Wirtschaftszweige des Landes positiv auswirken soll.

Doch auch der umweltbewusste Tourist muss seinen Beitrag leisten, wenn letztlich die Öko-Bilanz positiv ausgehen soll. Hierzu gehört ein respektvoller Umgang mit der Natur und den darin lebenden Tieren. Denn sonst zerstören die Besucher genau das, was man doch schützen und erhalten will: eine vielfältige intakte Natur. Das ist natürlich nicht immer einfach und stößt manchmal an seine Grenzen, auch in Costa Rica.

Der meistfrequentierte Nationalpark Manuel Antonio, der anfangs nur mühsam über Schotterpisten erreichbar war, wird heute jährlich von 300.000 Besuchern »heimgesucht«. Die Kapuziner-Äffchen warten schon auf die Fütterung mit Bananen, Faultiere versucht man mit für sie störenden Geräuschen aus ihrer Ruhe aufzuschrecken. Montags ist der Park geschlossen, da dann ein Großreinemachen notwendig ist. Auch im Kanalsystem Tortuguero, einer weiteren hochfrequentierten Schutzzone, drängen Touristen immer weiter in die Wildnis ein. Dabei wollen sie natürlich möglichst keine anderen Besucher neben sich wissen, sondern exklusiv die Mangroven mit den Krokodilen für sich allein haben. Die Pufferzone, die Tiere und Pflanzen vor den Menschen schützen soll, wollen viele nicht respektieren. Und da es schnell gehen muss, mietet man sich lieber in ein Motorboot ein, als sich mit Paddel- oder Elektroboot fortzubewegen. Dass dadurch permanent Tiere in Stress versetzt werden, nimmt man gedankenlos in Kauf.

Den großen Bemühungen Costa Ricas im Öko-Tourismus steht der bisher unzulängliche Umweltschutz im alltäglichen Leben gegenüber. Die Mülltrennung im Land steckt noch in den Anfängen, und ein professionelles Recyclingsystem ist bisher nicht auf den Weg gebracht. Immer noch gelangen Abwässer auf versteckten Wegen ins Meer, da Kanalisation und Abwasserentsorgung unzureichend sind. Einige Flüsse und Bäche, besonders die in Stadtnähe, erwecken den Eindruck, als seien sie halbe Kloaken. Im Supermarkt wird selbst eine Dose Cola in einen Plastikbeutel verstaut, die später oft gedankenlos weggeworfen wird, und um in Bussen und Autos dauerhaft die Klimaanlage aktivieren zu können, laufen die Motoren auch bei größeren Pausen permanent durch. Hier tut sich Costa Rica noch schwer, ein neues Umweltbewusstsein zu generieren.

Grundsätzlich entstehen immer mehr Unterkünfte, große internationale Hotelketten wie familienbetriebene Lodges und weitere Touristik-Unternehmen aller Art, die natürlich weitere Umweltbelastung mit sich bringen. Der Tourismus soll dem Land und den Bewohnern neue Arbeitsplätze bescheren. Trotz allem kann man in Costa Rica noch nicht von Massentourismus sprechen. Wie lange das allerdings noch so bleibt, kann man schwerlich voraussagen. Costa Rica hat mit seinem Ökotourismus sicherlich den richtigen Weg eingeschlagen. Dafür kann man dem kleinen Land seine Hochachtung aussprechen. *www.turismo-sostenible.cr.com*

3. Grund

Weil in Costa Rica die glücklichsten Menschen der Erde zu Hause sind

Eigentlich spricht einiges dagegen, dass in verschiedenen Studien zur Ermittlung der glücklichsten Bewohner eines Landes Costa Rica immer ganz weit oben steht: trotz erheblicher Staatseinnahmen wie Steuern und Maut durch fast alle Verkehrsteilnehmer, chronisch schlechten Zustands der meisten Verkehrswege, permanenter Unzufriedenheit mit jeder neuen Regierung, schlechter Organisation des eigentlich guten staatlichen Gesundheitswesens, unzureichender Ausstattung vieler Schulen, ständiger Korruptionsvorwürfe an Landes- und Lokalpolitiker und in vielen Bereichen eines Dickichts von bürokratischen Vorschriften als Fortschrittshemmnis. Doch trotz all dieser negativen Einflüsse lassen sich die *Ticos* ihre gute Laune im Alltag nicht verderben.

Pura Vida! steht sinnbildlich für die Lebenseinstellung der Ticos. Übersetzt bedeutet es so viel wie »wahres Leben«. Es wird jedoch von »Hallo«, über »Wie geht's?«, »Alles klar, danke!«, »Okay«, »Ja« bis zu »Auf Wiedersehen« vielfältig benutzt (Grund 4).

Der geneigte Mitteleuropäer steht morgens auf, und besonders in der dunklen Jahreszeit hat er häufig seit Wochen keinen blauen Himmel mehr gesehen, nur grau in grau. Dementsprechend ist seine allgemeine seelische Verfassung. Demgegenüber wacht der Costa Ricaner mit einem vielstimmigen exotischen Vogelgezwitscher auf und begrüßt den oft himmelblauen neuen Tag mit einem: »Hey, heute ist ein weiterer schöner Tag, den ich genießen möchte!« Auch in den Städten, angereichert mit ständigem Verkehrslärm und Abgasen, bleiben die *Ticos* erstaunlich gelassen.

In Costa Rica lebt fast jeder ziemlich relaxed. Dies liegt in der Natur jedes einzelnen *Ticos* und ist begründet in der schon mit der Muttermilch aufgenommenen *Tranquilo*-Mentalität, die jedem *Tico* innewohnt – frei übersetzt: »immer mit der Ruhe!«. Kommst du heute nicht, dann eben morgen. Entschuldigt sich jemand für eine Verspätung oder ein schuldhaftes Verhalten, dann hört man von dem Gegenüber nur ein »*Tranquilo!*« – alles halb so schlimm! Noch in der aussichtslosesten Situation hört man als Trost vom Freund »*Tranquilo!*« – da kommen wir auch noch wieder heraus!

Diese innere Einstellung ist der vorherrschende Grund dafür, dass Costa Rica das glücklichste Land der Welt ist. Sie haben diese Lebenseinstellung tief in sich verankert und zeigen die Lebensfreude jeden Tag aufs Neue. Familie, Freunde, die Natur des Landes, die Bildung, Musik und die Kinder sind Dinge, welche den Ticos am

Herzen liegen. Bei der einfachen Bevölkerung geht es viel weniger um das liebe Geld wie etwa bei den Europäern oder vor allem bei den US-amerikanischen Touristen, aus dem einfachen Grund, weil sie keines haben und viele *Ticos* sich gar nicht vorstellen können, wie begütert doch die meisten Besucher sind und in welchem (relativen) Luxus sie zu Hause leben. Den *Ticos* geht es um das Leben hier und jetzt. Man arbeitet, um zu leben, nicht umgekehrt. Pünktlich sind sie nicht unbedingt, aber sehr engagiert in ihrer Arbeit. Sie machen auch gern mal Party, und das dann richtig. Es kann also durchaus mal laut werden und etwas Alkohol fließen. Sie betrachten es als Glück, in Costa Rica geboren zu sein, wo die Mütter bei Geburt ihrer Kinder wissen, dass sie niemals Soldaten sein werden.

Neben dem Fußball und hier besonders der *Sele – la selección nacional* –, die Fußballnationalmannschaft haben die *Ticos* eine zweite Leidenschaft. Es ist die Hoffnung der einfachen Bevölkerung auf den großen Treffer, auf *el gordo* – den dicken Gewinn – in der staatlichen Lotterie. In jedem Städtchen, aber besonders im Zentrum von San José sieht man fast an jeder Ecke Losverkäufer – *chancheros* –, die laut das Glück beschwören und die *Ticos* erfolgreich zum Loskauf animieren. Wenn auch fast immer ohne Happy End. Aber auch das nehmen die *Ticos* gelassen hin.

Natürlich kann man nicht verleugnen, dass die Costa Ricaner, die vom Tourismus leben, vor allem auch das Geld sehen, das die ausländischen Besucher im Land lassen. Aber das ist wohl überall so auf der Welt. Wer mit der »normalen« Bevölkerung ins Gespräch kommen möchte, der sollte schon ein paar Spanischkenntnisse mitbringen, denn besonders die mittlere und ältere Generation ist oft der englischen Sprache unkundig. Man wird schnell feststellen, mit welcher sympathischen Herzlichkeit die *Ticos* nach den üblichen Begrüßungsfloskeln von sich selbst, ihrer Familie und ihren Lebensumständen berichten, die doch so anders als die unsrigen sind. Und das alles geschieht eigentlich immer auf einer zufriedenen, fröhlichen Art und Weise, weil sie das glücklichste Völkchen der Erde sind.

4. Grund

Weil Pura Vida viel mehr ist als eine Begrüßungsformel

Pura Vida ist ein nur in Costa Rica benutzter sprachlicher Ausdruck, den man wörtlich mit »wahres, pralles oder reines Leben« übersetzen kann. Er symbolisiert wie keine andere Redewendung die den *Ticos* innewohnende Lebenseinstellung. Es wird in erster Linie als Begrüßungsformel benutzt und kann dort von »Hallo«, über »Wie geht's?«, »Alles klar, danke!«, »Einverstanden«, »Okay«, »Ja, gut« bis zu »Auf Wiedersehen« bedeuten.

Habe ich einen alten Bekannten lange nicht gesehen und frage ihn »Wie geht's dir denn?«, so reicht als Antwort ein *Pura Vida*, was in dieser Situation so viel heißt wie »Unkraut vergeht nicht« oder »ich lebe immer noch!«. Wenn man jemand ganz allgemein nach seinem Befinden fragt, bedeutet *Pura Vida*, dass man gesund, glücklich und mit seinem Leben zufrieden ist.

Es gibt Hunderte von verschiedenen Alltagssituationen, in denen man mit *Pura Vida* seine momentane Gefühlslage ausdrücken oder eine Situation treffend wiedergeben kann. Hier nur einige Beispiele:

Hat ein Schüler eine Prüfung bestanden, so teilt er es seinen Kameraden durch *Pura Vida* mit. In anderen Situationen kann es »locker bleiben«, »entspann dich!«, »die Seele baumeln lassen«, »niemals die gute Laune verlieren« und »ich lass mich nicht unterkriegen« bedeuten oder aber auch »das läuft großartig«, »super gemacht« oder »was für eine Freude« ausdrücken.

Da der Ausdruck nur in Costa Rica verwendet wird, bedeutet er aber auch »ich bin stolz, ein *Tico* zu sein« oder es wird einfach die Tatsache bekundet, dass man in diesem paradiesischen Land glücklich ist und nirgendwo anders leben will. Er drückt für die *Ticos* mehr Lebensgefühl aus als irgendein anderer Ausdruck oder eine andere Redewendung. *Pura Vida* ist das, was die *Ticos* überall in der

Welt identifiziert, es ist viel mehr als nur eine sprachliche Eigentümlichkeit. Es ist das Symbol für die immer wieder sichtbar werdende Lebensfreude der *Ticos*.

Pura Vida muss man erleben. Es wird jedem bald auffallen, der das Land einmal bereist oder sogar längere Zeit dort verbracht hat. Es ist allseits und allezeit präsent. Ein allumfassender Ausspruch, der Hunderte von Alltagssituationen wiedergibt und der sich nur durch das Völkchen der *Ticos* so versinnbildlichen lässt.

5. Grund

Weil das kleine Costa Rica einen gesunden Patriotismus zeigt und stolz auf das Erreichte ist

Die Costa Ricaner sind stolz auf ihr Land, bekunden es immer und überall durch einen gesunden Patriotismus und möchten in keinem anderen Land der Welt leben. Auch als Tourist fühlt man förmlich, wie die *Ticos* ihr Land und die Farben Rot, Blau und Weiß ihrer Nationalflagge lieben. Vor jedem öffentlichen Gebäude, seien es Ministerien, Rathäuser, Gerichte, Schulen, Universitäten, staatliche Krankenhäuser und Gefängnisse, aber auch vor Gebäuden der nationalen Institutionen wie die costa-ricanische Elektrizitätsgesellschaft (ICE) oder die staatliche Kranken- und Sozialversicherung (CCSS) hängt wie selbstverständlich die costa-ricanische Nationalflagge. In vielen Schulen, sei es draußen oder drinnen, steht an einer Wand die Nationalhymne geschrieben, in der es unter anderem heißt:

»Edles Vaterland, in zähem Kampf schwerer Arbeit, welche das männliche Antlitz rot färbt, erlangen deine Söhne, einfache Bauern, ewigen Ruhm, Wertschätzung und Ehre. Sollte jemand versuchen, deinen Ruhm zu beflecken, wirst du sehen, wie dein Volk mutig und männlich die rohen Werkzeuge gegen Waffen austauscht …«

Auf offiziellen Feiern wie Schulentlassung, Gedenktagen oder politischen Versammlungen hört man die Costa Ricaner oft singen: »*Que lindo ser Tico*« (»Wie schön ist es, *Tico* zu sein«). Ich habe mehrfach Schulentlassungsfeiern beigewohnt. Die Ansprachen der Schulsprecher würden bei uns wahrscheinlich schon als »nationale Tümelei«, ein übertriebenes Festhalten an landeseigenen Werten, gesehen. In Costa Rica aber steht dieses Nationalbewusstsein für eine grenzenlose Vaterlandsliebe.

Der amerikanische Wissenschaftsastronaut Franklin Chang-Diaz, in Costa Rica geboren, jedoch seit über 40 Jahren US-Amerikaner, wird immer noch voller Stolz als einer der ihren angesehen. Das gilt auch für andere Wissenschaftler, Künstler und Personen des öffentlichen Lebens, die eine ähnliche Biografie aufweisen. Ganz besonders zeigt sich der Nationalstolz im Sport. Montags wird in der größten Zeitung des Landes *La Nación* immer ausführlich berichtet, wie sich die costa-ricanischen Fußballer am Wochenende geschlagen haben, die im Ausland ihr Geld verdienen und das runter bis in die 3. Ligen.

Die größte sportliche Heldentat vollbrachte Costa Ricas Fußballnationalmannschaft, und zwar bei der WM 2014 in Brasilien. Nicht nur, dass man völlig unerwartet in der Vorrunde die drei ehemaligen Weltmeister und Titelfavoriten Italien, England und Uruguay ausschaltete, sondern im Achtelfinale auch noch Griechenland besiegte. Danach waren die *Ticos* schier aus dem Häuschen. »Costa Rica schläft heute nicht!«, beschrieb die größte Zeitung *La Nación* die grenzenlose Euphorie. Voller Stolz trugen nicht nur die *aficionados* (Fans) das Trikot der *Sele* zur Schau, sondern unzählige *Ticos* im ganzen Land hatten in diesen Tagen auf der Straße, im Supermarkt und auch im Dienst ein Fähnchen oder sogar eine große Nationalflagge dabei. Als das Viertelfinal-Spiel gegen den übermächtigen Gegner Holland anstand, wurde Unterstützung und Beistand für das Nationalteam sogar von höchster Stelle befohlen. Der damals gerade neu gewählte Präsident Luis Guillermo Solís sandte allen Ministerien und öffentlichen Einrichtungen im Land einen »Erlass«, wonach alle

Beamte und Angestellte für die Zeit der TV-Übertragung ihre Arbeit einstellen und den nationalen WM-Helden vor den Bildschirmen beistehen sollten. Hätte der Außenseiter auch noch die Niederlande zu Fall gebracht, wäre wahrscheinlich das kleine Land komplett durchgedreht.

Auch persönlich wird ein gewisser Stolz zur Schau gestellt, ohne dabei überheblich zu wirken. Viele *Ticos* lassen es sich nicht anmerken, dass es ihnen wirtschaftlich nicht gerade rosig geht. Trotzdem legt man eigentlich immer Wert auf ein gepflegtes Erscheinungsbild, besonders natürlich in der Damenwelt. Mit Birkenstocksandalen und Schlabberjeans wird man wohl weder männliche noch weibliche Einheimische jemals antreffen. Das Gleiche gilt für Haartracht und Maniküre. So mancher Tourist könnte sich daran vielleicht ein Beispiel nehmen.

Kinder sind der ganze Stolz der *Ticos*, besonders natürlich der Mütter. Sie werden häufig wie kleine Prinzesschen oder Prinzen zurechtgemacht und für unsere Verhältnisse vielleicht zu sehr verhätschelt. Ein Baby sieht man häufig mit Schleifchen, Rüschen und anderen für uns kitschigen Accessoires herausgeputzt. Kinder sind in der gesamten Gesellschaft in jeder Hinsicht willkommen. Ein Schild »Spielen verboten« wird man im Land vergeblich suchen.

Die *Ticos* sind in guter alter spanischer und lateinamerikanischer Tradition ein durch und durch stolzes Völkchen, respektieren aber auch die Besucher aus anderen Ländern und deren Sitten und Gebräuche.

6. Grund

Weil die Mentalität der Ticos so anders als die unsrige ist

Zwischen Costa Ricanern und Mitteleuropäern gibt es bei der Bewältigung von Alltagssituationen erhebliche Unterschiede. Als Erstes fällt auf, dass der Costa Ricaner niemals Stresssituationen oder andere Missgeschicke mit Wutausbrüchen und/ oder Schreikrämpfen quittiert. Er bleibt relativ ruhig und gelassen und behält eigentlich immer seinen Humor, sonst müsste ein *Tico* ja ständig »Sch...« schreien ...

In vielen Banken, bei fast allen Behördengängen, im Krankenhaus und selbst in Geschäften und Läden mit hohem Publikumsverkehr, wie zum Beispiel im Baumarkt, wird die Reihenfolge der Bedienung und Betreuung durch Ziehen einer Nummer (*ficha*) bestimmt. Der geneigte Mitteleuropäer würde wahrscheinlich nicht hinnehmen, dass 30 oder mehr Personen vor ihm stehen - oder sitzen, denn manchmal gibt es Stühle - und man vielleicht sogar Stunden mit Warten verbringen muss. Die Costa Ricaner ertragen das mit stoischer Ruhe, denn es ist ja eh nicht zu ändern. Morgen ist auch noch ein Tag ...

Ein gänzlich anderes Verhalten zeigen die *Ticos* nur im Straßenverkehr. Dann sind viele nicht wiederzuerkennen. Nicht nur in der Rushhour, sondern fast den ganzen Tag über sind die Zentren der Städte chronisch verstopft. Seit Jahrzehnten ist an innerstädtischen Verkehrsführungen wenig geändert worden, sodass vor allem die Stadtzentren das ständig wachsende Verkehrsaufkommen nicht mehr bewältigen können. Natürlich betrifft das besonders die Hauptstadt San José. Die Stadtverwaltung hat versucht, ein wenig Abhilfe zu schaffen, indem sie seit 2016 werktags zwischen 6:00 und 19:00 Uhr Fahrzeugen mit bestimmten Endziffern auf dem Nummernschild die Einfahrt ins Stadtzentrum nicht mehr erlaubt. Montags dürfen

Pkws mit der Endziffer 1 und 2 nicht in die Stadt, am Dienstag die mit 3 und 4 nicht, und so weiter, und freitags nicht mehr die mit 9 und 0. Das gilt natürlich nur für Privatfahrzeuge.

Also, im Straßenverkehr sind viele *Ticos* wie ausgewechselt, sie geben sich nicht mehr so ausgeglichen, so wie man sie sonst kennt. Fast jeder dritte Autofahrer, der im Stau steht, hupt, was das Zeug hält, in der Hoffnung, damit doch noch ein bisschen schneller voranzukommen. Auch beim Einfädeln im Reißverschlusssystem oder beim Einbiegen in eine vorfahrtberechtigte Straße ist sich in der Regel jeder selbst der Nächste. Fußgänger, die die Straße überqueren, werden eher als störendes Verkehrshindernis empfunden. Man sollte trotz Zebrastreifen und grüner Ampel bei der Überquerung immer Obacht geben. Die wenigen Radwege, die es bisher im Zentrum von San José gibt, werden mangels Radfahrer von Motorrädern genutzt. Auf dem Lande gibt es noch nirgendwo ausgewiesene Radwege. Von daher ist es nicht ungefährlich, in Costa Rica mit dem Fahrrad unterwegs zu sein. Von der Politik werden kaum Anstalten gemacht, die Situation für Radfahrer zu verbessern. Auf der interurbanen Eisenbahnstrecke Alajuela – Heredia – San José – Cartago ist es wiederholt an Bahnübergängen zu schwersten Unfällen gekommen, weil einige Autofahrer schlichtweg nicht das rote Warnblinksignal beachten. Bahnschranken gibt es nicht in Costa Rica.

Ganz besondere Zurückhaltung sollte geübt werden, wenn man als Fahrzeugführer in einen Unfall verwickelt wird. Dann kennen viele *Ticos*, besonders die Jüngeren, überhaupt keinen Spaß. Das kann bei falschem Verhalten sogar in Handgreiflichkeiten ausarten. Dazu muss man wissen, dass für viele junge *Ticos* ein eigenes Auto oder ein knatterndes Motorrad, und sei es noch so schrottreif, das Ein und Alles bedeutet. Wenn zudem der Fahrzeugführer in weiblicher Begleitung ist, kann zusätzlich noch ein Machogehabe zum Vorschein kommen. Also, im Falle eines Unfalls, keine Vorwürfe, keine Gegenrede und möglichst keine Diskussion, sondern sofort die Polizei verständigen (siehe Grund 20).

Ein vollständig anderes Verhalten, *wie* wir es gewohnt sind, legt ein *Tico* auch an den Tag, wenn er um etwas verlegen ist oder um einen größeren Gefallen bitten will. Mein Nachbar Omar, der bei mir nach dem Rechten sieht, wenn ich nicht in Costa Rica bin, kam neulich an und beschrieb in langen, blumigen Erläuterungen seine gegenwärtige Situation. Danach teilte er mir mit, dass er unverzüglich nach Nicaragua reisen müsse, weil seine Patentante verstorben sei. Natürlich bemerkte ich sofort, dass er momentan knapp bei Kasse ist. Aber ein *Tico* würde das niemals direkt sagen. (Anders ist es natürlich bei einem Bettler auf der Straße.) Nach zehn Minuten war er froh, dass ich ihm die Frage abnahm, die eigentlich er mir stellen wollte.

Einem Europäer mit Spanischkenntnissen wird auch noch Folgendes auffallen. Wer vielleicht mehrfach in einer der vielen *Pulperías* (frei übersetzt: Tante-Emma-Laden) oder anderen kleinen Lädchen einkauft, den wird die Verkäuferin oder Besitzerin bald mit *mi amor* – mein Lieber/ meine Liebste –, nach weiteren Besuchen mit noch mehr Vertrautheit, vielleicht sogar mit *cariño* – Liebling – oder *mi vida* – mein Leben – ansprechen. Das darf man dann nicht als Anmache verstehen, sondern das ist pure Höflichkeit.

Costa-Rica-Reisenden werden auf vielfältige Art und Weise die zum Teil doch recht großen Mentalitätsunterschiede auffallen. Trotzdem sollte man natürlich bei zu viel Zutraulichkeit Vorsicht walten lassen, besonders in den Innenstädten.

7. Grund

Weil das Land die Schweiz Mittelamerikas genannt wird

Nicht umsonst trägt Costa Rica den Beinamen »Schweiz Mittelamerikas«. In dem kleinen, beschaulichen Land nehmen die Dinge normalerweise ihren ganz gemächlichen Gang. Zudem legen eine ähnliche Landesgröße, hohe Berge sowie relativer Wohlstand diesen

Vergleich zusätzlich nahe. Während in den 70er- und 80er-Jahren in den Nachbarländern blutige Diktaturen herrschten oder bewaffnete linke Guerillagruppen versuchten, die Staatsgewalt an sich zu ziehen, glänzte Costa Rica wie die Schweiz durch Ruhe und Demokratie. Noch heute bestimmen in weiten Teilen Mittelamerikas Staatskrisen, eine immer mehr ausufernde Kriminalität, Drogenhandel, Umweltzerstörung und Armut die Schlagzeilen. Costa Rica macht demgegenüber nicht so oft von sich reden, wenn überhaupt, dann meistens eher positiv.

Die Verhältnisse zwischen Costa Rica und der Schweiz sind jedoch nicht immer vergleichbar. Zwar verfolgen beide Staaten eine strikte politische Neutralität, die Frage über den Sinn der Bewaffnung aber trennt sie. Statt sich eine Armee zu leisten, investiert Costa Rica unter anderem in Bildung.

Viele politische Beobachter gehen heute davon aus, dass Costa Rica in die jahrzehntelangen gewaltsamen, bürgerkriegsähnlichen Auseinandersetzungen der Nachbarländer vor allem wegen seiner unbewaffneten Neutralität nicht hineingezogen worden ist. Mit dieser Haltung ist das Land als eindeutiger Gewinner aus den jahrelangen zentralamerikanischen Konflikten hervorgegangen. Es gelang dem kleinen Land nicht nur, nicht in (Bürger-)Kriege hineingezogen zu werden, sondern der damalige Präsident jener kritischen Jahre, Oscar Arias, schaffte es als Vermittler, die mittelamerikanischen Kriegs- und Konfliktparteien an den Verhandlungstisch zu bringen und so zum Einstellen der Kriegshandlungen zu bewegen. 1987 erhielt Oscar Arias, der von 2006 bis 2010 noch einmal Präsident von Costa Rica war, dafür den Friedensnobelpreis. Das Land ist den Weg der Friedensarbeit konsequent weitergegangen. Unter dem Mandat der UNO entstand in San José 1980 die Friedensuniversität (UPEACE – *Universidad para la Paz*).

Noch einmal ein wenig Folklore. In einem weiteren Volkslied (*Tan linda es mi Costa Rica*) heißt es: »So schön ist mein Costa Rica, dass die Jungfrau der Engel vom Himmel hinabstieg. Sie fand es so wunderbar, dass sie nie mehr zurückging … wegen ihrer Schönheit nennt man es die zentralamerikanische Schweiz«.

In puncto ethnischer Zusammensetzung der Bevölkerung kann die Schweiz mit Costa Rica jedoch nicht mithalten. Costa Rica wurde 2018 von genau fünf Millionen Menschen bewohnt (Quelle: Nationaler Zensus Costa Rica). Seit 1980 hat sich die Bevölkerung mehr als verdoppelt. Die Bestimmung der Abstammung gestaltet sich in dem multiethnischen Land schwierig. Der Anteil der rein weißen Bevölkerung, also die Gruppe, die ethnisch unvermischt nur von Europäern abstammt, im Wesentlichen von den spanischen Eroberern – sie werden Kreolen genannt –, ist im Vergleich zu den anderen mittelamerikanischen Staaten in Costa Rica am höchsten: 45–67 Prozent, gemäß verschiedenen Erhebungen von 2011 bis 2013. Die Bevölkerungsgruppe der Mestizen, die ethnische Vermischung aus spanischen Eroberern und Indio-Ureinwohnern, betrug zwischen 13 und 35 Prozent. Da sich aber fortlaufend eine weitere ethnische Vermischung vollzieht, sind die Gruppen heute zum Teil nicht mehr zu unterscheiden. Die Bevölkerungsgruppe der Mulatten, die ethnische Vermischung von Weißen und Schwarzen, macht sechs bis elf Prozent aus. Hinzu kommen noch ca. zwei Prozent Schwarze, die vornehmlich an der Karibikküste leben und deren Vorfahren vor ca. 100 Jahren für den ersten Bananen-Boom aus Jamaika angeworben wurden, und ca. 0,5 Prozent Chinesen, deren Vorfahren ebenfalls gegen Ende des 19. Jahrhunderts ins Land kamen und im Eisenbahnbau tätig waren. Die heutige Generation betätigt sich im Handelsgewerbe oder betreibt Restaurants.

Dann leben im Land noch ca. 115.000 Nachfahren der präkolumbischen Indio-Ureinwohner, das entspricht einem Bevölkerungsanteil von ca. 2,4 Prozent. Sie werden in der Bevölkerung als wichtige Volksgruppe angesehen und genießen einen gewissen staatlichen Schutz. Sie gehören acht verschiedenen indigenen Volksgruppen an: den Bribrí, den Cabécares, den Teribes, den Borucas, den Ngöbes, den Huetares, den Malékus und den Chorotegas. Sie leben heute in

22 Reservaten, die über das ganze Land verteilt sind. 1939 garantierte die damalige Regierung in einem Dekret diesen indianischen Ureinwohnern eigene Territorien mit einer gewissen Autonomie, die unter anderem besagte, dass ihre Stammesgebiete unveräußerlich seien. Trotzdem sind im Laufe der Jahre viele Indio-Reservate durch Rodung für immer größere Bananen- und Ananasplantagen verkleinert bzw. sogar aufgelöst worden. Heute lebt ein Teil von ihnen im Talamanca-Gebirge im südlichen Teil des Landes, welches schwer zu bewirtschaften ist.

Etwa 60 Prozent der costa-ricanischen Bevölkerung leben in Städten, die aber nur etwa vier Prozent der Fläche des Landes ausmachen. Zwei Drittel der fünf Millionen Einwohner wohnen im klimatisch begünstigten Hochland, zu dem auch der Großraum San José – die Gran Área Metropolitana – mit den Städten Heredia, Alajuela und Cartago gehört.

www.pueblosindigenas.odd.ucr.ac.cr

8. Grund

Weil auf engstem Raum verschiedene Klimazonen anzutreffen sind

Costa Rica grenzt im Norden an Nicaragua und im Süden an Panama. Es liegt in der Äquatorialzone und ist geprägt durch ein tropisches Klima. Dieses wird dadurch definiert, dass zwischen kältestem und wärmstem Monat die maximale Temperaturdifferenz weniger als fünf Grad Celsius beträgt. Das Klima im Land wird stark durch die von Nordwesten nach Südosten verlaufenden Kordilleren bestimmt, die als Kontinentalscheide wesentlich das Wetter in den Landesregionen beeinflussen. Generell wird Costa Rica durch diese zentralen Bergketten in eine immerfeuchte Atlantikregion – die Karibikseite – und eine wechselfeuchte Pazifikregion geteilt.

Die Jahreszeiten resultieren aus der Abfolge von Trocken- und Regenzeit, das heißt, es gibt in Costa Rica nur zwei, die die Einheimischen *verano* (Sommer) und *invierno* (Winter) nennen.

Generell herrscht von Mai bis November Regenzeit und von Dezember bis April Trockenzeit (mit Übergängen). Und natürlich kann es auch in der Trockenzeit mal regnen, selten aber den ganzen Tag.

In der Regenzeit gibt es auf der Pazifikseite eigentlich täglich Niederschläge, oft nachmittags oder auch nachts. Der Rest des Tages gestaltet sich dann häufig sonnig. Die stärksten Regenfälle treten am Pazifik von Ende September bis Anfang Dezember auf. Die Niederschlagsmengen auf der Karibikseite sind generell erheblich höher, oft verwischen hier die Perioden von Regen- und Trockenzeit ganz. Die stärksten Niederschläge sind hier zu verzeichnen, wenn die Sonne ihr Maximum im südlichen (November – Januar) und nördlichen (Mai – Juli) Wendekreis erreicht. In Puerto Limón an der Karibikküste ist der Niederschlag mit ca. 3.500 mm fast doppelt so hoch wie in der Hauptstadt San José mit 1.870 mm.

Trotz seiner vergleichsweise geringen Größe von nur 51 000 qkm weist Costa Rica sieben Klimazonen auf. Diese sind das Zentraltal im Landesinneren mit der Hauptstadt San José, die zentrale Hochebene südlich der Hauptstadt, die nördlichen Nebelwälder mit Monteverde und Arenal, die Karibikzone sowie die nördlichen, zentralen und südlichen Pazifikregionen. Die Vegetation wird in erster Linie durch die Höhe der Niederschläge bestimmt.

In der Region um San José mit dem Zentraltal ist die Vegetation ganzjährig üppig und vielschichtig. Die durchschnittlichen Temperaturen liegen je nach Höhenlage hier in der Trockenzeit im Bereich vom 18 bis 26 Grad Celsius, in der Regenzeit vom 16 bis 24 Grad Celsius. In der zentralen Hochebene südlich der Hauptstadt San José regnet es von Juni bis November fast täglich. Hier erheben sich der höchste Berg des Landes, der Chirripó, und der Vulkan Irazú, auf deren Gipfeln es natürlich erheblich kühler ist. Zu den Nebelwäldern gehören unter anderem der Vulkan Arenal und das Gebiet Monteverde. Ganzjährig ist es hier um die 25 Grad Celsius warm. Während es im März und April nur etwa zwei Tage pro Monat regnet, sind es in der Regenzeit im Schnitt ganze 17 Tage. Auf der Karibikseite herrscht durch Nordostwinde ganzjährig ein humides Klima, während die gesamte Pazifikregion durch klar definierte Trocken- und Regenzeit bestimmt ist. Deshalb ist die beste Reisezeit für die Pazifikseite von Dezember bis April. Dann gibt es wenig bis gar keinen Regen, es ist trocken und heiß, und das Wasser hat angenehme 26–27 Grad Celsius (Abkühlung überflüssig!). Auch wenn Costa Rica nicht zu den gefährdeten Hurrikan-Gebieten zählt, können deren Ausläufer von September bis in den November hinein manchmal für stürmische Tage sorgen.

In der Nordpazifikregion gibt es schöne Sandstrände und Buchten sowie Trockenwälder. Überwiegend herrscht hier trockene Luft vor. Nur in der Regenzeit kann es mal schwül werden. Im Zentralpazifik mit der Halbinsel Nicoya liegen die beliebtesten Surfgebiete, die ganzjährig, aber besonders während der Regenzeit Sportler aus der ganzen Welt anziehen. Die Temperaturen in dieser Klimazone betragen durchschnittlich 32–34 Grad Celsius im Sommer (Trockenzeit) und 29–31 Grad Celsius in den Wintermonaten (Regenzeit). Die Region Südpazifik ist von Mangroven, Regen- und Nebelwäldern geprägt. Die Temperaturen erreichen dort das ganze Jahr 30 Grad Celsius oder mehr. Aufgrund der hohen Niederschlagsmengen über einen Zeitraum von acht bis neun Monate im Jahr sind viele Teile in dieser südwestlichen Region oft schlecht passierbar.

Ab und zu hört man in den Nachrichten, dass aus dem Norden eine *frente frío*, eine Kaltfront, im Anmarsch sei. Es werden »extrem niedrige« Temperaturen von um die 22 Grad Celsius in der Ebene und an den Küsten und um die zwölf Grad Celsius in den Bergtälern prognostiziert. Der Bevölkerung wird empfohlen, dementsprechende Vorkehrungen zu treffen. Wenn die *Ticos* wüssten, was wir Mitteleuropäer unter Kaltfront verstehen …

2. *Kapitel*

Politik, Wirtschaft, Soziales, Sicherheit

9. Grund

Weil Costa Rica politisch stabil ist und keine Armee unterhält

Costa Rica unterhält keine Armee, und darauf sind die *Ticos* sehr stolz. 1948 verkündete der damalige Präsident José Figueres Ferrer die Abschaffung der Streitkräfte und ließ diesen Schritt für immer in der neuen Verfassung festschreiben. Damit war Costa Rica weltweit das erste Land ohne Militär. Bis 1996 existierte zwar noch die *Guardia Civil de Costa Rica*, eine paramilitärische Polizeitruppe, doch angesichts der aufkommenden Bürgerkriege in Mittelamerika verkündete 1983 Präsident Luis Alberto Monge die dauerhaft unbewaffnete Neutralität des Landes. Wie man heute weiß, ist Costa Rica dadurch gestärkt und unbeschadet aus den jahrelangen zentralamerikanischen bewaffneten Konflikten hervorgegangen und kann insgesamt auf eine über 100-jährige stabile Demokratie zurückblicken. Am 1. Dezember jeden Jahres erinnert der Präsident auf dem Platz der Demokratie in San José in einer feierlichen Zeremonie an dieses wichtige geschichtliche Ereignis. 2018, am 70. Jahrestag verkündete Präsident Carlos Alvarado zudem einen Erlass, dass alle Bildungseinrichtungen in Zukunft am 1. Dezember in einer Feierstunde den »Tag der Abschaffung der Streitkräfte« zu begehen hätten. Und natürlich gibt es auch zu diesem Geschichtsereignis ein Lied, das in den Schulen gesungen wird:

Am 1. Dezember in unserem Vaterland
änderte sich die Geschichte fundamental
seitdem schweigen die Waffen für immer
Kanonendonner und Gewehrsalven
sind nicht mehr vernehmbar
Durch diesen mutigen Schritt
sind wir in der Welt bekannt geworden
zollt uns dafür höchsten Respekt …

Die eingesparten Militärausgaben im Staatshaushalt kommen seitdem dem Bildungs- und Gesundheitssektor zugute, und dadurch ist Costa Rica auch auf diesen Gebieten in Vergleich zu anderen lateinamerikanischen Staaten vorbildlich.

Costa Rica ist eine Präsidialrepublik. Das hat Vor- und Nachteile. Zum einen hat der alle vier Jahre direkt vom Volk gewählte Präsident eine starke Stellung (etwa wie in Frankreich), zum anderen aber hatte in den vergangenen Legislaturperioden der Präsident häufig in der 57 Mitglieder (*disputados*) umfassenden Abgeordnetenkammer (*Congreso Nacional*) keine Mehrheit. Das hat den Politikbetrieb und die Gesetzgebung oft sehr gelähmt. Feste Koalitionen oder gar einen Koalitionsvertrag gibt es zwischen den Parteien nicht. Für jedes parlamentarische Projekt muss man sich Mehrheiten suchen.

Auch das Parteiensystem in Costa Rica ist, ähnlich wie in vielen europäischen Ländern, sehr im Wandel begriffen. Jahrelang bestimmten die sozialliberale PLN (*Partido Liberación Nacional*) und die christsoziale PUSC (*Partido Unidad Social Cristiana*) quasi als Zweiparteiensystem das politische Geschehen. Politische Skandale, Korruption und eine weitestgehende Annäherung der politischen Ziele haben neue politische Parteien entstehen lassen. Die im Jahre 2000 gegründete Mitte-Links-Partei PAC (*Partido Acción Cuidadana*) stellt seit 2014 die Präsidenten, hat jedoch ebenfalls im Parlament keine Mehrheit.

Dass sowohl der Präsident als auch die Abgeordneten erst nach einer Legislaturperiode wiedergewählt werden können, hat ebenfalls Vor- und Nachteile. Natürlich will man damit Korruption und Vetternwirtschaft verhindern. Aber wenn in einem neu gewählten Parlament mehr als die Hälfte der Abgeordneten politische Novizen sind, passiert politisch im ersten halben Jahr einer neuen Legislaturperiode so gut wie gar nichts, sagte mir der ehemalige PAC-Abgeordnete Manrique Oviedo.

Grundsätzlich hat im Land die katholische Kirche einen recht großen Einfluss, denn der Katholizismus ist als Staatsreligion in der Verfassung verankert, wenngleich es aber viele *Ticos* mit dem sonntäglichen Kirchgang oder den päpstlichen Moralvorstellungen nicht ganz so genau nehmen. So kommt es vor, dass man die Sonntagspredigt vom Erzbischof von San José am nächsten Tag in der größten Zeitung des Landes *La Nación* nachlesen kann, zumindest nach hohen christlichen Feiertagen.

Das hat auch Einfluss auf gewisse Bereiche der Gesetzgebung. Jahrelang war die Erlaubnis zur künstlichen Befruchtung im Parlament heftigst umstritten, auch, weil die katholische Kirche im Land bis heute strikt dagegen ist. Nach mühsamen Verhandlungen und mithilfe des Interamerikanischen Gerichtshofes für Menschenrechte (CIDH) wurde das Gesetz 2016 endlich verabschiedet. Ein Gesetz zum Schwangerschaftsabbruch, wie wir es in Europa kennen, konnte bis heute nicht auf den Weg gebracht werden. In Costa Rica ist nur ein Eingriff bei Gefahr für das Leben der Frau erlaubt, nicht aber bei Vergewaltigung, Inzest oder anderen sozialen Indikationen wie zum Beispiel bei Minderjährigen. Die Frauenbewegung im Land hat wesentlich dazu beigetragen, dass die künstliche Befruchtung und wenigstens die therapeutische Abtreibung erlaubt sind, doch die Umsetzung scheitert noch häufig am Widerstand konservativer Ärzte und unklarer Bestimmungen.

Frauen sind aber auch sonst in der Politik langsam auf dem Vormarsch. Bei den Wahlen am 7. Februar 2010 wurde mit Laura Chinchilla Miranda zum ersten Mal in der Geschichte Costa Ricas eine Frau als Staatsoberhaupt gewählt, und seit Mai 2018 ist Epsy Campbell die erste farbige Vize-Präsidentin des Landes. Ihr zur Seite steht Präsident Carlos Alvarado von der PAC-Partei, ein bei Amtsantritt 38-jähriger Schriftsteller und Politologe, der sich gegen den ebenfalls noch jungen professionellen Gospelsänger Fabricio Alvarado von der konservativen evangelisch-christlichen Partei der Nationalen Restauration durchsetzte. Die beiden wollen einen neuen Politikstil durchsetzen, der die Gesellschaft durch Mitwirkung und Dialog mit einbeziehen soll.

Leicht werden sie es nicht haben. Das Land steht fiskalisch wie so viele in der Welt am Abgrund. Auch sind sie gezwungen, nach immer neuen Einnahmequellen durch Steuererhöhungen oder neue Steuern zu suchen. Dagegen regt sich natürlich breiter Widerstand. Vor allem die Lehrergewerkschaft und die starke Gewerkschaft der Hafenarbeiter in Puerto Limón drohen gegen geplante Steuererhöhungen immer wieder mit Streik oder haben ihn schon in die Tat umgesetzt. Aber Präsident Alvarado will auch alle anderen Staatsfunktionäre und die Abgeordneten mit in den Sparplan einbeziehen. Gewiss keine leichte Aufgabe.

Generell lässt sich aber sagen, dass die *Ticos* ungemein stolz auf ihre mehr als 100-jährige Demokratie sind. Wer einmal am Wahltag vor allem in den Städten die Fahrzeugkarawanen sieht, die sich geschmückt mit Fähnchen, Standarten und anderen Utensilien der Parteien laut hupend durch die Straßen bewegen, wird das leicht feststellen.

10. Grund

Weil die Wirtschaft Anstrengungen unternimmt, für das Bruttosozialprodukt nicht die Umwelt zu opfern

Costa Rica befindet sich seit Jahren in einem ökonomischen Strukturwandel, vom reinen Agrarland hin zum Dienstleistungs- und Industriestandort. Beim Letztgenannten sind besonders die Produktion von Computerchips und medizinischen Geräten zu nennen. Beispiel: 1996 verkündete der damalige Präsident J. Ferrer, dass Costa Rica den Zuschlag für eine neue Intel-Chip-Produktion erhalten habe. Ausschlaggebend bei den Investoren waren in erster Linie das hohe Ausbildungsniveau und die problemlose, schnelle Umsetzung des Projektes im Parlament, wobei das Nachtarbeitsverbot für Frauen aufgehoben wurde. Die meisten Industriebetriebe konzentrieren sich auf der zentralen Hochebene um die Hauptstadt San José.

Der wichtigste Devisenbringer mit dem größten Wachstumspotenzial ist jedoch der Tourismus. 2015 zählte das Land 2,6 Millionen Besucher, mit immer noch steigender Tendenz, die 2,7 Milliarden Dollar zum BIP beitrugen (Quelle: Nationales Institut für Statistik und Zensus). Der Tourismus generiert somit mehr als 130.000 direkte Arbeitsplätze und eine nicht zu beziffernde Anzahl indirekter Stellen. Vor allem hat er die Entstehung kleiner und mittlerer Betriebe begünstigt. Der Grund hierfür liegt darin, dass Costa Rica von Beginn an Anstrengungen unternommen hat, nicht nur Strand- und Pauschaltouristen anzuziehen, die ausschließlich große Hotelanlagen und Resorts frequentieren, sondern auch Natur-Exkursionen und Besuche von Nationalparks anzubieten. Das hatte zur Folge, dass eine große Anzahl von Beherbergungsbetrieben familiären Charakter haben, die wiederum handwerkliche Kleinunternehmen für den Service notwendig machten. So profitieren nicht nur Konzerne und große Unternehmen von den vielen Besuchern, sondern auch Klein- und Kleinstunternehmen. Die Universitäten des Landes bieten speziell Studiengänge für Tourismusmanagement und Ökotourismus an.

Ansonsten ist Cost Ricas Wirtschaft immer noch sehr von der Landwirtschaft geprägt. Traditionell hat der Bananenanbau einen großen Stellenwert, weil Costa Rica der zweitgrößte Bananen-Exporteur der Welt ist. Er wird vor allem in den Provinzen Limón und Heredia, in der Karibikregion und im Nordwesten des Landes betrieben. 2017 belief sich die Produktion auf über 2,7 Millionen Tonnen, die einen Umsatz von über einer Milliarde Dollar generierten. Für den landwirtschaftlichen Sektor ist der Bananenanbau einer der Eckpfeiler, da er mehr als 40.000 Menschen direkte Beschäftigung bringt und mehreren 100.000 indirekt Arbeit gibt (Grund 48 und 49).

Ein weiterer Agrarsektor mit langer Tradition ist der Kaffee. Er wird in acht verschiedenen Anbaugebieten kultiviert, die, bedingt durch verschiedene Klimabedingungen, Höhe und Bodenbeschaffenheit diverse Kaffeesorten hervorbringen. Die wichtigsten Kaffee-Regionen findet man im Zentraltal und nördlich von Alajuela (Grund 50). Für lange Jahre war Kaffee das wichtigste Exportgut. Heute haben Ananas- und Bananenproduktion dem Kaffeeanbau den Rang abgelaufen.

Ananas ist mittlerweile Exportgut Nr. 1, Costa Rica ist heute der größte Exporteur von frischer Ananas in der Welt. 2015 belief sich der Ausfuhrwert auf 807 Millionen US-Dollar. Hauptabnehmer sind die EU mit 45 Prozent und USA / Kanada mit 49 Prozent (Quelle: Organisation der costa-ricanischen Ananasproduzenten CANAPEP). In der EU ist Deutschland der größte Importeur. Heute kultivieren 31 meist multinationale Unternehmen auf ca. 60.000 Hektar diese Frucht, mit immer noch steigender Tendenz. War die Ananas-Produktion früher nur im Süden Costa Ricas angesiedelt, so sind in den letzten Jahren auch große Monokulturen im Norden und in der Karibikregion entstanden (Grund 47). Weitere Agrarprodukte, die exportiert werden, sind Papayas, Melonen, Macadamianüsse und Zierpflanzen.

Das Wirtschaftswachstum betrug 2018 3,3 Prozent, die Arbeitslosenquote 10,3 Prozent. Die daraus resultierende Landflucht und das anhaltende Bevölkerungswachstum gerade der ärmeren Gesellschaftsschichten lassen den informellen Sektor, also die inoffiziellen Tätigkeiten, nur langsam schrumpfen. In Costa Rica schätzt man den Anteil auf etwa 20–30 Prozent aller Erwerbstätigen, das ist der geringste Anteil aller mittelamerikanischen Staaten. Und so sieht man als Besucher Handeltreibende und Dienstleister an roten Ampeln, auf Parkplätzen, in Bussen, in Touristenorten und natürlich in den Städten.

Auch das Haushaltsdefizit, das 2017 sechs Prozent des BIP ausmachte, und die Staatsschulden wachsen. Die Wirtschaftsleistung, die einer großen Mittelklasse ein gutes Auskommen bescherte, gerät durch die Globalisierung unter Druck. Deshalb ist die neue

Regierung bemüht, das Wirtschaftswachstum zu erhöhen und die Arbeitslosigkeit abzubauen. Dazu bedarf es der Unterstützung und Mithilfe aller am Wirtschaftsleben beteiligten Partner.

11. Grund

Weil im kleinen Costa Rica 500.000 Nicaraguaner leben und arbeiten, die ihrem Land den Rücken gekehrt haben

Das Verhältnis Costa Ricas zum nördlichen Nachbarn Nicaragua ist nicht spannungsfrei. Immer wieder gibt es Streitigkeiten am Fluss Río San Juan, der die Grenze beider Länder bildet. Deshalb hat Costa Rica schon mehrfach den internationalen Gerichtshof in Den Haag angerufen.

Wegen des Bürgerkrieges und der schon lange Jahre bestehenden autoritären Regierung des Familienclans Ortega haben viele Nicaraguaner(-innen) ihrem Land den Rücken gekehrt, weil sie dort keine Lebensperspektive mehr sahen. Fast alle haben versucht, im südlichen Nachbarland Costa Rica Arbeit zu finden und ein neues Leben aufzubauen, bis heute. Und so sieht man tagtäglich im Ausländeramt *Dirección General de Migración y Extranjería* in San José endlose Schlangen von Nicaraguaner(-innen), die sich um eine Aufenthalts- bzw. Arbeitserlaubnis bemühen. Die Einreisebestimmungen sind in den letzten Jahren verschärft worden, weshalb sich auch die Zahl derjenigen erhöht hat, die illegal versuchten, über die Grenze zu gelangen. Werden sie aufgegriffen, ist eine Festnahme und spätere Ausweisung obligatorisch.

Und so sind heute ein Großteil der Arbeiter in den Bananen- und Ananasplantagen, der Kaffeepflücker und der Hilfsarbeiter im Bausektor *Nicas*, in fast jedem Hotel der Reinigungs- und Zimmerfrauen, in vielen Restaurants der Spülfrauen, aber auch der Köchinnen ebenfalls *Nicas*. Viele leben schon jahrelang in Costa Rica und haben längst *Residencia*, also Bleibe- und Arbeitsrecht, erhalten. Andere haben ihre Familien in Nicaragua zurückgelassen und senden ihr mühsam verdientes Geld in die Heimat.

Die sozialen Standards und Arbeitsgesetze unterscheiden sich fundamental von denen, die wir in Europa kennen. Wird eine Frau schwanger, muss sie in der Regel in ihr Heimatland zurückkehren, denn es gibt keinen Mutterschutz, kein Kindergeld (auch nicht für einheimische Frauen) und keinen Kündigungsschutz. Wenn ein Arbeitgeber keine Arbeit mehr hat, zum Beispiel auf dem Bau, kann er einzelne Arbeitnehmer oder Teile der Belegschaft ohne Fristen entlassen. Wenn Nicaraguaner(-innen) nach Wochen oder Monaten mal wieder für ein paar Tage ihre Familien im Heimatland besuchen wollen, bekommen sie diese Zeit nicht vergütet. Urlaub gibt es in der Regel nur zwischen den Jahren und in der Osterwoche (*Semana Santa*). Auf *eine* betriebliche Vergütung wird allerdings im ganzen Land großer Wert gelegt: das Weihnachtsgeld (*Aguinaldo*).

Ich habe 2009 ein kleines Häuschen gebaut. Ein Hausbau geht in der Regel so vor sich: Der Bauunternehmer errichtet aus Wellblech eine Baubude, in der auf staubigen Matratzen in der gesamten Bauphase die *Peones* (Hilfsarbeiter) nächtigen, einmal um Übernachtungskosten zu sparen, aber auch, um Diebstahl von Baumaterial zu verhindern. In einer Ecke steht ein Fernseher und in der anderen ein Kühlschrank. Zweimal in der Woche kommt der Chef vorbei und bringt einen Sack Reis, 20 Kilo *Frijoles* (schwarze Bohnen) und Hühnchenfleisch mit, denn die meisten Nicaraguaner sind nicht motorisiert. Als dann mein Häuschen fertig war und ich die Bauarbeiter zu Pizza und Bier einlud, klopften sie mir freudig auf die Schulter: »Mensch Roland, bau noch ein Haus, wir arbeiten sehr gern für dich weiter!« Für uns, die wir höchste soziale Standards gewohnt sind, ist das alles unvorstellbar. Man fragt sich: Warum machen die das, warum nehmen die das alles in Kauf? Ganz einfach: weil zu Hause in Nicaragua die Lebens- und Arbeitsbedingungen und die Verdienstmöglichkeiten zehn Mal schlechter sind als in Costa Rica, von den bürgerlichen Rechten wie Meinungsfreiheit, Demonstrations- und Streikrecht ganz zu schweigen.

Natürlich gibt es im Land auch Probleme mit Nicaraguanern, trotz gleicher Sprache und Religion, da braucht man nur jeden Tag in die Zeitung zu schauen: Diebstahl, Raub, Drogenhandel, Körperverletzung und Totschlag. Die Kriminalitätsrate ist erheblich höher als bei den Einheimischen (in den Medien werden bei Straftaten grundsätzlich die Nationalität und der Nachname von Delinquenten veröffentlicht). Aber auf der anderen Seite gibt es mittlerweile auch viele binationale Ehen und Lebensgemeinschaften. Grundsätzlich kann Costa Rica stolz darauf sein, so viele Nicaraguaner(-innen) in ihrer Not aufgenommen zu haben. Viele davon haben längst in Costa Rica eine neue Heimat gefunden.

12. Grund

Weil Costa Rica ab 2021 nur noch elektrische Energie aus erneuerbaren Energien nutzen will

Costa Rica ist weltweit ein Vorreiter und in Mittelamerika führend bei sauberer Energieerzeugung. Die Art und Weise der nachhaltigen Energiegewinnung war im Land in Politik, bei der Energieerzeugungsbehörde *Instituto Costarricense de Electricidad* (ICE), in den Medien und der Gesellschaft immer ein breit diskutiertes Thema. In Costa Rica heißt der alles entscheidende Terminus *despachable*, zu Deutsch: stetig, planbar oder grundlastfähig, und das ist für die Costa Ricaner eben nicht Windenergie und auch nicht Fotovoltaik (bei ganzjährig zwölf Stunden Dunkelheit), sondern Wasserkraft. Das Land entschied sich früh für diese nachhaltige und planbare Form der Energieerzeugung und, weil es die Voraussetzungen dafür hat, als zweite Art der erneuerbaren Energiegewinnung für Geothermie. Costa Rica hat eine lange Tradition bei der Generation von elektrischer Energie durch Wasserkraft. Bereits 1884 wurde San José durch das kleine Wasserkraftwerk Aranjuez mit Strom versorgt und war nach New York und Paris weltweit die dritte Stadt, die dadurch über elektrische Straßenbeleuchtung verfügte.

Costa Rica beabsichtigt, in Zukunft mehr als 80 Prozent der elektrischen Energie durch Wasserkraft zu erzeugen. 1973 begann die Energiebehörde ICE mit der Projektion des Arenal-Sees. Das größte künstliche Gewässer des Landes wurde 1978 fertiggestellt. Mit einer unterirdischen Wasserzuführung zur Generatorenstation wurde dort die erste elektrische Energie per Wasserkraft erzeugt. Später taucht der Río Arenal wieder auf, als wäre er eine Quelle (Grund 86). Das erste Kraftwerk an einer Staumauer entstand 30 Kilometer südöstlich von San José am Río Pirris und wurde 2011 in Betrieb genommen. Es hat eine Leistung von 134 Megawatt. Danach folgten der Bau eines Staudammes und die Inbetriebnahme des Kraftwerkes Río Reventación nahe der Stadt Siquirres mit einer Leistung von 305 Megawatt. Als drittes plant das Land das größte Wasserkraftwerk Mittelamerikas, das Megakraftwerk El Diquis, welches in Zukunft 605 Megawatt Leistung liefern soll. Das Projekt ist aus mehreren Gründen umstritten, das ICE hält aber an der Realisierung fest, und es soll bis 2030 gebaut werden. Würde das Projekt umgesetzt, könnte Costa Rica auch große Teile der Nachbarländer mit sauberer Energie versorgen.

Zurzeit werden 15 Prozent der elektrischen Energie durch Geothermie-Kraftwerke erzeugt. Bei diesem Verfahren nutzt man Erdwärme, die, weil Costa Rica ein Vulkanland ist, reichlich vorhanden ist. Das größte Kraftwerk dieser Art mit einer Leistung von 115 Megawatt ist Miravalles und steht am gleichnamigen Vulkan. Windkraft und Fotovoltaik spielen in Costa Rica so gut wie keine Rolle. Vor Jahrzehnten schenkte eine Umwelt-Organisation dem Land einige kleine Windräder. Da sich aber niemand drum kümmerte, standen die meist still, denn die sind ja nicht *despachable*. Solar-Panels auf Dächern sieht man so gut wie keine, auch, weil es in Costa Rica dafür 0-Colones-Subventionen gibt. »Das Wasser in den Tanks auf den

Dächern wird auch ohne Solarstrom warm«, hört man, wenn man mit Einheimischen spricht. 2017 nutzte das Land bereits 161 Tage ausschließlich Strom aus erneuerbaren Energiequellen. Bis 2021 will Costa Rica völlig ohne fossile Energieträger auskommen. Eine ganz starke Leistung des kleinen Landes und ein Vorbild weltweit.

13. Grund

Weil in Costa Rica erdbebensicher gebaut wird

In Costa Rica »wackelt« immer mal wieder die Erde. Die Ursache hierfür sind Prozesse der Plattentektonik. Verschiedene Erdplatten bewegen sich aufeinander zu, überlappen, verhaken oder verkanten sich. Davon ist mehr oder weniger die gesamte amerikanische Pazifikküste betroffen. Erdbeben sind also in Costa Rica im Prinzip an der Tagesordnung, doch meistens bekommt man davon gar nichts mit. Manchmal sprechen mich morgens Leute an: »Heute Nacht, hast du das mitbekommen?« – »Nee, ich habe nichts bemerkt, ich habe geschlafen.« Natürlich kommt es aber auch mal zu Beben, die spürbar sind, weil diese in der Region stattfinden, in der man lebt oder sich gerade aufhält oder weil diese deutlich stärker sind als die meisten »Wackler«. Fast alle Erdstöße werden viele Kilometer unter der Erde ausgelöst, sodass überirdisch die Auswirkungen erheblich abgemildert werden.

Costa Rica ist ein sehr Erdbeben-erfahrenes Land. An Erdstöße und das unterirdische Donnergrollen, welches ein Beben zumeist wenige Sekunden zuvor ankündigt, haben sich viele Bewohner des Landes bereits gewöhnt. Man weiß also genau, wie man mit diesem Naturphänomen umzugehen hat. Die Kinder in der Schule lernen schon, dass man in Gebäuden möglichst schnell einen einsturzsicheren Ort aufsuchen soll. Weniger einsturzgefährdete Plätze sind zum Beispiel unter einem Türrahmen oder Treppenhäuser. Im offenen Gelände soll man elektrische Leitungen oder Brücken meiden. Manchmal kommt es vor, dass das nationale Institut für Erdbebenüberwachung *Observatorio Vulcanológico y Sismológico de Costa Rica* (OVSICORI), das in der *Universidad Nacional Autónoma* (UNA) angesiedelt und eines der renommiertesten Institute dieser Art weltweit ist, eine Warnung ausspricht. Aber wie man weiß, sind Vorhersagen dieser Art äußerst schwierig.

Die Technik und Hilfsmittel in der Bauwirtschaft in Costa Rica sind mit denen, wie wir sie in Mitteleuropa kennen, nicht zu vergleichen. Es gibt bei kleineren Bauprojekten keine Stahlgerüste und keine professionelle Schalung zum Gießen einer Betondecke. Trotzdem ist eines Pflicht, immer und überall, selbst noch beim Bau des kleinsten Gartenhäuschens: erdbebensicher bauen. In jede Wand wird im Abstand von zwei Metern eine senkrechte Betonsäule integriert, bei tragenden Wänden werden diese nochmals verstärkt. Das ist natürlich mit den recht primitiven Bauhilfsmitteln für Einschalungen ein sehr hoher Aufwand, wird aber überall eingehalten und zahlt sich letztendlich aus.

Im September 2012 gab es im Pazifik vor der Halbinsel Nicoya ein Erdbeben der Stärke 7,6. Das Epizentrum lag in mehreren Kilometern Tiefe. Trotz dieser Schwere des Erdstoßes haben sich die Schäden in der am meisten betroffenen Pazifikregion in Grenzen gehalten. Im Krankenhaus von Puntarenas ging ein tiefer Riss von oben nach unten durch das Gebäude, das war der größte Schaden. Mein Haus hat geschwankt wie bei Windstärke 12, doch außer ein paar leicht verzogene Eisengittern an den Fenstern ist nichts passiert.

Ich habe zwei Mal ein stärkeres Erdbeben miterlebt. Es ist schon ein besonderes Gefühl. Völlig unvorbereitet verliert man für einige Sekunden den Halt und die Kontrolle über sich selbst. Man reagiert und registriert das erst, was da passiert, wenn es schon wieder vorbei ist. Aber keine Angst, größere Beben sind auch in Costa Rica sehr selten, und die kleineren bekommt man in der Regel gar nicht mit.

14. Grund

Weil das Gesundheitssystem zu den besten in Lateinamerika zählt

Die ärztliche und medizinische Versorgung in Costa Rica ist für lateinamerikanische Verhältnisse geradezu vorbildlich. Dafür verantwortlich sind insbesondere sehr gut ausgestattete Privatkliniken, allen voran die *Clínica Bíblica* in San José. Aber auch die meisten staatlichen Hospitäler haben einen guten Standard. Nicht wenige Ärzte haben in den USA oder in Europa studiert und weisen auch während der Konsultation manchmal darauf hin. Das Medizinstudium in Costa Rica hat ebenfalls einen guten Ruf, wird es doch größtenteils von den privaten Universitäten angeboten. Da ärztliche Leistungen erheblich günstiger zu haben sind als in den USA und Europa, kommen vor allem viele US-Bürger(-innen) und Kanadier(-innen) nach Costa Rica, um hier kosmetische Operationen oder kieferorthopädische Eingriffe an sich vornehmen zu lassen.

Es gibt im ganzen Land für alle eine einzige (staatliche) Krankenkasse, die *Caja Costarricense de Seguro Social* (CCSS) oder kurz *Caja* genannt. Sie hat in jeder Hinsicht eine Monopolstellung. Sie unterhält alle staatlichen Krankenhäuser einschließlich des Personals und auch die vielen EBAIS (*Equipos Básicos de Atención Integral en Salud*) in ländlichen Regionen, die man vielleicht mit einer Gemeinschaftspraxis oder Krankenstation vergleichen kann. Die *Caja* hat im täglichen Leben eine sehr starke Stellung. Hat man seine Beiträge nicht bezahlt, bekommt man keinen Reisepass oder es wird der Personalausweis (*Cédula*) nicht verlängert. Wenn man mit der *Caja* einen Disput ausfechten will, weil man sich ungerecht behandelt fühlt, zieht man fast immer den Kürzeren. Denn die *Caja* ist ebenfalls hoffnungslos pleite und versucht, durch immer neue Beitragserhöhungen ihre Finanzmisere zu lindern. Das kommt uns ja in Mitteleuropa nicht unbekannt vor.

Heute gibt es aber auch fast in jedem Ort privatärztliche Praxen, zum Beispiel *Life Guard*, die zumeist in landesweiten Unternehmen organisiert sind. Da in den staatlichen Krankenhäusern und EBAIS oft sehr lange Wartezeiten mit einzuplanen sind, ist im Krankheitsfall doch eher die Konsultation in einer Privatklinik oder Privatpraxis anzuraten. Dabei ist aber zu beachten, dass bei ausländischen Patienten oft Vorkasse gefordert wird, das gilt auch für den privaten Krankentransport und auch dann, wenn Touristen im Heimatland eine Auslandskrankenversicherung abgeschlossen haben.

Seuchen und Epidemien sind in den letzten Jahrzehnten in Costa Rica nicht mehr aufgetreten. Zur Einreise sind auch keine Impfungen vorgeschrieben. Ganz Vorsichtige können natürlich ihren aktuellen Impfschutz für Tetanus, Polio und Hepatitis kontrollieren lassen, aber wie gesagt, notwendig ist das eigentlich nicht. In Costa Rica selbst gibt es kein Gelbfieber. Wer aber aus dem Nachbarland Panama, einem Gelbfieber-Endemiegebiet, einreist, bei dem kann ein Nachweis einer Gelbfieberimpfung verlangt werden (siehe www.who.int). In den letzten Jahren gab es im Land vereinzelt Fälle von Denguefieber. Dengue wird durch den Stich der tagaktiven Mücke Aedes aegypti übertragen und tritt vorwiegend in Armenvierteln aufgrund schlechter hygienischer Verhältnisse und den daraus resultierenden Moskito-Brutstätten auf. Chikungunya zeigt ähnliche Symptome wie Denguefieber und wird ebenfalls über Aedesmücken übertragen, tritt aber noch seltener auf. Mücken machen sich fast nur zur Zeit der Dämmerung bemerkbar, in feuchtheißen Gebieten natürlich mehr als in Regionen mit reinen Trocken- und Regenzeitperioden. Wer beabsichtigt, Sumpf- und Regenwaldgebiete zu besuchen, sollte deshalb Mückenschutzmittel dabeihaben.

Zum Schluss noch einige praktische Tipps: Man sollte sich vor dem Essen oder dessen Zubereitung generell die Hände waschen. Die costa-ricanischen Speisen sind in der Regel für den europäischen Magen bekömmlich und wenig durchfallfördernd. Die Sonneneinstrahlung ist sehr viel intensiver als in Mitteleuropa. Indem man sich am Strand für längere Zeit der brütenden Sonne aussetzt, tut man seinem Körper bestimmt nichts Gutes an. Man muss nicht mit aller Gewalt in 14 Tagen einen »braunen Teint« haben wollen, nur um zu Hause damit imponieren zu können. Die Haut wird dafür dankbar sein. Ich lege mich schon lange nicht mehr in die Sonne und die Einheimischen schon gar nicht.

Generell gesagt: Man kann auch, was den Bereich medizinischer Versorgung und Betreuung anbelangt, unbesorgt und mit großer Vorfreude seine Reise nach Costa Rica antreten.

15. Grund

Weil das Schul- und Hochschulsystem für Mittelamerika vorbildlich ist

Costa Rica weist insgesamt ein recht ein hohes Bildungsniveau auf, mit großen Unterschieden in den einzelnen Regionen. So hat das Land mit 4,2 Prozent die zweitniedrigste Analphabetenquote im Karibikraum nach Kuba mit drei Prozent. Die Grundschule (*Primaria* oder *Escuela*) ist Pflicht und dauert sechs Jahre. Danach kann eine weiterführende Schule (*Secundaria* oder *Colegio*) besucht werden. Wer das *Colegio* erfolgreich mit dem *Bachillerato* abschließt, der hat die Voraussetzung zur Zulassung zum Studium an einer Universität erfüllt.

Den Schulbesuch und die schulische Infrastruktur muss man sich zum Teil grundlegend anders vorstellen, als wir es in Mitteleuropa kennen. Es gibt Kinder in wenig besiedelten Gebieten, die jeden Tag einen Schulweg von bis zu zwei Stunden zurücklegen, bei tropischem Regen Flüsse durchqueren, ein Pferd aufsatteln oder einen Teil des Schulweges im Ruderboot absolvieren müssen. Aber gerade diese Schüler sind sehr bemüht, regelmäßig am Unterricht teilzunehmen. Probleme bereiten Kinder aus dem Prekariat, wo Eltern selbst in ihrem Leben keinen Wert auf regelmäßigen Schulbesuch gelegt haben. Diese Kinder, für die ein Schulabschluss eigentlich die elementare Grundvoraussetzung für ein Verlassen der unteren Gesellschaftsschicht wäre, sind im weiteren Leben am meisten gefährdet. Sie werden sich, wie schon ihre Eltern, die ja meistens längst getrennt leben und / oder ihr eigenes Leben nicht mehr im Griff haben, ihren Lebensunterhalt als *Peone* (Hilfsarbeiter) verdingen müssen. Etliche von ihnen kommen aber auf die schiefe Bahn und landen irgendwann im kriminellen Milieu.

Wie in nahezu allen anderen lateinamerikanischen Staaten tragen die Schüler eine einheitliche Schulkleidung. Die Schuluniform soll gesellschaftliche Herkunft aufheben, soll zeigen, dass jeder Schüler seinen gleichberechtigten Platz hat. Doch gerade die armen Familien können sich den Kauf von dunkler Hose, schwarzen Schuhen und weißem bzw. blauem Hemd oft nicht leisten. Man kann eine Beihilfe beantragen, aber es kommt leider auch vor, dass Eltern ihre Kinder nicht zur Schule schicken, weil es an Geld für die Uniform fehlt.

In Costa Rica gibt es vier staatliche und über 50 private Universitäten, einige davon nur mit ein oder zwei Studiengängen. Die Privatuniversitäten werden wie Unternehmen geführt, und das Studium dort ist nicht billig. In ganzseitigen Anzeigen werben sie in Zeitungen für die Aufnahme des Studiums an ihrer Hochschule und veröffentlichen am Ende eines Studienjahres noch einmal groß namentlich die besten Absolventen. Die größte und renommierteste ist die staatliche *Universidad de Costa Rica* (UCR) im östlichen Stadtteil San Pedro von San José gelegen, die bedeutendste Privatuniversität die *Universidad Internacional de las Américas* (UIA). Spricht man mit Studenten, so hört man, dass die privaten Universitäten in puncto Ausstattung und Qualität den staatlichen überlegen sind. Auch auf dem Schulsektor gibt es private Institute. Knapp 88 Prozent aller schulpflichtigen Kinder und Jugendlichen besuchen in Costa Rica eine kostenlose staatliche Schule, etwa zwölf Prozent eine private oder halbprivate Bildungseinrichtung. Alle großen Länder wie die

USA, Kanada, Deutschland, Spanien, Italien und England unterhalten eigene (private) Schulen, die mit einem bilingualen Abschluss enden und die Zugangsberechtigung für ein Studium sowohl im Heimat- als auch im jeweiligen Gastland ermöglichen. Das deutsche *Colegio Humboldt* ist ein Riesenkomplex im Stadtteil Escazú, in dem nahezu an die 1000 Schüler und Schülerinnen ein zweisprachliches Abitur erwerben. Die Aufnahmebedingungen sind hart. Weniger begüterte Eltern können ein Stipendium beantragen.

In einigen wissenschaftlichen Disziplinen arbeiten und forschen Costa Ricas Hochschulen auf höchstem Niveau, besonders in den Bereichen Biotechnologie, Biochemie und einigen physikalischen Disziplinen haben sie weltweit Anerkennung erworben, und es gibt eine enge Zusammenarbeit mit Universitäten aus den USA, Kanada und Europa.

16. Grund

Weil die costa-ricanische Frau ihre Rolle liebt und die Emanzipation trotzdem auf dem Vormarsch ist

Eine *Latina*, also eine lateinamerikanische Frau, hat immer noch ein grundsätzlich völlig anderes Selbstverständnis als eine europäische Frau, und das trifft auch auf Costa Rica zu. Wenngleich costa-ricanische Frauen eigenständiger und besser dran sind als in allen anderen mittelamerikanischen Staaten. Als Erstes fällt dem Besucher auf, dass mehr Frauen als in Mitteleuropa in anderen Umständen sind. Es sind fast ausnahmslos junge Frauen oder sogar noch Mädchen. Vorwürfe der Eltern an die Tochter zur verfrühten Mutterrolle gibt es nicht, wahrscheinlich ist das den zukünftigen Junggroßeltern ebenso passiert. Frauen, die erst einmal ihre berufliche Karriere verfolgen und dann sich mit über 40 ihren Kinderwunsch erfüllen, gibt es in Costa Rica so gut wie gar nicht. Man sieht Mütter in der Öffentlichkeit ihre Säuglinge stillen. Vor einiger Zeit war in der größten Zeitung des Landes zu lesen, dass der Geschäftsführer eines Kaufhauses eine Mutter bat, ihr Kind in einem Nebenraum zu stillen. Diese meldete sich empört bei der Presse, die den Fall Partei ergreifend für die Mutter aufgriff. Am nächsten Tag fanden sich über ein Dutzend Mütter mit ihren Babys im Kaufhaus zu einem »Still-in« ein, um aller Welt zu zeigen: Wir haben das Recht, immer und überall unsere Säuglinge zu stillen.

Wenn man einer costa-ricanischen Frau erklärt, dass in Europa Männer beruflich pausieren, um ihren Nachwuchs zu betreuen, und das vielleicht zusätzlich noch mit Fotos von Windeln wechselnden Vätern belegt, dann schauen sie nur völlig ungläubig drein, als wollten sie sagen: aber das ist doch die ureigenste Aufgabe der Frau!

Jährlich erblicken in dem kleinen Land ca. 80.000 Babys das Licht der Welt, mit leicht rückläufiger Tendenz. Für die Regierung, die ja sowieso mit einem chronisch leeren Staatssäckel auskommen muss, besteht damit überhaupt kein Anlass, durch soziale Anreize die Geburtenrate positiv zu beeinflussen. Also: Kindergeld, Elterngeld, Betreuungsgeld, Mutterschaftsgeld, Väterauszeit, usw. sind in Costa Rica völlig unbekannt. Eine Costa Ricanerin, die sich im Mutterschutz befindet, erhält aber Lohnfortzahlung für zwei Monate vor und nach der Geburt. Eheähnliche Lebensgemeinschaften nehmen auch in Costa Rica zu. Dadurch und da minderjährige Frauen einen signifikanten Anteil bei den Geburten ausmachen, kommen ca. 40–50 Prozent der Neugeborenen unehelich zur Welt.

Es gibt noch einen prinzipiellen Unterschied zu Europa. Jugendliche, vor allem Mädchen, leben generell viel länger zu Hause, als wir es kennen, häufig sogar bis zur Eheschließung. Zum einen, weil es äußerst schwierig ist, für junge Leute bezahlbaren oder überhaupt Wohnraum zu finden. Unterstützung würden sie wohl bei den Eltern für diese Entscheidung kaum finden. Außerdem ist die katholische Kirche strikt dagegen. Die Zunahme von eheähnlichen Gemeinschaften kann die Kirche aber nicht verhindern. In der Gesellschaft gelten diese schon lange nicht mehr als ungewöhnlich oder gar anrüchig.

Das Wort »Emanzipation« ist in der Gesellschaft nach wie vor unbekannt, wird weder in den Printmedien noch im TV diskutiert oder thematisiert. Doch der Anteil weiblicher Studenten nimmt zu, nähert sich allmählich der 50-Prozent-Marke. Es gibt immer mehr Frauen, die in Hospitälern, in der Rechtsprechung, im Bauwesen und anderen Ingenieurwissenschaften, im IT-Sektor und natürlich im Tourismuswesen Führungspositionen bekleiden. Das costa-ricanische Parlament hat zurzeit einen Frauenanteil von 45 Prozent. Da kann sich der Bundestag mit einem Anteil von 30 Prozent Frauen durchaus eine Scheibe von abschneiden.

17. Grund

Weil die Ticos keine Sprachpanscher sind

Ein spanischer Muttersprachler hat schon allein phonetisch, also in der Aussprache, große Probleme mit der englischen Sprache. Zum Beispiel kennt das Spanische kein stimmhaftes »t« oder »d« am Ende eines Wortes. Das Wort *street* zum Beispiel schafft kaum eine muttersprachlich spanische Zunge richtig auszusprechen. Zum anderen ist in nahezu allen lateinamerikanischen Ländern die Amtssprache Spanisch, man braucht also keine Fremdsprache zu lernen, um sich verständigen zu können. Das sind wahrscheinlich die Hauptgründe, warum kaum ein englisches Wort Eingang in den spanischen Sprachgebrauch gefunden hat, auch nicht in Costa Rica. Es gibt alte Beatles-Platten mit Originalsongs in Englisch, bei denen aber die Titel auf dem Cover für den lateinamerikanischen Markt in spanischer Sprache aufgeführt sind.

Ausdrücke wie *Meeting Point, Service Manager, After Work Party, Feedback*, aber auch *cool, chillen* oder *sampeln* wird man in Costa

Rica nicht hören. Doch durch die große Anzahl ausländischer Besucher, besonders aus den Vereinigten Staaten und Kanada, wurde auch die costa-ricanische Sprache beeinflusst, mit für uns verblüffenden Resultaten:

Eine Tätigkeit, die zum informellen Sektor gehört, ist zum Beispiel der Parkplatzwächter. Irgendjemand hat irgendwann für sich eigenmächtig festlegt, dass dieser oder jener Straßenabschnitt oder der Bereich vor einem Restaurant »sein Revier« ist, das er bewacht (natürlich ist der Obolus, den er eventuell von den Autobesitzern erhält, eine rein freiwillige Gabe). Der costa-ricanische (nicht der spanische!) Ausdruck dafür wäre *cuidacarros* – Autobewacher. Da aber im Laufe der Zeit immer mehr Nordamerikaner diese Tätigkeit in ihrer Sprache benannt haben – *watch man* –, hat man im costa-ricanischen Spanisch den Ausdruck übernommen, doch nur phonetisch: *watchiman* (in Lautschrift »watschiman« ausgesprochen). Dieses Wort hat sogar Eingang im offiziellen Sprachgebrauch gefunden.

Andere Beispiele, die ebenfalls auf diese Art Eingang in das costa-ricanische Spanisch gefunden haben, sind:

parqueo (Parkplatz) – englisch: *parking*
chance (Lotterielos) – englisch: *chance*
chancero (Lotterielosverkäufer) – gleiche Ableitung

Zwei Ausdrücke aus der Alltagssprache: bei *tuanís* – super, affengeil, alles bestens – vermutet man eine Ableitung des englischen *too nice*. Seit einigen Jahren hört man, besonders bei Jugendlichen und Männern im Dialog sehr häufig das Wort *mae*, das man mit »Alter« oder »Kumpel« übersetzen kann, *mae* wird aber auch zusammenhanglos als Lückenfüller wie »ähm« oder »Dingens« verwendet. Hier vermutet man eine Herleitung von *man*.

Kurzer Dialog gefällig? Zwei Jugendliche oder Kumpels begrüßen sich:

Qué mae, tuanís? »Hey Alter, alles in Ordnung?«
Sí mae, pura vida! »Ja du, mir geht es blendend.«

18. Grund

Weil man große Anstrengungen unternimmt, die Korruption einzudämmen

Korruption ist auch in den mittelamerikanischen Staaten gang und gäbe. Dabei schnitt Costa Rica aber in der Vergangenheit immer deutlich besser ab als zum Beispiel die Nachbarländer Nicaragua, Honduras oder El Salvador. Auch 2017 landete das Land im jährlich von *Transparency International* herausgegebenen *Corruption Index* auf Rang 38 und stand somit im regionalen Vergleich ziemlich gut da.

Warum sind gerade die süd- und mittelamerikanischen Länder so anfällig für diese Art von unlauteren und kriminellen Dienstleistungen? Dafür gibt es zwei Hauptgründe: Zum einen liegen fast alle Länder an der zentralen Drogenroute dieses Doppelkontinents. Diese führt auf verschiedenen Wegen von den Hauptproduktionsländern wie Kolumbien, Ecuador und Bolivien über Mittelamerika bis in die USA und Kanada.

Somit ist Costa Rica ein wichtiges Drogen-Transitland sowohl zu Lande, zu Wasser und in der Luft (Grund 21). Die andere Ursache ist in der schlechten Bezahlung von Staatsbediensteten im Bereich Sicherheit und Justiz zu finden. Und so werden immer wieder Polizisten, Gefängniswärter und andere Sicherheitsleute anfällig für Bestechung durch die Drogenmafia oder kriminelle Banden. Aber nicht nur die kleinen Leute, auch bekannte Politiker und wichtige Bank- und Industriemanager sind in den letzten Jahren der Korruption beschuldigt worden, wobei die Beweisführung oft schwierig ist und in einigen Fällen sehr komplex war.

Man könnte hier sicherlich leicht Dutzende von kleineren und größeren Korruptionsfällen der letzten Jahre aufführen. Ich möchte mich aber auf einige Fälle beschränken, die mehr oder weniger beispielhaft sind, denn sie kommen in dieser Art immer wieder vor.

Die drei costa-ricanischen Präsidenten, die ab dem Jahr 1990 das höchste Staatsamt bekleideten, Ráfael Calderón (1990–1994), José María Figueres (1994–1998) und Miguel Ángel Rodríguez (1998 -2002) wurden jeweils mit Schmiergeldzahlungen von ausländischen Investoren in Verbindung gebracht. Calderón wurde 2004 in Untersuchungshaft genommen, bald darauf aber wieder entlassen, 2009 aber endgültig verurteilt. Die Strafe wurde aber später zur Bewährung ausgesetzt. Rodríguez wurde mit Bestechungsgeldern vom Mobilfunk-Riesen Alcatel in Verbindung gebracht und 2011 zu fünf Jahren Haft verurteilt. Persönliche Bereicherung konnte ihm aber nicht nachgewiesen werden. Bei José María Figueres blieb es beim Korruptionsverdacht, auch weil der Nachweis sich schwierig gestaltete. Diese drei Skandale haben, wie schon erwähnt, das politische Parteiensystem in Costa Rica grundlegend verändert. Seitdem sind Korruptionsverdachtsfälle auf höchster politischer Ebene in dieser Art so nicht mehr vorgekommen, auch, weil die neuen Parteien demonstrieren wollen, dass sie »anders« arbeiten.

Ebenfalls in den 90er-Jahren wurden Fälle bekannt, in denen ausländische Touristik-Konzerne lokale Ratsherren von Küstenorten am Pazifik bestechen wollten, um billig an Bauland für Hotels und Resorts zu gelangen. Das wurde aber publik und somit verhindert.

Praktisch an der Tagesordnung sind Fälle, in denen Gefängniswärter von der Drogenmafia bestochen werden, um Waffen, Drogen und andere Utensilien in Gefängnisse zu schmuggeln. Und immer wieder berichten Zeitungen, dass Polizisten oder ehemalige Sicherheitsbeamte für Schmiergeld mit Drogenleuten zusammenarbeiten. Der Hauptgrund dafür ist eigentlich immer die schlechte Bezahlung der Staatsbediensteten.

Ganz »ausrotten« wird man diese schlechten Tugenden wohl nie können, doch ist der Staatsapparat in Form von Politik, Polizei und Justiz heute wesentlich sensibler gegenüber solchen Machenschaften und mit verbesserten Kontrollmechanismen ausgestattet als in der Vergangenheit. Auch die Medien tragen ihren Teil dazu bei, dass heute noch genauer auf diese zweifelhaften Praktiken geschaut wird.

19. Grund

Weil man sich in Costa Rica sicher fühlen kann

Costa Rica ist in den letzten Jahren sicherer geworden. In der Innenstadt von San José sieht man Polizeistreifen zu Fuß oder mit dem Fahrrad ihren Dienst versehen, besonders auch an Orten, die früher eher für Diebstähle oder Trickbetrügereien bekannt waren wie zum Beispiel der Bereich um den Busbahnhof im Stadtviertel Coca Cola. Den *La Sabana*-Park durchstreift heute tagsüber berittene Polizei. Zu den Orten, an denen man besondere Vorsicht walten lassen sollte, zählen immer noch die Busbahnhöfe. Trickbetrüger und Taschendiebe treiben dort manchmal ihr Unwesen, und, das versteht sich von selbst, man sollte niemals Gepäck unbeaufsichtigt lassen. Weitere neuralgische Punkte in der Hauptstadt waren früher die Gegend um Avenida 6–10 und Calle 4–8 und um die Plaza de la Cultura. Mit den südlichen Stadtteilen Desamparados, Hatillo und San Sebastian, von denen immer wieder mal von Gewalttaten berichtet wird, meist verübt von einheimischen Jugendlichen und rivalisierenden Banden, die mit Drogen zu tun haben, kommt ein normaler Tourist nicht in Berührung. Dass man sich nachts nicht in dunklen Gassen aufhalten oder in zwielichtigen Kneipen verkehren sollte, versteht sich ebenfalls von selbst.

Diese Verbesserung der Polizeipräsenz trifft auch für die meisten touristischen Orte zu. Generell ist die Diebstahl- und Kriminalitätsrate an der Karibikseite höher als am Pazifik, Orte wie Puerto Limón und Cahuita hatten früher einen eher zweifelhaften Ruf. Besucher dieser Orte, die ich aber in der letzten Zeit gesprochen habe, berichteten von problemlosen Aufenthalten. Also nicht, dass man da nicht hinfahren sollte, einfach nur noch vorsichtiger sein.

Die große Zahl an ausländischen Besuchern verleitet auch einige Straßenhändler, Taxifahrer und sogar Restaurantbesitzer dazu, es mit dem Wechselgeld oder der Rechnung nicht ganz so genau zu nehmen. Also immer und überall Vorsicht walten lassen, am besten vorausschauend. Im Mietwagen nicht das Gepäck unbeaufsichtigt lassen. Ein früher oft angewandter Trick war, dass man einen Reifen so beschädigte, dass er nach wenigen Kilometern gewechselt werden musste. Die gleichen Leute, die für diese Reifenpanne gesorgt haben, boten dann ihre Hilfe an …

Zum Schluss möchte ich noch eine Geschichte erzählen, die mir vor knapp 20 Jahren passiert ist, in Zeiten ohne elektronisches Flugticket und Smartphone. Ich stand in einem Busbahnhof in San José mit allen anderen Reisenden vor dem Bus, der mich nach Puntarenas bringen sollte. Allgemeines Gewusel, einige Leute stiegen ein, der Fahrer war auf der anderen Seite des Busses damit beschäftigt, das Gepäck zu verstauen. Ein weiterer »Angestellter« des (privaten) Busunternehmens, er hatte sich ähnlich wie der Fahrer gekleidet, also auch mit dem »Firmenlogo« des Unternehmens auf seinem weißen Hemd (es war wahrscheinlich gefakt, aber darauf achtet man ja in so einer Situation nicht), bat mich, ihn in den Bus zu begleiten. Er wolle mir einen Platz zuweisen. Ich kam gerade aus Venezuela, einem der gefährlichsten Länder weltweit. Dort trug ich die ganze Zeit alle wichtigen Dokumente und das Bargeld in einem Stoffbeutel am Körper. Jetzt wieder im vertrauten Costa Rica, sah ich dafür keine Veranlassung mehr. Also, alle Wertgegenstände befanden sich in meiner Reisetasche.

Noch im Gang stehend, legte ich die Tasche auf den mir zugewiesenen Platz und drehte mich für drei Sekunden einmal um. Der »Busangestellte« nahm meine Tasche, warf sie durch das vorher geöffnete Oberlicht, vor dem draußen sein Komplize wartete, der die Beute in Empfang nahm. Als ich bemerkte, was geschehen war, befand sich der Räuber bereits an der hinteren Bustür und war bald darauf im Gewühl der Reisenden verschwunden ... Und das war mir als einem erfahrenen Reisenden passiert!

Na ja, das wäre generell heute in einem Busbahnhof so nicht mehr möglich, aber wie gesagt, immer hübsch Obacht geben, dann wird die Costa-Rica-Reise ohne böse Zwischenfälle zu einem einmaligen Erlebnis.

20. Grund

Weil es in Costa Rica große Unterschiede zwischen »Polizei« und »Polizei« gibt

Formal gibt es im Land mehrere verschiedene Polizei-Organe mit für uns zum Teil völlig unverständlichen Zuständigkeiten und Vollmachten. Die *Fuerza Pública* kann man als Landpolizei bezeichnen. Sie unterhält in jedem Städtchen eine Polizeistation, auch die Polizeistreifen im Zentrum von San José gehören dazu. Sie ist 1949 nach der Abschaffung des Militärs aus den Streitkräften hervorgegangen und könnte im Konfliktfall auch wieder für Verteidigungsaufgaben herangezogen werden, was bisher jedoch noch nie eingetreten ist. Dann gibt es die *Policía de Tránsito*, kurz *Tránsito* genannt. Sie ist die landesweite Verkehrspolizei. Sie regelt den Verkehr, führt Fahrzeug- und Alkoholkontrollen durch, prüft die Zugangsberechtigung bei der Fahrt in die Hauptstadt gemäß Endziffer auf dem Nummernschild und sperrt in den Haupturlaubszeiten an Tagen der An- und Rückreise eine Fahrtrichtung der Autopistas, sodass der Urlaubsverkehr besser abfließen kann.

Die Kriminalpolizei Costa Ricas heißt *Organismo de Investigación Judicial* (kurz OIJ – in Lautschrift »Oijota« ausgesprochen). Wenn man also einem Diebstahl zum Opfer gefallen ist, wird man mit ihr zu tun haben. Landesweit kümmert sie sich um Gewaltverbrechen wie Mord, Totschlag, Einbrüche und Überfälle, aber auch um Erpressungs- und Entführungsfälle und bemüht sich um deren Aufklärung. Sie hat ebenfalls in jeder Stadt ein Dezernat. Dann unterhält die Ausländerbehörde *Dirección General de Migración y Extranjería* eine spezielle *Policía de Migración.* Sie hat die Aufgabe, Ausländer aufzuspüren, die sich illegal im Land aufhalten. Sie werden grundsätzlich festgenommen und später ausgewiesen. Und schließlich gibt es noch den *Servicio Nacional de Guardacostas*, eine mit Schnellbooten und Hubschraubern ausgerüstete Spezialeinheit, die den Schutz der costa-ricanischen Hoheitsgewässer gewährleisten und vor allem Drogentransporte auf hoher See aufspüren beziehungsweise verhindern soll (Grund 21).

Man könnte also fragen: Und, was ist daran so besonders? Nun, auf den ersten Blick nichts, aber auf den zweiten könnte man einige Zuständigkeiten oder Abgrenzungen zu anderen Sicherheitsorganen durchaus als grotesk oder lächerlich bezeichnen, in Anbetracht, dass doch gerade die Deutschen ein so penibel durchorganisiertes Völkchen sind. Also, die *Fuerza Pública* hat generell für öffentliche Ordnung und Sicherheit zu sorgen, sie soll durch Präsenz den ausländischen Besuchern ein Gefühl der Sicherheit geben, schlichtet Streitfälle, Wirtshaus- oder Kirmesraufereien, lässt sich auch mal turnusmäßig in Touristenorten wie Montezuma blicken, um der Rasta-Fraktion klarzumachen, die nicht nur dort auf der Straße auf behelfsmäßigen Verkaufstresen ihre selbst gefertigten Modeschmuck- und andere Kunstgewerbeartikel feilbietet, dass das nicht erlaubt ist und sie umgehend ihre improvisierten Stände abzubauen hat (die aber natürlich am nächsten Tag wieder ihrem Gewerbe nachgeht, als wäre nichts gewesen). Die *Fueza Pública* darf wohl die Identität einer Person feststellen, also sich den Ausweis zeigen lassen, was sie aber NICHT darf, zumindest nicht in allen Provinzen, ist, Verkehrskontrollen durchführen. Dazu ist nur die *Tránsito* da. Sie ist also nicht befugt, Fahrzeugpapiere oder Führerschein in Augenschein zu nehmen oder Verkehrsteilnehmern Verbote auszusprechen.

Das hat zur Folge, dass in ländlichen Gebieten ein erheblicher Teil der Kraftfahrzeuge und Motorräder ohne Anmeldung herumfährt und nicht nur wenige Fahrzeugführer keinen Führerschein besitzen. Außerdem sieht man Väter, die mit kleinen Motorrädern ihre drei oder vier Kinder von der Schule abholen (was angesichts der mit tiefen Schlaglöchern übersäten Schotterpisten sowieso schon unverantwortlich ist), Jugendliche mit Mopeds ohne Auspuff rumknattern und schrottreife Pick-ups, die total überladen oder mit völlig ungesicherter Ladung die steilen Berghänge hinabfahren. Denn die *Tránsito* lässt sich in vielen abgelegenen Regionen oft nur ein Mal im Jahr blicken, und zwar am Jahresende, wenn die jährliche neue Zulassungsplakette fällig wird (sie heißt in Costa Rica *Marchamo* und beinhaltet sowohl die Kfz-Steuer als auch die Haftpflicht-Versicherung). Dann glühen für ein paar Tage die Handys. Mit Rundbriefen werden alle Betroffenen informiert, unangemeldete oder nicht verkehrssichere Fahrzeuge stehen zu lassen und sich nicht ohne Führerschein ans Steuer zu setzen, denn *Tránsito* führt Kontrollen durch! Nach ein paar Tagen, wenn sie wieder verschwunden ist, geht alles seinen gewohnten Gang weiter, wie bisher …

21. Grund

Weil Costa Rica ernsthaft den Drogenhandel bekämpft

Der Drogenhandel ist eines der größten sozialen Probleme weltweit und macht auch vor Costa Rica nicht halt. Liegt das Land doch mitten auf der Hauptumschlagsroute von Südamerika in die Vereinigten Staaten und Kanada. Doch auch unterwegs werden ja schon Drogengeschäfte gemacht und natürlich auch in Costa Rica. Das Land unternimmt große Anstrengungen, um diesem Drogentransit und -handel mit allen seinen fatalen Auswirkungen wie Gewaltkriminalität, Bestechung, Erpressung und Todesopfern von Konsumenten und unter Bandenmitgliedern zu unterbinden, zumindest aber zu schwächen. Fast wöchentlich kann man in der Zeitung lesen, dass ausländische Lkw auf der Durchreise erwischt wurden, die in präparierten doppelten Böden Drogen transportierten, dass man Kleinflugzeuge aufgespürt hat, die, als Drogenkuriere unterwegs, irgendwo in der Pampa zwecks Betankung eine kurze Zwischenlandung einlegen mussten, oder auf hoher See Speedboote aufgebracht hat, die, meistens aus Kolumbien kommend, mit großer Drogenfracht Richtung Norden unterwegs sind. Auch gibt es immer wieder Drogentransporte, die als Fischerboote getarnt sind, und das sowohl auf der Pazifik- als auch auf der Karibikseite. »Costa Ricas Küste ist insgesamt 1.200 Kilometer lang. Wir müssten an jedem Kilometer ein Boot stationieren, um den Drogenhandel völlig unterbinden zu können«, sagte Martín Arias, der Direktor der *Guardacostas* – der Nationalen Küstenwache – kürzlich in einem Interview. Das alles macht schon deutlich, wie schwer es für das kleine Land ist, dieses Übel zu bekämpfen.

Vor einiger Zeit berichteten alle Medien von einem spektakulären Fall an der Karibikküste. Spezialkräfte der Polizei hatten ein weitläufiges, gut getarntes Küstengelände nahe der Stadt Limón gestürmt. Zum Vorschein kamen mehrere luxuriöse Gebäude, zahlreiche Autos und ein privater Hafen mit mehreren Schiffen. Allein das professionell angelegte Hafenbecken mit Anlegestelle schätzte die Polizei auf zwei Millionen US-Dollar. Der Besitzer gab sich als »Fischerei-Unternehmer« aus. Die Fahndungsbehörden sind sich aber sicher, dass das Vermögen aus anderen Quellen stammt. Dem Betreiber dieses privaten Hafens wurde vorgeworfen, große Mengen an Kokain verschifft und verteilt zu haben.

Drogenhandel und -konsum haben immer auch Gewalt zur Folge, die häufig aus Verteilungskämpfen und Revierstreitereien rivalisierender Banden hervorgerufen wird. Und in diesem Milieu wird offensichtlich, wie man weiß, nicht mit Samthandschuhen gearbeitet. Immer wieder berichtet die Polizei von Todesopfern, die durch Schussverletzungen ihr meist noch junges Leben verloren haben. Oft hört sich der Polizeikommentar so an: »*supuestamente se trataba de un ajuste de cuentos* …«, zu Deutsch: »vermutlich wurden noch offene Rechnungen beglichen«. Die Tatorte solcher Verbrechen sind eigentlich immer Stadtviertel oder Gebiete, mit denen ein Tourist normalerweise niemals in Berührung kommt. Vor daher ist das für Besucher nicht beunruhigend. Traurig ist das trotzdem.

Das stimmt so nicht ganz. Ich hatte vor Jahren großes Glück, dass ich nicht zwischen die Fronten einer groß angelegten Polizeijagd nach internationalen Drogenkurieren geraten bin. Natürlich war das alles purer Zufall und ich völlig ahnungslos. 2005 unternahm ich mit meiner Freundin einen schönen Tagesausflug. Über Mal País und Santa Teresa wollten wir mit dem Motorrad an den fast menschenleeren Stränden bis zum Río Bongo entlangbrausen (was damals noch erlaubt war), um dort in den Mangroven mit Glück Krokodile zu Gesicht zu bekommen. In der Bucht von Mal País frühstückten wir in einem Restaurant am Strand. Da fiel uns schon auf, dass ein Hubschrauber und ein Kleinflugzeug in der Luft umherkreisten. Dann am Strand von Santa Teresa sahen wir eine Menschentraube, darunter viele Polizisten, die offensichtlich irgendetwas inspizierten. Polizei? Dann lieber weiterfahren!

Wir hatten einen wunderschönen Tag. Erst abends auf der Rückkehr erfuhren wir in Santa Teresa, was passiert war. Schon Tage zuvor hatte die *Guardacosta*, die Küstenschutzpolizei, auf hoher See ein Speedboot mit einer großen Ladung Kokain aufgebracht. Mit Verstärkung der US-Coast Guard – die auch permanent andere Länder auf dieser Drogenroute unterstützt – wollte man die fünf Kolumbianer zur Aufgabe zwingen. Es kam aber auf hoher See zu einer Schießerei zwischen Polizeihubschrauber und Drogenboot, wobei schließlich die schwer bewaffnete Schiffsbesatzung keinen anderen Ausweg mehr sah, als ihr Boot mit hoher Geschwindigkeit auf den Strand von Santa Teresa zu steuern, um dort zu Fuß die Flucht fortzusetzen. Vorher hatte man noch die 50-Kilo-Pakete ins Meer geworfen. Am Strand konnte man zwei Verbrecher sofort festnehmen, den dritten nach einer Verfolgungsjagd. Die beiden anderen jedoch schlugen zu Fuß genau den Weg ein, auf dem wir etwa zeitgleich unterwegs zum Río Bongo waren. Glücklicherweise nicht uns, sondern einen lokalen Ladenbesitzer zwangen sie mit vorgehaltener Waffe, aus seinem Auto zu steigen. Später hat man jedoch auch die beiden letzten Schwerverbrecher gefasst. Das alles war am Abend dann der Aufmacher in allen Nachrichtensendungen …

Im regionalen Vergleich steht auch auf diesem Gebiet Costa Rica besser da als die Nachbarländer. Präsident Carlos Alvarado, seit 2018 im Amt, will die diesbezüglichen Anstrengungen nochmals erhöhen, das Problem noch mehr an der Wurzel bekämpfen. So sollen die Sicherheitskräfte abermals besser ausgebildet und mit noch effektiveren Fahndungsmitteln ausgestattet werden. Im Rahmen einer Präventionskampagne will er spezielle Bürgerprogramme auf den Weg bringen, die für noch mehr Sicherheit sorgen sollen.

Noch einmal, ein normaler Besucher wird mit alledem niemals in Berührung kommen. Allenfalls wird man in den Straßen von San José Drogenopfer sehen, die auf auseinandergefalteten Pappkartons nächtigen. Es sind in der Regel *Pedritos*, zu Deutsch »Konsumenten von kleinen Steinchen«. Sie sind dem billigen Krack zum Opfer gefallen, der in kleinen Kügelchen für einen Dollar verkauft und dann inhaliert wird. Er ist hochtoxisch und führt oft zum Tode. Aber das wäre ein anderes Thema.

22. Grund

Weil der soziale Zusammenhalt in der Gesellschaft viel größer ist als bei uns

2016 habe ich meinen Freund Roger im Kommunalwahlkampf unterstützt. Er hatte sich in der neuen PAC-Partei für das Amt des Bürgermeisters (*Alcalde*) im Distrikt Cóbano beworben. Unter sieben Kandidaten hat er einen ehrbaren zweiten Platz belegt. In diesem Zusammenhang hatte ich Gelegenheit, an mehreren lokalen und regionalen Parteiversammlungen teilzunehmen. Und da fällt einem sofort auf, dass die Themen, um die es da geht, fundamental andere sind als die, die bei uns in der Lokalpolitik auf der Tagesordnung stehen. Es geht eben nicht primär um diese oder jene Neuasphaltierung einer Straße, denn dafür ist eh kein Geld vorhanden – viele Landstraßen sind immer noch Schotterpisten, die sich besonders nach der Regenzeit in einem desolaten Zustand befinden –, sondern es geht häufig um private und soziale Hilfe und Unterstützung für in Not geratene Mitmenschen.

In einer Familie mit drei Kindern ist der Mann verstorben, wie können wir da helfen? In einem anderen Haushalt befindet sich eine vierfache Mutter für längere Zeit im Krankenhaus. Hier hat ein Mann seine Familie verlassen, dort ist ein Jugendlicher nach einem schweren Unfall behindert. Es sind überwiegend existenzielle, persönliche oder individuelle Themen, die da besprochen werden. Die Leute haben zuvorderst ganz andere Sorgen, als dass hier und da ein Bürgersteig neu gepflastert werden müsste (denn es sind ja permanent alle in einem schlechten Zustand).

Natürlich möchte eine kleine Stadt wie Cóbano irgendwann in der Zukunft auch ein eigenes Krankenhaus haben, doch noch ist das ein Traum, da sich dieser Wunsch zurzeit außerhalb jeder Realität befindet. Deshalb war es auch der letzte Tagesordnungspunkt der Sitzung.

Es gibt in Costa Rica (halb-)staatliche Organisationen wie zum Beispiel das *Instituto Mixto de Ayuda Social* (Amt für generelle Sozialhilfe). Doch zum einen sind die zur Verfügung stehenden Mittel äußerst beschränkt, und zum anderen liegt dort der Fokus generell auf Unterstützung der ganz Armen im Land. Also, in jedem Rathaus ein Sozialamt, in dem wirtschaftlich in Not geratene Menschen für alle möglichen Fälle diese und jene Sozialhilfe beantragen können, gibt es in Costa Rica nicht. Eigenartigerweise tut sich auch die Kirche in puncto individueller wirtschaftlicher Hilfe in Notfällen schwer.

Noch ein Thema, das in diesen Zusammenhang passt. Auf eine dieser Parteiversammlungen lernte ich den Bürgermeister von Puntarenas kennen, es ist die Hauptstadt der Provinz, in der ich lebe. Nach kurzer Zeit waren wir beim Thema Fußball angelangt, vielleicht auch, weil ich Deutscher bin. Puntarenas FC spielt zwar in der ersten costa-ricanischen Liga, das Stadion ist aber, wie auch die meisten anderen Sportarenen im Land, für deutsche Maßstäbe allenfalls dritt- oder vierklassig. Wenn in Deutschland ein Verein aus der 3. Liga beabsichtigt, ein neues Stadion zu bauen, so ist das in der Regel kein unüberwindbares Problem. Lokale und regionale Unternehmen unterstützen den Bau als Mäzene und Förderer, und die Gesamtfinanzierung wird dann noch mit einem Werbevertrag abgerundet.

Das alles gibt es in Costa Rica so nicht. Was uns aber nicht bewusst ist: Länder wie Costa Rica wollen im Fußball irgendwann auch mal in der Weltspitze mitmischen – was ihnen ja bei der WM 2014 fast gelungen wäre . Und so berichtete mir der Bürgermeister, dass der damalige FIFA-Präsident Blatter sich persönlich bei einem Besuch in Costa Rica mit einer FIFA-Zuwendung für die Renovierung seines Stadions eingesetzt habe, und bei dem Namen Blatter leuchteten seine Augen. Und der Bürgermeister von Puntarenas wird wohl nie die Gelegenheit bekommen, auf einem FIFA-Kongress für Blatter zu stimmen …

23. Grund

Weil das kleine Land von vielen Nationen Unterstützung erhält

Fast alle großen europäischen Länder, aber auch die Vereinigten Staaten, Kanada und Japan lassen Costa Rica auf vielfältige Weise wirtschaftliche Unterstützung und Hilfe zuteil werden. China auch, bildet aber zu den erwähnten Ländern eine Ausnahme. Kulturell gibt es auf den Gebieten Musik, Theater, Literatur und Kunst ebenfalls aus diesen Ländern eine breite Palette von Beiträgen und Veranstaltungen, die meisten finden natürlich in San José statt. Alle diese erwähnten Nationen machen das in der Regel häufig ganz uneigennützig, quasi als Entwicklungshilfe, China ist dagegen eigentlich immer auf den eigenen Vorteil bedacht.

Traditionell ist natürlich die kulturelle und wirtschaftliche Unterstützung Spaniens stark ausgeprägt, war es doch das Land, das ab 1492 sich anschickte, fast den gesamten Kontinent zu erobern. Zudem eint beide Länder die gleiche Sprache. Die Zugmaschinen der interurbanen Bahnstrecke Alajuela – Heredia – San José – Cartago sind ausrangierte und generalüberholte Lokomotiven aus Spanien. Japan lässt dem Land ebenfalls beträchtliche Hilfe zukommen. Immer wieder liest man, dass medizinisches Hightech-Equipment in den Hospitälern auf eine Spende Japans zurückgeht. Außerdem gibt es mit dem ostasiatischen Land eine enge Zusammenarbeit auf dem Gebiet der Seismologie, da beide Staaten erdbebengefährdet sind. Alle oben erwähnten Länder unterhalten in Costa Rica Kulturinstitute und Schulen, in denen man (gegen Gebühr) die jeweilige Sprache erlernen und einen im Gastland anerkannten Schulabschluss erlangen kann.

Was Deutschland anbelangt, gibt es in San José aus Kostengründen kein Goethe-Institut mehr, sondern nur noch ein Goethe-Zentrum zum Spracherwerb. Dem angeschlossen ist das Colegio

Humboldt, ein riesiger Schulkomplex mit Vor- und Grundschule und gymnasialer Oberstufe. Dort finden in der Regel auch die deutschen Kulturveranstaltungen statt, auch mein Konzert im Jahr 2013. Der Deutsche Akademische Austauschdienst (DAAD) ist in San José ebenfalls vertreten. 2012 wurde der »Wilhelm und Alexander von Humboldt-Sonderlehrstuhl für Geistes- und Sozialwissenschaften« an der *Universidad de Costa Rica* (UCR) ins Leben gerufen, den der DAAD mitfinanziert. Das Schwarzwaldstädtchen Lahr unterhält eine Städtepartnerschaft mit Alajuela. Deshalb durfte die costa-ricanische Nationalmannschaft auf Einladung der Stadt einen Teil der Vorbereitungen für die WM 2006 in Deutschland in Lahr absolvieren. Costaricanische Künstler, unter ihnen der Autor Rafael Ángel Herra, der auch zwei Jahre Botschafter seines Landes in Berlin war, wurden nach Lahr eingeladen, um ihre Werke vorzustellen.

Ganz stark in puncto wirtschaftlicher Hilfe und Zusammenarbeit ist auch die Schweiz. Seit 2006 unterstützt das Land mit beträchtlichen finanziellen Mitteln Costa Rica mit dem Projekt »Eco-Mercados« (Öko-Märkte) kleine Biobauern und Fincas. Die Bioprodukte wie *Mora* (Brombeeren), Kaffee und verschiedene Gemüsesorten sind sehr gefragt, und der Umsatz steigt stetig.

Dann gibt es natürlich auch noch rein wirtschaftlich ausgerichtete Projekte. Das holländische Konsortium APM-Terminals bekam vor Jahren den Zuschlag, den neuen Containerhafen in Moin (bei Limón) zu bauen. Es ist für Costa Rica ein Mega-Projekt und die derzeit größte Baustelle des Landes. Die Inbetriebnahme der ersten Phase soll Anfang 2019 erfolgen. Die Investition beläuft sich auf insgesamt eine Milliarde US-Dollar. Klar, dass so eine Summe das Land allein nie stemmen könnte. Es ist ein Joint Venture, ATM betreibt das neue Terminal für 33 Jahre, aber mit überwiegend costa-ricanischem Personal, dann geht die ganze Anlage in Eigentum von Costa Rica über.

Bei allen diesen Beispielen ist China eine Ausnahme. Die kommunistische Regierung »schenkte« Costa Rica ein neues Nationalstadion, das im *La Sabana*-Park an gleicher Stelle errichtet wurde, wo auch schon die alte Arena stand. Ab 2009 lebten 1.500 chinesische Arbeiter in einem Containerdorf im Park und stellten in zwei Jahren das neue 35.000 Zuschauer fassende moderne Stadion fertig. Während der Bauzeit soll es mehrere schwere Arbeitsunfälle mit tödlichem Ausgang gegeben haben. Immer wieder munkelten die Medien hinter vorgehaltener Hand, dass es Chinas »Geschenk« dafür war, dass Costa Rica im Jahr 2007 nach über 50 Jahren die diplomatischen Beziehungen zu Taiwan (Nationalchina) abbrach. Der damalige Präsident Oscar Arias musste ständig versichern, dass das eine mit dem anderen nichts zu tun hat. 2011, im Jahr der Fertigstellung des Stadions, nahm dann die Regierung von Costa Rica diplomatische Beziehungen zu Rotchina auf …

Ein anderer Fall: Für den neuen Containerhafen in Moin soll die wichtige nationale Autostraße nach San José auf vier Spuren erweitert werden. Dafür bot China seine Dienste an. 2012 reiste der damalige Vizepräsident nach Peking, um die Finanzierung unter Dach und Fach zu bringen. Die Bedingungen waren für Costa Rica eigentlich unannehmbar: China bestimmt das ausführende Unternehmen, natürlich ein chinesisches, mit einem zudem noch zweifelhaften Ruf, die Zahlungsbedingungen, die Zinsen und die Projektabwicklung. Und Korruption war dann auf chinesischer Seite auch noch im Spiel.

In diesem Zusammenhang sei erwähnt, dass in Europa überhaupt nicht gebührend der Absicht Chinas Aufmerksamkeit geschenkt wird, durch Nicaragua einen zweiten Panamakanal bauen zu wollen. In den letzten Jahren sind mehrfach chinesische Schiffe beim Durchfahren des Panamakanals mit Waffenladungen aufgefallen, die wahrscheinlich für Nicaragua oder Kuba bestimmt waren. Das will China auf Dauer natürlich nicht hinnehmen. Es bot dem autoritären Ortega-Regime an, einen Kanal zu bauen, der, wie der Panamakanal, den Atlantik mit dem Pazifik verbindet. Der nicaraguanische Machthaber willigte freudestrahlend ein, und schon Anfang 2015 wurde mit großem Pomp die Grundsteinlegung gefeiert. Zurzeit ruht das Projekt, auch wegen der großen Finanzierungsschwierigkeiten, selbst für ein Land wie China. Sollte der Kanal jemals gebaut werden, würde er wahrscheinlich eine der größten Umweltkatastrophen weltweit auslösen. Durch die vielen Schleusen, das heißt durch die Höhenunterschiede, ist es beim Panamakanal unmöglich, dass Meerwasser ins Landesinnere eindringt. In Nicaragua aber soll der neue Kanal durch den großen Nicaragua-Binnensee führen. Bei Sturmflut würden unweigerlich große Mengen Salzwasser ins Landesinnere eindringen, da der gesamte Kanal ohne Schleusen auf Meereshöhe durch das costa-ricanische Nachbarland führen soll. Deshalb war unter anderem auch die Regierung in San José mehr als alarmiert und empört, da im Falle der Realisierung auch costaricanisches Grenzgebiet in Mitleidenschaft gezogen würde. Aber das alles scheint China nicht zu interessieren.

3. *Kapitel*

Alltagsleben, Religion, Feste, Tradition

24. Grund

Weil ein Supermarkt nur auf den ersten Blick so aussieht wie bei uns

Natürlich gibt es in allen größeren und kleineren Städten Costa Ricas Supermärkte. Wie bei uns sind sie meistens in großen Handelsketten organisiert, davon gehören einige zum US-Einzelhandelskonzern Walmart, andere haben mexikanische, kolumbianische oder costaricanische Eigentümer. Es gibt keine Ruhetage, man kann jeden Tag einkaufen gehen, die Ladenschlusszeiten variieren von 19 Uhr bis Mitternacht. Wenn man einen Supermarkt betritt, sieht erst einmal alles so aus wie bei uns, aber nur auf dem ersten Blick. Bei genauerem Hinschauen wird man feststellen, dass auf einer Seite der Verkaufshalle auf zehn Metern Länge die Ladenregale mit Reis in allen Variationen und in einem weiteren beträchtlichen Sektor mit schwarzen Bohnen (*Frijoles*) gefüllt sind. Reis ist das Grundnahrungsmittel Nr. 1 und *Frijoles* die traditionelle Beilage in Costa Rica wie auch in allen anderen mittel- und den nördlichen südamerikanischen Ländern. Besucher werden feststellen, dass die Preise vieler Lebensmittel in Costa Rica mit denen in Mitteleuropa mehr oder weniger vergleichbar sind.

Und da fragt man sich, wie können denn die wenig begüterten bzw. die armen Leute im Land leben? Können sie die Preise überhaupt bezahlen, in Anbetracht dessen, dass ein Landarbeiter drei Euro in der Stunde verdient, eine Hotel-Zimmerfrau am Monatsende 450 Euro mit nach Hause bringt und ein Herrenhaarschnitt vier Euro kostet?

Sie können, wenn auch nicht gut, aber sie können. Dazu muss man wissen, dass die Grundnahrungsmittel Reis und *Frijoles* vom Staat subventioniert werden. Die Preise stehen einmal in der Woche in der Zeitung. Denn Reis und *Frijoles* – mit Ei – zum Frühstück –, mit Fisch oder Hühnchen – Mittag- oder Abendessen – gibt es in der Regel bei den *Ticos* morgens, mittags und abends (Grund 34), dazu natürlich jede Menge frische (tropische) Früchte. Bananen werden einem quasi »nachgeschmissen«, sie kosten etwa drei Cent oder weniger das Stück (es gibt mindestens 25 Sorten Ess- und Kochbananen). Kartoffeln gibt es nur in ein, zwei Sorten. Sie sind relativ teuer und schmecken auch ein wenig anders als die unsrigen. Das liegt natürlich an der Bodenbeschaffenheit. Auf dem steinharten, rötlichen Ton-Lehm-Boden würden die europäischen Sorten nicht gedeihen. Als Kartoffelersatz wird als Beilage oft *Yuca* verwendet. Die Wurzelknolle wird ähnlich zubereitet, und da sie mit wenig Aufwand große Erträge bringt, ist sie im Supermarkt relativ günstig zu erstehen.

Ansonsten stehen bei vielen Obst- und Gemüsesorten die Preise im umgekehrten Verhältnis wie bei uns. Tropische Früchte und einheimisches Gemüse sind günstig.

Für uns nicht zu verstehen, aber es ist so: Äpfel, Birnen, Pflaumen, Kirschen, Pfirsiche, Kiwis und auch Weintrauben (!) gedeihen nicht in Costa Rica, müssen also importiert werden und sind deshalb teuer. Costa-ricanisches Bier schmeckt gut, der Preis liegt aber über dem deutschen Niveau. Wein ist sehr teuer, da ausnahmslos importiert. Ein eigener Industriezweig ist der Bereich Trockeneis. Es gibt große Produktionsstätten, und auf den Straßen sieht man häufig die Spezial-Lkw mit diesem für Costa Rica unabdingbaren Requisit auf dem Weg zu Supermärkten, Geschäften und Restaurants. Man kann die Eiswürfel in Beuteln abgepackt in jedem Laden kaufen. Denn ohne sie geht bei Lebensmitteln wie Fisch oder anderen empfindlichen Produkten und kühlen Drinks gar nichts.

Neben den großen Lebensmittelketten gibt es noch einige chinesisch geführte Supermärkte. Kleinere Selbstbedienungsläden heißen *Mini-Super* oder *Mini-Mercado*. In fast jedem noch so kleinen Örtchen gibt es eine *Pulpería*, einen Tante-Emma-Laden, der ebenfalls meistens bis spätabends geöffnet hat. Und auch in Costa Rica nimmt erfreulicherweise die Selbstvermarktung zu. Es gibt mehr und mehr landwirtschaftliche Kooperativen, die ihre Erzeugnisse auf selbst organisierten Märkten oder in eigenen Läden anbieten. Da lohnt sich wirklich mal ein Besuch.

25. Grund

Weil das Transportwesen teilweise chaotisch ist, aber trotzdem gut funktioniert

Das wichtigste Transportmittel im Land ist der Bus. Es ist mit Abstand das billigste und am meisten genutzte Verkehrsmittel. Der Regionalverkehr teilt sich auf in innerstädtische und interurbane Linien zwischen den Städten San José, Heredia, Alajuela und Cartago, die ja alle im Zentraltal nahe beieinanderliegen. Zu entfernteren Zielen gibt es einen gut ausgebauten Bus-Service in alle Teile des Landes und auch Langstrecken-Passagen in die Nachbarländer Nicaragua und Panama (*Nicabus* und *Ticabus*). Bus-Tickets sind im Vergleich zu Mitteleuropa spottbillig. Eine Fahrt durch San José kostet umgerechnet zwischen 30 und 70 Cent, für die Passage vom oder zum Flughafen (18 km) werden gerade mal 80 Cent verlangt, und für die 125 Kilometer lange Strecke San José – Puntarenas ist das Ticket für gut drei Euro zu haben. Für den innerstädtischen Verkehr gibt es keine Fahrpläne, da die Busse in den Hauptverkehrszeiten im Minutentakt losfahren. Der Fernverkehr ist in Fahrplänen organisiert, die Busse fahren auch pünktlich ab, nur wer keinen Platz mehr bekommt, muss auf den nächsten Bus warten.

Nun gibt es aber in San José nicht einen zentralen Busbahnhof, sondern fast 30 verschiedene. Fast jede Transportgesellschaft, es sind ausnahmslos private Unternehmen, hat ihren eigenen Bahnhof. Dazu muss man wissen, dass der Staat seinen öffentlichen Busverkehr im ganzen Land schon vor ewigen Zeiten »outgesourct« hat. In langen Verhandlungen von Transportministerium (MOPT) und Busunternehmen werden jedes Jahr für die einzelnen Linien die Konzessionen wieder neu vergeben und die Ticketpreise festgelegt, die dann in der Presse veröffentlicht werden. Das gilt auch für den Schulbusverkehr, den es aber nur in den großen Städten gibt. So schön und kostengünstig sich das alles für uns anhört, gibt es aber auch einige Schattenseiten. So wird der Bus-Service in die ein oder andere Stadt oder Küstenregion mal eben von dem einen in den anderen Busbahnhof verlegt (wobei die Taxifahrer meistens Bescheid wissen). Selbst in dem neu errichteten dreistöckigen Bus-Terminal »7 – 10« (Avenida 7 – Calle 10) gibt es nicht einmal Gepäckschließfächer. Denn man würde ja doch gern mal beim Ticketkauf am Schalter oder bei einem Imbiss in den vielen *Sodas* (Schnellrestaurants oder Garküchen) nicht immer ständig ein Auge auf das Gepäck werfen müssen. Dass man in einem Busbahnhof ein bisschen mehr aufpassen sollte als sonst, hatte ich schon erwähnt. Trotzdem ist eine Busfahrt sehr zu empfehlen. Da fühlt man sich wirklich im Land, mit all den einheimischen Passagieren und den fliegenden Händlern, die an jeder dritten Haltestelle kurz durch den Bus laufen, um Knabberzeug, frisches Obst und natürlich zubereitete Drinks feilzubieten.

Ein weiteres beliebtes Fortbewegungsmittel sind Taxis. Sie gibt es in fast jedem Ort, egal wie klein oder abgelegen, und sind im Vergleich zu den Preisen, die bei uns üblich sind, ebenfalls sehr günstig und werden deshalb auch von Touristen häufig genutzt. Offizielle Taxis sind in Costa Rica rot (es gibt auch andere) und verfügen über einen Taxameter, der umgangssprachlich »Maria« genannt wird. Nicht alle Fahrer schalten ihn ein, deshalb sollte man vor Antritt der Fahrt darauf achten oder einen Festpreis vereinbaren.

Ein Eisenbahnnetz gibt es in Costa Rica nicht. Es existiert nur eine einzige Strecke zwischen den Städten Alajuela, Heredia, Jan José und Cartago. Immer wieder träumt ein neu gewählter Bürgermeister in San José von einer U-Bahn oder davon, doch wenigstens wieder eine Straßenbahn auf die Schienen zu bringen. Denn in den 50er-Jahren des vorigen Jahrhunderts gab es sie bereits, der Betrieb wurde aber aus Kostengründen eingestellt.

Dann gibt es noch Inlandsflüge der staatlichen Sansa-Airline, einer Tochter der internationalen Fluggesellschaft, in alle touristischen Gebiete des Landes wie Puerto Jiménez, Golfito, Palmar Sur, Bahía Drake, Manuel Antonio, Tambor, Tamarindo, Liberia, Arenal, Puerto Limón und Tortuguero. Die Flüge mit zwölfsitzigen Einpropellern dauern nur 25 bis 50 Minuten, sind bezahlbar und ebenfalls ein Erlebnis. Bekommt man doch auf vielen Flügen Vulkane, Berge, Flüsse und türkisfarbene Buchten von oben zu sehen. Das gebührenfreie Gepäck ist allerdings sehr beschränkt, nur etwa acht Kilo sind frei.

Zuletzt seien noch die Fährverbindungen zur Halbinsel Nicoya erwähnt. Auch die sind ein Erlebnis und haben mit den in Europa gängigen Schiffspassagen in Nord- und Ostsee, auf denen einem oft bei rauer See ein eisiger Wind um die Nase weht, nichts gemein. Und günstig sind sie auch. Für die eineinhalbstündige Überfahrt von Puntarenas nach Paquera oder Puerto Naranjo bezahlt man für einen Pkw mit Fahrer gerade mal 17 Euro. Dafür wird man in Europa auf gleicher Strecke noch nicht einmal mit dem Fahrrad mitgenommen.

www.visitcostarica.com · www.flysansa.com · www.navieratambor.com

26. Grund

Weil der Berliner Flughafen in Costa Rica »Platina-Brücke« heißt

Auch Costa Rica hat ein Bauprojekt, das einer »never ending Story« gleicht. Ähnlich wie in Deutschland beim Berliner Flughafen war die Reparatur und Erweiterung der Platina-Brücke, die Bestandteil einer der am meisten befahrenen Autostraßen des Landes zwischen San José und Flughafen ist, eine Aneinanderreihung von Pleiten, Pech und Pannen – und natürlich Kosten. Wenn man im Gespräch die

Puente de La Platina erwähnt, weiß jeder *Tico* sofort Bescheid und winkt mit einem müden Lächeln jede weitere Diskussion ab, denn die hätte sowieso keinen Sinn. Man sollte aber aus Fairnessgründen erwähnen, dass eine Brückenkonstruktion auf diesem felsigen Untergrund sicherlich nicht einfach ist.

Der erste Bau der Brücke über das tief im Fels liegende Flussbett des Río Virilla geht auf das Jahr 1962 zurück. Sie war damals nur für zwei Fahrspuren ausgelegt und noch nicht mit den heutigen Sicherheitsstandards für Erdbeben versehen. In diesem baulichen Zustand verblieb sie bis 2009, verursachte aber in diesen Jahren schon Ärger und Probleme. Um das in der Zukunft ein für alle Mal auszuschließen, sollte die vierspurige Neukonstruktion auf der Basis von großen aneinandergereihten Stahlplatten mit separaten Dehnungsfugen erfolgen (deshalb der Name *Platina*), die unterschiedlich starken Schwerlastverkehr, eventuelle Erdstöße, große Temperaturunterschiede und starke Winde ausgleichen und auffangen sollten.

Doch die ersten Stahlplatten gingen schon nach vier Monaten hoch und mit ihnen natürlich auch die darüberliegenden Betonsegmente. Zwei Jahre lang wurde auf der viel befahrenen Straße versucht, mit diesen und jenen technischen Mitteln die Mängel zu beheben und die Fehlerursachen abzustellen. Alle ergriffenen Maßnahmen erwiesen sich aber nicht als dauerhaft. Jetzt wurden zunehmend diese und jene Experten aus aller Herren Länder auf das nicht in den Griff zu bekommende Bauprojekt aufmerksam, und jeder einzelne hatte natürlich die alles entscheidende Lösung parat. Die staatliche Tiefbaubehörde CONAVI entschied sich schließlich für eine Zusammenarbeit mit einem US-Unternehmen, die mit einer Stahlgitterkonstruktion die ganze Basis nochmals verstärkte. Aber auch diese Maßnahme war auf Dauer nicht frei von neuen Mängeln. Die Medien sprachen schon von einer »griechischen Tragödie«.

Ich will es abkürzen. Alle weiteren ergriffenen Maßnahmen waren nicht fehlerfrei, und ständig gab es neue erhebliche Verkehrsstörungen auf dieser viel befahrenen Autostraße. Mittlerweile war die gesamte *Autopista General Cañas* bereits sechsspurig ausgebaut, da der Verkehr ständig weiter zunahm. Nun wurde beschlossen, die Platina-Brücke ebenfalls auf sechs Fahrspuren zu erweitern, da sich logischerweise an diesem Nadelöhr in beiden Richtungen ständig endlose Staus bildeten. Jetzt entstand noch einmal ein grundlegend neues Problem.

Schlussakt (oder auch nicht): Mit weiteren, immer wieder fehlgeschlagenen Baumaßnahmen und immer wieder verschobenen endgültigen Eröffnungsterminen (Berlin lässt grüßen!) wurde die Brücke im Mai 2018 endgültig kurz vor Ende seiner Amtszeit von Präsident Solís eingeweiht. Was für ein Wunder, dass sie in den ersten Monaten nach der Fertigstellung störungsfrei geblieben ist. Und überflüssig zu erwähnen, dass die Baukosten wie beim Flughafen BER zigmal aus dem Ruder gelaufen sind. Also, wer nach der Ankunft auf dem Flughafen »Juan Santamaría« auf dem Weg in die Innenstadt die Brücke passiert, sollte sich an die »never ending Story« ihrer Konstruktion erinnern.

27. Grund

Weil die Mehrheit der Bevölkerung mit ihrem Glauben Berge versetzen kann

Costa Rica ist ein weitestgehend christliches Land. Die römisch-katholische Konfession ist Staatsreligion und in der Verfassung verankert. Es gibt aber im Land auch mehrere kleinere protestantische Religionsgruppen, die meisten haben ihren Ursprung in amerikanischen Glaubensgemeinschaften. Nicht alle *Ticos* sind unbedingt praktizierende Christen mit Kirchgang und christlichen Sakramenten, jedoch wird der christliche Glaube im Alltag überall sehr sichtbar. In vielen Bussen ist vorn an der Stirnseite ein Heiligenbildchen angebracht oder sogar ein Rosenkranz aufgehängt, und darunter liest man einen sinnfrommen Spruch wie »*Jesucristo es mi pastor* (ist mein Hirte)«, »*Jesucristo es mi guía* (der mich leitet)«, »*Dios está siempre conmigo* (Gott ist immer bei mir)« oder »*Mi vida en las manos de Dios* (Mein Leben in Gottes Händen)«. Diese glaubensbekennenden Sprüche sind auch in Taxen und Privatfahrzeugen zu finden. In Häusern und Wohnungen liest man »*Mi hogar es protegido por Dios* (Mein Haus wird von Gott beschützt) oder »*Jesucristo es mi hogar* (ist meine Heimstätte). In einem Gespräch wird fast jeder Satz, der eine Absicht oder Tätigkeit in der Zukunft ausdrückt, mit »*Si Dios quiere* (so Gott will)« abgeschlossen.

Im März 1983 besuchte der polnische Papst Johannes Paul II. für einen Tag Costa Rica. Ihm zu Ehren wurde der große Kreisverkehr im Stadtteil La Uruca in San José in *Redondo Juan Pablo Segundo* umbenannt. Der Besuch wird auch heute noch im Land als eines der größten geschichtlichen und kulturellen Ereignisse der letzten Jahrzehnte angesehen. Noch immer sind die Zeitungen an jedem runden Jahrestag des Besuches voll mit Berichten und Fotos dieses für Costa Rica denkwürdigen Datums.

Jeder Mensch hat für sich im Laufe des Lebens sein eigenes Weltbild aufgebaut. Ob mit oder ohne Gott, entscheidet jeder für sich selbst. In Europa hat ein Christ seinen Lebenswandel wohl eher auf das Seelenheil nach dem Tode ausgerichtet. In Costa Rica aber ist im christlichen Glauben die Überzeugung tief verwurzelt und fest verankert, dass Gott jeden Schritt und Tritt des irdischen Lebens leitet und beeinflusst, vor allem bei der ärmeren Bevölkerung. Wenn also ein Mensch von einer Krankheit genesen ist, eine schwierige Lebenssituation überwunden oder eine Prüfung bestanden hat, so hat Gott der Allmächtige das gewährt, weil er die Gebete zu ihm erhört hat.

Papst Johannes Paul II. wurde am 27. April 2014 in Rom auf dem Petersplatz von seinem Nachfolger Franziskus heiliggesprochen. In der katholischen Kirche bedarf es für eine Heiligsprechung zwei bezeugbarer Wunder, die auf den Heiligzusprechenden zurückgehen. Als erstes Wunder wurde die Heilung einer Ordensschwester von der

Parkinson-Krankheit auf Fürsprache Johannes Paul II. anerkannt. Nach längerem Suchen meldete sich die Costa Ricanerin Floribeth Mora Díaz, die bekundete, dass sie genau am Tag der Seligsprechung Papst Johannes Paul II. am 1. Mai 2011 aufgrund der Fürbitte und Gebete zu dem polnischen Papst von einem Aneurysma im Gehirn geheilt wurde. Ein Arzt ihres Landes bestätigte, dass der Heilungsprozess nicht auf therapeutische Maßnahmen zurückzuführen und somit medizinisch nicht zu erklären sei. Das wurde per Dekret vom Vatikan als zweites Wunder anerkannt, und Floribeth Mora Díaz erhielt aus Rom die Einladung, der Zeremonie der Heiligsprechung von Papst Paul II. auf dem Petersplatz beizuwohnen. Die costaricanischen Zeitungen berichteten hierüber mehr als eine Woche auf der ersten Seite.

28. Grund

Weil die schwarze Jungfrau über allem steht

Vielen Europäern, die wir mit dem Kanon der Geschichte des christlichen Abendlandes aufgewachsen sind, ist die christliche Entwicklung Lateinamerikas wahrscheinlich wenig bis gar nicht bekannt. In der Symbolik der Bibel spielt die Jungfrau Maria, die Mutter Gottes eine ganz entscheidende und wichtige Rolle. Da kann man sich vielleicht vorstellen, dass man sich in einem so tiefgläubigen Erdteil, wie es Lateinamerika nun mal ist, im Laufe der Jahrhunderte einen kulturell engeren, man kann auch sagen persönlicheren, Bezug zur Jungfrau Gottes herbeigesehnt hat. Und so ist fast in jedem lateinamerikanischen Land meistens schon im Mittelalter häufig ganz einfachen Menschen wie Landarbeitern oder Mägden eine Jungfrau erschienen.

Die bekannteste ist sicherlich die *Jungfrau von Guadelupe* in Mexiko. Am 9. Dezember 1531 soll sie dem Indio Juan Diego erstmals erschienen sein. Daraufhin bat er den Bischof, auf dem Hügel eine Kapelle errichten zu dürfen. Der Bischof willigte erst ein, als er drei Tage später auf unerklärlicher Weise auf dem Mantel von Juan Diego ein Bild der Jungfrau Maria entdeckte. Am Ort der Erscheinung wurde zunächst eine Kapelle errichtet, dann die erste Basilika eingeweiht, die 1974 auf die heutige Größe erweitert wurde. Sie fasst unter der 42 Meter hohen Kuppel mit ihrem Durchmesser von 100 Metern bis zu 40.000 Menschen, für die 10.000 Sitzplätze zur Verfügung stehen. Sie zählt damit zu den größten Kirchen und Pilgerstätten weltweit.

In Costa Rica noch zur Zeit der spanischen Missionierung der Urbevölkerung hat ein einfaches Indiomädchen beim Holzsammeln im Wald eine Statue der Jungfrau Maria mit ihrem Kind gefunden. Es war der 2. August 1635. Der Statue wurde schnell eine Vielzahl an Wundern zugeschrieben. Am Fundort wurde nach dem Bau einer Kapelle mit mehrfachen Erweiterungen nach dem Erdbeben von 4. Mai 1910 die heutige Basilika in einer einzigartigen Mischung aus Kolonialarchitektur und byzantinischem Stil errichtet. Der Kirchenbau wurde 1926 fertiggestellt und erhielt für die damalige Zeit in Costa Rica eine bedeutende Größe und wurde auf den Namen *Basílica Nuestra Señora de los Ángeles* (Basilika Unserer Lieben Jungfrau der Engel) geweiht. Seitdem kann man in dem Gotteshaus den Schrein mit der kleinen Marienstatue betrachten und anbeten. Sie wurde auf den Namen *Virgen negra de los Ángeles* (Schwarze Jungfrau der Engel) getauft. Heute ist die Basilika von Cartago mit *La negrita* (die kleine Schwarze), wie der Marienschrein im Volksmund heißt, das bedeutendste religiöse Zentrum Costa Ricas.

Jedes Jahr am 2. August, dem Tag, an dem das Indiomädchen die Statue der schwarzen Jungfrau gefunden hat, ist die Basilika Ziel einer großen Wallfahrt von Gläubigen aus dem ganzen Land und dem benachbarten Ausland. Es sind Hunderttausende von Pilgern, die sich da auf den Weg machen. Viele beginnen ihre Pilgerreise schon Tage zuvor, da sie Hunderte und mehr Kilometer zu Fuß zurücklegen.

Die letzten 22 Kilometer von San José nach Cartago sind ein einzigartiges Ereignis. Das Rote Kreuz ist mit Verpflegungsstationen und Notfallzelten zugegen. Rundfunk, Fernsehen und Presse sind in der Nacht zuvor und den ganzen Tag damit beschäftigt, die gewaltige Szenerie einzufangen, führen pausenlos Interviews, um die Pilger zu fragen, warum sie das alles auf sich nehmen. Nahezu immer ist die Antwort, dass man die schwarze Jungfrau in schwierigen Lebenssituationen wie Krankheit oder wirtschaftlicher Not um Hilfe angefleht und sie die Bitten erhört hat.

Am Eingangsportal der Basilika angekommen, kniet jeder Pilger nieder und robbt so auf Knien die letzten 100 Meter bis zur schwarzen Jungfrau und wieder zurück, immer das Gesicht nach vorn zum Altar gerichtet. Es soll allerdings auch Teilnehmer geben, die die letzten 22 Kilometer von San José bis zur Basilika auf Knien absolvieren. Die Romería (Wallfahrt) zur schwarzen Jungfrau von Cartago ist der wichtigste Tag im Jahr der Gläubigen in Costa Rica und eine einmalige Demonstration ihrer Frömmigkeit.

29. Grund

Weil die Costa Ricaner auf ihre Art Karneval feiern

Karneval oder *Carnaval*, wie die *Ticos* sagen, wird in Costa Rica an verschiedenen Orten zu verschiedenen Zeiten gefeiert. Der größte Event dieser Art ist der *Carnaval von Limón*, der auch für Costa Rica einzigartig ist und mittlerweile einen weltweiten Ruf hat. Er startet am 12. Oktober, dem Tag, an dem 1502 Kolumbus zum ersten Mal einen Fuß auf costa-ricanischen Boden setzte, und dauert zwölf Tage. Es ist eine riesengroße Sause und wurde bereits 1949 von afroamerikanischen, meist jamaikanischen, Einwanderern ins Leben gerufen. In dieser Zeit ist die karibische Küstenstadt außer

Rand und Band. Gefeiert wird praktisch rund um die Uhr, und an Schlaf ist kaum zu denken. Schon Wochen vorher hört man in der Stadt Steelbands und andere exotische Musikensembles, die sich für die großen Umzüge und Paraden warm spielen.

Offiziell wird jeden Mittag die Party mit einem Feuerwerk eingeleitet. Dann folgen farbenfrohe Umzüge, schrille Paraden mit nie erlahmenden Tänzern und Tänzerinnen und karibisch angehauchte Freiluftkonzerte zu Calypso, Reggae und Sambamusik, und nachdem der offizielle Teil abends beendet ist, wird auf den Straßen zu diesen Rhythmen bis spät in die Nacht ausgelassen weiter getanzt, gefeiert, gelacht und getrunken. Exotische Shows mit Akteuren in aufwendig gestalteten Kostümen und glitzernden Masken, die singend und swingend ihre Künste darbieten, begeistern Hunderttausende Einheimische und Touristen. Neben den täglichen bunten, farbenfrohen, schrillen Umzügen und Paraden gibt es dann noch die sogenannte *Gran Parade*, welche einer der absoluten Highlights des *Carnaval de Limón* darstellt. Ein weiterer Höhepunkt ist die Ausrufung und Präsentation der Karnevalskönigin, die meistens schon zu Beginn der Feiern erfolgt. Auch an die Kleinen wird gedacht, es gibt eine Kinderparade, die ebenfalls sehr viel Zuspruch findet. In dieser Zeit steht die gesamte Stadt buchstäblich kopf. Wer also im Oktober in Costa Rica weilt, sollte sich diese *Fiesta*, das außergewöhnlich bunte Treiben der verschiedenen Kulturen mit karibischen und costa-ricanischen Einflüssen, nicht entgehen lassen.

Vielleicht als Gegenstück zu Limón wurde 1970 der *Carnaval* in Puntarenas, der anderen großen Hafenstadt Costa Ricas, ins Leben gerufen. Er findet in dieser Stadt, die schon recht außergewöhnlich auf einer lang gestreckten Halbinsel in den Pazifik hineinragt, jeweils in der letzten Februarwoche statt. Er dauert zehn Tage und wird auch als *Carnaval de la Reyna* (Karneval der Königin) bezeichnet. Präsentiert werden in Umzügen und Paraden *Comparsas* (Tanzgruppen) mit exotischen Maskeraden und Outfits, wobei sich die Artisten in einem »Wettkampf« der Gunst des Publikums stellen, wer die originellsten Kostüme und einfallsreichsten Choreografien aufweisen kann. Außerdem sind in den Aufmärschen Artisten auf Stelzen, nationale und lokale Musikkapellen und andere exotische Programmpunkte zu bestaunen. Einer der Höhepunkte ist auch hier die Wahl und Präsentation der Königin, die live im regionalen Fernsehen übertragen wird. Zum Rahmenprogramm gehören Feuerwerk, nationale und internationale Musikbands, Motorradshows, Pferdeparaden, Stierrennen, Sportveranstaltungen und noch vieles mehr. Auch dieser Event lockt Zehntausende von Einheimischen und Touristen aus aller Welt an, die ebenfalls nach den offiziellen Programmpunkten bis tief in die Nacht bei tropischen Temperaturen auf den Straßen und am Strand weiterfeiern.

Der *Carnaval* in San José wird am 27. Dezember auf dem *Paseo Colón* präsentiert, dem wichtigsten und bekanntesten Boulevard der Stadt, dort, wo auch alle anderen Großveranstaltungen der Hauptstadt stattfinden. Hauptprogrammpunkt ist ebenfalls ein Umzug, in dem eine Vielzahl an bunten Karossen und exotisch anmutenden Komparsen zu bestaunen ist, die zu den heißen lateinamerikanischen Rhythmen der ebenfalls mitmarschierenden Musikensembles und Bands tanzen und auch hier eine große Begeisterung auslösen.

Wer einen dieser Events der puren Lebensfreunde einmal miterlebt hat, der wird leicht feststellen, dass der costa-ricanische Karneval mehr ist als nur Momente der Unterhaltung. Durch das Gemeinschafts- und Zugehörigkeitsgefühl zum Land, auf das alle *Ticos* so stolz sind, wird jeder Einheimische buchstäblich sofort mitgerissen und animiert, an der Party teilzunehmen. Da kommt eine vollkommen andere Mentalität zum Vorschein als die, die uns Europäern zu eigen ist. Sehr beeindruckend.

www.govisitcostarica.go.cr • www.costarica.com

30. Grund

Weil es sich lohnt, ein Volksfest zu besuchen

In Costa Rica hat fast jede Kommune und jedes Städtchen sein eigenes Volksfest, die sogenannten *Fiestas Populares*. Sie dauern in der Regel fast immer 14 Tage und beginnen häufig am Namenstag von Schutzpatron oder -patronin des jeweiligen Ortes. Andere finden in Erinnerung an historische Gedenktage statt oder haben religiöse Anlässe. Während dieser Volksfeste, auf denen nahezu immer die ganze Bevölkerung des Ortes auf den Beinen ist, kann die Vielfalt der regionalen Bräuche und Kulturen in Costa Rica besonders gut beobachtet werden.

Jede Region hat natürlich ihre eigenen Traditionen, sei es in der Landwirtschaft, im Kunsthandwerk, in der Musik oder in der Esskultur. Besonders interessant ist es da für ausländische Besucher, die traditionellen Fertigkeiten und Gebräuche der Nachfahren der Ureinwohner kennenzulernen. Auf jedem Volksfest präsentieren Musikgruppen Folklore aus der jeweiligen Region oder aus dem Land. Typisch sind zum Beispiel Marimba-Ensembles (meine Lieblingsmusik) oder Musik dargeboten mit historischen Trommeln, Akkordeon und Blasinstrumenten und natürlich Gitarren. Oft sind es ältere Musiker, die diese traditionelle Musik noch pflegen. Zu bestaunen sind auch traditionelle Tänze, die Akteure in landestypischer oder regionaler Tracht aufführen. Auf der Halbinsel Nicoya hat das Töpferhandwerk eine lange Tradition und wird ebenfalls von den Nachfahren der Indios an die nächste Generation weitergegeben. Man sieht allerlei kunstvoll gefertigte Vasen, Schalen und Krüge mit alten indianischen Mustern oder Motiven, die man natürlich auch erstehen kann.

Pferde haben ebenfalls eine lange Tradition in Costa Rica, besonders in der Provinz Guanacaste, die man auch den Wilden Westen des Landes nennt. Und so ist ein wichtiger Programmpunkt eines jeden Volksfestes die sogenannte *Tope*, ein Umzug mit geschmückten Pferden und Reitern in der typischen Aufmachung eines costaricanischen Viehzüchters. Unter anderem wird die völlige formvollendete und kunstvolle Beherrschung des Pferdes präsentiert.

Die ist auch notwendig bei der *Corrida*. Sie wird zwar in Costa Rica so wie in Spanien genannt, aber keine Angst, sie hat mit den blutigen Stierkämpfen auf der Iberischen Halbinsel nichts gemein. Der Name Rodeo wäre treffender. In Zentrum eines jeden Platzes, auf dem die Volksfeste veranstaltet werden, steht ein großes überdachtes Rondell mit Zuschauerrängen. Dort finden allabendlich die Rodeos statt. Hier werden von den Cowboys, die in Costa Rica *Sabaneros* heißen, nicht nur die Pferde beherrscht, sondern auch wilde Stiere bezwungen – zumindest für einige Sekunden. Auf diesen *Corridas* zeigen die *Sabaneros* ihre ganze Kunst: die perfekte Kontrolle des Pferdes, beim Rodeo das Bezwingen eines wilden Stieres für wenige Sekunden und formvollendete Lassokunst, indem ein Stier mit dem Lasso eingefangen, zu Fall gebracht und fixiert wird. Einige *Sabaneros* sind landesweit bekannt, und es gibt *Corridas*, die vom Fernsehen übertragen werden. Zu Beginn einer jeden Veranstaltung dürfen junge Männer ihren Mut beweisen. Die Tore werden für einige Stiere geöffnet, die dann ziellos in der Arena umherlaufen. Wie im spanischen *Pamplona* stellen sich dann unvernünftige und leichtsinnige Jünglinge in den Weg oder versuchen die Stiere zu reizen. Immer wieder passieren dabei schwere und schwerste Unfälle.

Die bekanntesten und größten Volksfeste sind die *Fiestas de Zapote* in San José von Weihnachten bis 6. Januar und die *Fiestas de Palmares*, die sich zeitlich unmittelbar an Zapote anschließen. Interessant ist der Besuch eines Volksfestes für ausländische Besucher allemal.

www.fiestaszapote.com • www.acamcostarica.com • www.govisitcostarica.com • www.cuandopasa.com

31. Grund

Weil das Festival de la Luz die größte Veranstaltung im Land ist

Der Lichterumzug *Festival de la Luz* ist die größte Veranstaltung in Costa Rica. Jeweils am zweiten Samstag im Dezember säumen bis zu eine Millionen Menschen die Straßen der Hauptstadt, mehrere Fernsehkanäle übertragen das Festival live. Die Parade beginnt um 18 Uhr und soll praktisch die »heiße Phase« der Weihnachtszeit einläuten. Das *Festival de la Luz* gibt es seit 1996, Veranstalter ist die Stadt San José, angeführt wird der Umzug vom Präsidenten des Landes und vom Bürgermeister. Seit einigen Jahren gibt es einen »Schirmherrn«, es wird eine Person oder Institution geehrt, die sich um das Land verdient gemacht hat. Das können bekannte Persönlichkeiten aus Wissenschaft, Kunst, Sport und Politik sein oder verdiente Staatsbedienstete wie Feuerwehrleute. 2011 war es das chinesische Volk, weil die Regierung Costa Rica ein Stadion »geschenkt« hat (Grund 23). Der Zug hat eine Länge von knapp 3,5 Kilometern, startet im Westen, führt durch die Paseo Colón, dann über die Avenida 2 und endet auf dem Platz der Demokratie. Jedes Jahr steht das *Festival de la Luz* unter einem ganz bestimmten Motto, an dem die gesamte Veranstaltung ausgerichtet ist. In den letzten Jahren waren Szenen des Märchens *Peter Pan*, Motive aus der griechischen Mythologie und die Tierwelt in der präkolumbianischen Zeit zu sehen.

Obwohl die eigentliche Parade erst nach Anbruch der Dunkelheit beginnt, strömen schon seit den frühen Morgenstunden Zehntausende aus allen Teilen des Landes und viele ausländische Besucher in die Stadt, um für sich und vor allem die Kinder für den Abend einen guten Platz zu ergattern. Darum ist die gesamte Innenstadt am Veranstaltungstag für den Verkehr gesperrt. Auf allen möglichen Utensilien, auf denen man es sich irgendwie im Sitzen oder Liegen bequem machen kann, wartet man geduldig im Kreise der Familie oder mit Freunden und Bekannten auf das Spektakel. Es wird gepicknickt, getrunken und gefeiert, und so wird die Zeit fröhlich und vergnüglich überbrückt. Um wirklich jede Langeweile auszuschließen, werden seit einigen Jahren vor dem eigentlichen Umzug auf der Wegstrecke Straßentheater, Musik und artistische Einlagen präsentiert. Das *Festival de Pasacalle* ist ebenfalls thematisch auf das Motto des Lichterumzuges ausgerichtet.

Um Punkt 18 Uhr erlischt im gesamten Zentrum das Licht, und ein riesiges Feuerwerk, das an diversen Orten der Stadt gezündet wird, verkündet den Auftakt für das *Festival de la Luz*. Aufwendig gestaltete, bunt beleuchtete große Karossen, die in der Dunkelheit schon von Weitem sichtbar sind, Marching Bands aus dem ganzen Land mit einstudierten Choreografien, Tanzensembles und knallbunte Kindergruppen ziehen durch die Straßen und vorbei an den jubelnden Menschenmassen, die im dichten Gedränge mitsingen, mittanzen und applaudieren. Auf der ganzen Wegstrecke glimmert und funkelt es, die Masken und Outfits der Teilnehmer sind ebenfalls aufwendig gestaltet, glitzernde Perlen kommen in der Dunkelheit besonders gut zur Geltung, andere Maskeraden erinnern an den venezianischen Karneval.

Die Vorbereitungen für das Festival sind enorm. Die Karossen werden von großen Unternehmen im Land gesponsert, die auch die wochenlange, aufwendige Ausgestaltung der Figuren im Design und mit der dazugehörigen Mechanik, Elektrik und Elektronik selbst gestalten. Aus einem landesweiten Wettbewerb wählt der Veranstalter die besten Marching Bands und Tanzensembles aus, und man ist natürlich unsagbar stolz, wenn man als Akteur auf dem *Festival de la Luz* dabei ist. Jedes Jahr werden die originellsten Karossen und die innovativsten Musik- und Tanzbeiträge prämiert. Nach dem Umzug wird in den Straßen noch weitergefeiert, wie lange? Das bleibt jedem selbst überlassen. Die Stadtverwaltung hat vorsorglich das offizielle Ende der Veranstaltung auf 12 Uhr mittags des nächsten Tages terminiert.

www.festivaldelaluz.cr

32. *Grund*

Weil der bunt bemalte Ochsenkarren eines der nationalen Symbole des Landes ist

Die bunt bemalten Ochsenkarren, sie heißen *Carretas*, haben bei den *Ticos* eine lange Tradition, sind heute fast Kult und eines der stärkten Symbole der nationalen Identität. Der Ursprung soll auf spanische Konquistadoren zurückgehen, die schon im 16. Jahrhundert Skizzen und Baupläne für diese Karren mitbrachten. Die ersten verwirklichten Konstruktionen gehen einher mit den Anfängen des Kaffeeanbaus Mitte des 19. Jahrhunderts und waren natürlich noch unbemalt. Man fand heraus, dass diese anfangs noch recht roh gezimmerten Fuhrwerke mit den speichenlosen Rädern nicht so schnell auf den matschigen Lehmpisten stecken blieben und wesentlich leichter Hindernisse wie Felsen, Steine oder Wurzelwerk überwanden. Denn man musste sich auf sein Transportgefährt verlassen können, war man doch mit der teuren Fracht vom gebirgigen Hochland bis zum Hafen an der Karibikküste wochenlang unterwegs.

Die Herstellung der Räder »aus einem Guss« war aber aufwendig. Aus großen Zedernstämmen oder anderen Baumriesen wurden massive Holzscheiben mit einer durch Wasserkraft betriebenen Säge herausgeschnitten, was damals keine leichte Aufgabe war. Der Karren mit den Vollholzrädern setzte sich durch, und aufgrund der guten Kaffeegeschäfte konnten sich die Plantagenbesitzer »Wertarbeit« leisten. Es entstanden nach und nach immer mehr Fabriken, zumal nach der Fertigstellung der Eisenbahnstrecke nach Limón, auf der der Kaffee zum Karibikhafen transportiert wurde, der Bedarf weiter zunahm. Da es auf Dauer durch die steigende Nachfrage immer schwieriger wurde, geeignete Riesenbaumstämme als Fertigungsmaterial für die massiven Räder zu finden, ging man dazu über, Räder aus aneinandergesetzten Holzkeilen zu fertigen, die verleimt und dann mit einem Eisenring umspannt wurden. Zu Zeiten des

Kaffeebooms sollen mehr als 10.000 *Carretas* als Transportvehikel unterwegs gewesen sein. Dadurch entwickelten sich ein nationaler Stolz und die Identifikation mit dem von einem Ochsenpaar gezogenen Karren. Ein besonderes Knarren der Räder und der typische Klang des Eisenrings ließen eine solide Fertigung erkennen.

Irgendwann begann man die *Carretas* zu bemalen, zunächst aber nur die Räder. Denn neben dem Transport nutzten die Bauern die Fuhrwerke auch für Fahrten zum Markt oder zur Kirche. Die ersten Motive waren weiß-blaue Sterne auf rotem Hintergrund, wie die Farben der Nationalflagge. Später ornamentierte man auch das Fuhrwerk selbst, anfangs mit Blumen und Orange als Hintergrundfarbe. Immer fantasievoller wurden die Muster und Farbkombinationen, und schließlich gab es Wettbewerbe, auf denen der schönste Karren gekürt wurde. Der letzte dieser Art fand 1940 im Nationaltheater von San José statt.

Heute sieht man die von einem Ochsengespann gezogenen *Carretas* kaum noch im Land, aber die Tradition der bunt bemalten Karren wird weiter hochgehalten. Zudem hat sich ein neuer Absatzmarkt aufgetan. Nicht nur Costa Ricaner, sondern Interessenten aus der ganzen Welt bestellen sich so ein Gefährt, um es sich als Schmuckstück in den Hauseingang oder in den Vorgarten zu stellen. Das Zentrum der Fertigung ist heute Sarchí, ein kleines Städtchen ca 30 Kilometer westlich von Alajuela an der Autostraße 1 gelegen. Dort sind wahre Künstler am Werk. Das traditionelle Fuhrwerk gibt es mittlerweile in allen erdenklichen Motiven und Farbkombinationen, in Originalgröße oder in Miniatur. Im *Parque Central* des Ortes ist auf einem Sockel mit einer Länge von 14 Metern das größte Gefährt weltweit dieser Art zu bestaunen. Es ist die Arbeit von zehn Modellbauern, die für das Kunstwerk in drei Monaten 64 Kubikmeter Holz und 40 Liter Farbe verarbeiteten.

1988 erklärte der damalige Präsident Oscar Arias die *Carreta* zum nationalen Symbol. Dazu gibt es zwei Veranstaltungen, die man sich nicht entgehen lassen sollte, falls man zu dieser Zeit in Costa Rica weilt. Am zweiten Sonntag im März findet in Escazú (westlicher Stadtteil von San José) anlässlich des *Día del Boyero Nacional* (Tag des nationalen Ochsenkarrenkutschers) ein großer bunter Umzug dieser traditionellen Karren mit herausgeputzten Ochsengespannen statt, und am letzten Sonntag im November ist im *La Sabana*-Park der »Einzug der Carretas in die Stadt« mit einem artistischen Beiprogramm zu bestaunen. Man sollte viel Speicherplatz auf seiner Handy-Kamera bereithalten.

www.escazu.go.cr · www.si.cultura.cr

4. Kapitel

Unterkunft und Kulinarisches

33. Grund

Weil Costa Rica für jedes Alter und jeden Geldbeutel eine Herberge bereithält

In Costa Rica eine Unterkunft zu finden ist in der Regel kein Problem. Über das ganze Land verteilt, besonders in den touristischen Gebieten und an den bekanntesten Stränden, gibt es eine Fülle von Herbergen jeder Art und für jeden Geldbeutel. Es gibt nur zwei Perioden, in denen sich auch viele Einheimische eine Auszeit gönnen. Das ist die Zeit zwischen den Jahren und in der *Semana Santa*, der Karwoche. Und es wird immer noch weitergebaut, fast im ganzen Land, erwartet man doch auch für die Zukunft weiter steigende Besucherzahlen. In Costa Rica gibt es keine ausgewiesenen Baugebiete, gebaut werden darf überall, das Entscheidende ist, dass man Zugang zu Elektrizität, Wasser und eventuell Telefonanschluss bzw. Internet bekommt. Es gibt Herbergen, zum Beispiel Hotels ganz oben auf einem malerischen Berg gelegen mit einer fantastischen Aussicht, oder Lodges mitten im Urwald errichtet (Grund 81), wo ein Mitteleuropäer sich fragen würde: Was? Und dafür hat man dort eine Baugenehmigung erhalten?

Natürlich gibt es auch in Costa Rica große Resorts, zumeist an schönen Strandabschnitten gelegen, wo den überwiegend amerikanischen Pauschaltouristen im tropischen Ambiente nahezu jeder Wunsch von den Lippen abgelesen wird. Ich bezweifele aber, ob diese Besucher wirklich etwas von dem fantastischen Land zu sehen bekommen. Wenn mal eine Busladung All-Inclusivler aus dem großen Touristentempel bei Tambor Montezuma einen Besuch abstattet, vielleicht auch noch einen Abstecher zum unteren Wasserfall macht (Grund 92), dann kommt bei mir immer ein leichtes Bedauern auf, was diese Leute doch alles verpassen. Die meisten Besucher jedoch wollen Nationalparks erkunden, im Regenwald beim Wandern Flora und Fauna bewundern, sich an malerischen Wasserfällen erfrischen, die vielen zum Teil außergewöhnlichen Sportangebote nutzen und diese Aktivitäten mit einem Strandurlaub kombinieren. Deshalb gibt es überall im Land auch familiär geführte Herbergen.

In den Städten findet man natürlich Hotels jeder Klasse, wobei die Klassifikation nicht immer unseren Maßstäben entspricht. In Billighotels gibt es häufig Zimmer mit Tageslicht zur Straße hin gelegen und im hinteren Bereich andere mit weniger Sonnenlicht, die dafür aber ruhiger sind. Viele Hotels haben einen Innenhof mit tropischen Pflanzen und schönem Flair. Besonders in den Strandorten werden *Cabinas* angeboten, das sind einfache Zimmer mit Bad, die nicht über einen Hausflur zu erreichen sind, sondern direkt von außen. Im Garten kann man es sich dann meistens in einer Hängematte bequem machen. Für junge Leute, die mit einem begrenzten Budget auskommen müssen, werden Unterkünfte mit Gemeinschaftsschlafräumen angeboten, meistens heißen sie *Hostal.* Und schließlich gibt es noch Hotels, die mit Sprachschulen zusammenarbeiten.

Zimmer mit Aircondition sind natürlich teurer. Die *Ticos* selbst benutzen in ihren Schlafräumen häufig Ventilatoren zur Kühlung, deshalb findet man sie auch oft in Unterkünften für Touristen, sei es als Deckenventilator oder als Standlüfter. Da fast alle Städte im Landesinneren auf einer gewissen Höhe liegen, finde ich Klimaanlagen dort relativ entbehrlich. Frühstück ist im Preis meistens nur in gehobenen Hotels inbegriffen. In Herbergen am Strand ist das auch nicht notwendig, gibt es doch überall ein vielfältiges Frühstücksangebot im tropischen Ambiente der Cafés.

www.govisitcostarica.com • www.conozcacostarica.com • www.rentbyowner.com • www.actuarcostarica.com • www.tourismoruralcr.com • www.tucan-hotels.com • www.countryinns.com • www.charmingnaturehotels.com

34. Grund

Weil die Ticos essen, was das Land selbst hervorbringt oder hat

Die Basiszutaten der costa-ricanischen Küche sind im Wesentlichen Reis, schwarze Bohnen, die *Frijoles* heißen, und Mais in allen Variationen. Die typischen einheimischen Gerichte sind nicht unbedingt raffiniert zubereitet, dafür aber sehr schmackhaft und reichhaltig und längst nicht so scharf gewürzt wie zum Beispiel in Mexiko und daher für den europäischen Magen gut verträglich. Wenn ich sage, dass die *Ticos* bereits zum Frühstück Reis essen, wird sich jeder Mitteleuropäer erst einmal schütteln. Ich habe mich längst daran gewöhnt.

Der Tag beginnt meistens mit einem *Gallo Pinto* (bunter Hahn) – so etwas wie das Nationalgericht. Er besteht aus gekochtem oder gebratenem Reis, mit Koriander oder anderen Kräutern zubereitet, *Frijoles*, Zwiebeln und Rühr- oder Spiegelei, weitere Beilagen können frittierte Kochbananen oder gebratener Speck oder Schinken sein. Alternativen dazu sind *Tortillas* (dünne Fladen aus Maismehl) mit Sauerrahm, Toastbrot, Baguette oder ein Salat aus tropischen Früchten. *Gallo Pinto* gibt es in den Variationen mit Schweine- oder Rindfleisch, Hühnchen oder Fisch auch mittags und abends und heißt dann aber *Casado*, mit weiteren Beilagen wie *Yuca*, Kartoffeln und Salat. Der Volksmund sagt, das Gericht heißt *Casado* (verheiratet), weil der *Tico* es nach der Eheschließung ein Leben lang von seiner Frau serviert bekommt.

Wer jetzt aber meint, die costa-ricanische Küche sei eintönig, der ist auf dem Holzweg. Es gibt eine ganze Reihe weiterer köstlicher Gerichte. Ein leckerer Fleisch-Gemüse-Eintopf heißt *Olla de Carne*, dünne gebratene Rindfleischscheiben *Carne Asada*. Sehr schmackhaft sind auch die diversen Gemüsegerichte, bestehend aus Karotten, Paprika, Kürbis, Zwiebel und *Yuca*, die ebenfalls mit Fisch- oder Fleischvariationen serviert werden. Die costa-ricanische Version der

Kroketten nennt man *Patacones*, das sind frittierte Kochbananenscheiben und schmecken sehr lecker. Die einzige scharfe Beilage sind in Essig eingelegte klein geschnittene Chilischoten mit Zwiebeln und Karotten und heißen *Picadillos*. Bei der ärmeren Bevölkerung kommen häufig *Chicharrones*, das sind knusprig gebackene Stückchen von Schweineschwarte, auf den Tisch. Costa Rica ist vom Meer umgeben, daher sind Fischgerichte oder Meeresfrüchte in allen Variationen eigentlich immer eine Delikatesse. Aus Mexiko haben die *Ticos Ceviche* übernommen, eine beliebte Vorspeise aus rohem, in Zitronensaft mariniertem Fisch, gewürzt mit Koriander, Limonen und Zwiebeln.

Für den kleinen Hunger zwischendurch gibt es eine ganze Reihe leckerer Sachen »auf die Hand«: *Empañadas* sind Maisteigtaschen gefüllt mit Hackfleisch, Huhn, Käse, *Frijoles*, Kartoffeln oder Kochbananen, *Quesadillas* nennt man Getreidemehltortilla mit Käse, *Pan bon* heißt ein schmackhaftes dunkles Früchtegewürzbrot, *Pejibaye* ist eine Palmfrucht, die heiß mit Mayonnaise serviert wird, *Elotes* sind geröstete Maiskolben, und weit verbreitet sind *Tamales*, zubereitet aus Maismehlbrei mit Fleischstücken, der in Bananenblättern eingewickelt wird. Es gibt sie auch in der »süßen« Version, dann mit Ananas und Marmelade. An der Karibikküste ist die kreolische Küche zu Hause, in der Kokosnuss und Gewürze eine große Rolle spielen. Einer der beliebtesten Eintöpfe dort heißt *Rundown* (auch: *Rondon*) und ist in Kokosmilch gekochtes Fleisch mit Gemüse. Beim Fisch wird auch der jamaikanische Einfluss erkennbar, er wird ebenfalls mit Kokosnussmilch, dazu noch mit Ingwer und Muskat zubereitet.

Die *Ticos* sind im Grunde genommen ein »süßes« Völkchen, das erkennt man auch an den Vorlieben beim Nachtisch. Ob *Arroz con Leche* (Milchreis), *Tres Leches* (ein in Vollmilch, Kondensmilch und gezuckerter Kondensmilch getränkter Biskuitkuchen), *Cajeta* (Kokos, Vanille und Milch), Flan (Vanillepudding mit Karamellsoße) oder der spezielle *Flan de Coco* (eine Art Pannacotta aus Kokosmilch), immer spielt Zucker dabei die Hauptrolle.

Noch gar nicht erwähnt habe ich die vielen tropischen Früchte, dabei sind sie eigentlich für mich das Wichtigste. Schon beim Anblick der vielen bunten Früchtepyramiden auf den zahlreichen Märkten oder in den Markthallen läuft einem das Wasser im Munde zusammen. Für einen *Ensalada de fruta con Jogurt y Granola* (Fruchtsalat mit exotischen Früchten, Joghurt und Müsli) lasse ich alles andere stehen. In der Tat: vollreife frische Früchte wie Papayas, Honigmelonen, Mangos, Ananas, *Guanábana* (Stachelannone) oder *Carambolas* (Sternfrucht) sind mit den Exemplaren, die in mitteleuropäischen Obst- uind Gemüseabteilungen zu erstehen sind, geschmacklich überhaupt nicht vergleichbar. Selbst eine popelige Banane, die in Costa Rica übrigens in über 20 verschiedenen Sorten kultiviert wird, schmeckt im Land völlig anders als die, die im unreifen Zustand in Kühlcontainern vier Wochen bis nach Europa unterwegs ist.

www.turismogastronimico.com • www.sabordelobueno.com

35. Grund

Weil einige Getränke wirklich das Prädikat »exotisch« verdienen

Costa Rica ist ein Paradies für tropische Früchte. Man findet im Land uns bekannte Sorten, aber auch solche, die man noch niemals in einem Supermarkt in Mitteleuropa zu Gesicht bekommen hat. Und daher gibt es Fruchtsäfte und Fruchtmixgetränke in Hülle und Fülle, zum Beispiel mit Ananas, Orangen, Papaya, *Guanábana* (Stachelannone), *Maracuya*, *Cas* (eine Art Granatapfel), Mango, Melone, *Lulo* (besondere Orangenart), Guave, *Tamarindo*, Grapefruit, Litschi, *Physalis* (Blasenkirschen), *Carambola* (Sternfrucht), *Granadilla* (Passionsfrucht), und, und, und. Entweder werden sie als pürierte Früchte pur getrunken oder mit Milch und Wasser aufgefüllt. Dann heißen sie *Batidos*, und es gibt sie *en agua* (mit Wasser), *con leche* (mit Milch) und ab und zu auch *con jogurt*. In vielen Haushalten findet man deshalb einen Standmixer für die Zubereitung dieser frischen Säfte.

Nahezu an jeder Straßenecke werden *Pipas* (grüne Kokosnüsse) angeboten, die der Verkäufer geschickt mit einer Machete öffnet. Die Kokosmilch wird mit Strohhalm getrunken, ist ein beliebter Durstlöscher und soll zudem bei Magen-Darm-Problemen helfen. *Horchata* ist ein Kaltgetränk aus Mandelmilch, welches mit Rohrzucker, Zimt und zerstoßenen Erdnüssen gewürzt wird. Das sehr süße *Agua Dulce*, eine Art Zuckerrohrwasser, ist für uns gewöhnungsbedürftig und wohl nicht jedermanns Geschmack. Es ist als Heißgetränk zum »Aufwärmen« gedacht, was in höher gelegenen Regionen durchaus Sinn ergibt.

Costa-ricanischer Kaffee wird in aller Welt geschätzt. Er steht auch für mich für wahren Kaffeegenuss bei jeder Art von Zubereitung. Es gibt im Land acht verschiedene Arabica-Anbaugebiete. Höchste Qualität haben die Exportmarken Britt und der nach besten bio- und ökologischen Methoden kultivierte Hochland-Kaffee von Madre Tierra, die natürlich ihren Preis haben. Aber auch der im Land selbst konsumierte Kaffee schmeckt anders, für mich besser, als der Kaffee, der in mitteleuropäischen Märkten zu haben ist. Jedes Mal, wenn ich nach Deutschland zurückreise, besteht mein Gepäck fast nur aus Kaffee. Mittlerweile wollen immer mehr Freunde und Bekannte auf den Kaffeegenuss aus Costa Rica nicht mehr verzichten.

Die *Ticos* trinken gern Bier, und es kann durchaus mit mitteleuropäischem Gerstensaft mithalten, zumal in frühen Jahren ein deutscher Braumeister die heutigen Sorten Imperial, Pilsen (hat nichts mit dem tschechischen Bier zu tun) und Bavaria (auch nicht mit bayerischen Biersorten) maßgeblich mit auf den Weg gebracht hat. Wein wird ausnahmslos importiert und ist daher nicht billig.

Jedes der karibischen Länder ist von seinem eigenen Rum überzeugt. Der costa-ricanische Rum *Centenario* steht dem nichts nach, im Gegenteil, ich finde ihn besser als viele andere Marken. Übrigens wird echter Rum pur handwarm wie ein Cognac getrunken. Viele bekannte Cocktails im Land werden deshalb mit Rum serviert: *Piña Colada* (mit Ananassaft und Kokosmilch), *Daiquirí* (mit Zitronensaft und zerstoßenem Eis) und *Hurricane* (mit Passionsfrucht, Orangen- und Limettensaft und Sirup). Ein landestypisches Getränk ist *Rompompe*. Man könnte es als das costa-ricanische Pendant zum Glühwein bezeichnen, da er häufig um die Weihnachtszeit getrunken wird. Es ist eine Art Eierlikör, oft auch selbst gemacht, der aber kühl serviert wird. Er besteht aus Milch, Kondensmilch, Eigelb und verschiedenen süßen Zutaten wie Zucker und Zimt und wird abschließend mit einem mehr oder weniger kräftigen Schuss Rum abgerundet. Achtung: die meisten »Eigenproduktionen« haben ziemlich viele Umdrehungen.

Das populärste alkoholische Getränk im Land ist Guaro, ein klarer 60-prozentiger Schnaps aus Zuckerrohr, der unter dem Namen *Cacique* (Häuptling) im Handel ist. Anfangs stellte man ihn »schwarz« in privaten Destillerien her. Schließlich legalisierte die costa-ricanische Regierung die Herstellung, denn man wollte natürlich durch Steuereinnahmen an der immer größeren Nachfrage teilhaben. Auch er ist Bestandteil von vielen Cocktails und Drinks, der bekannteste ist *Chilli Guaro*, der mit Tomaten- und Limonensaft, etwas Salz und Tabasco angerührt wird. *Rum Centenario* und *Guaro Chacique* eignen sich wegen ihrer guten Qualität beide hervorragend als Reisemitbringsel, um zu Hause bei einer *Piña Colada* oder einem *Chilli Guaro* Freunden und Bekannten im entsprechenden Ambiente Costa Rica näherzubringen.

36. Grund

Weil es Lokale und Restaurants für alle Schichten und jeden Geschmack gibt

Im ganzen Land, aber natürlich besonders in den großen Städten, gibt es zahlreiche Restaurants, in denen die verschiedensten Speisen und Getränke angeboten werden. Wer will, muss auch in Costa Rica nicht auf bekannte Kost verzichten, zumal in vielen Hotels sowohl einheimisch als auch international gekocht wird. Man sollte sich aber gerade in Costa Rica auf die große Fülle kulinarischer Einflüsse einlassen, die durch die vielen Menschen aus aller Herren Länder hervorgerufen wurde, die das Land besucht haben und dann für immer geblieben sind. So gibt es italienische, spanische, französische, argentinische, mexikanische, deutsche und asiatische Restaurants, in denen meistens aber immer auch ein Einfluss der costa-ricanischen Küche sichtbar wird.

In reinen einheimischen Restaurants spielen oft regionale Zutaten eine große Rolle, importierte Gerichte sind dort eher die Ausnahme. Die Region Guanacaste wird auch als Klein-Argentinien bezeichnet, sind dort doch die größten Rinderzüchter des Landes zu Hause. An der Karibikküste sind in der Küche wie schon erwähnt starke jamaikanische Einflüsse erkennbar, und an der Pazifikseite und auf der Halbinsel Nicoya werden köstlich zubereitete Fischgerichte und Schalentiere aller Art angeboten. Rein auf Meeresfrüchte spezialisierte gastronomische Betriebe nennen sich *Marisquería*.

In San José findet man natürlich Restaurants jeder Couleur. Generell gibt es im mittleren Preissektor viele Lokale im »US-Style«, während die Upperclass eher europäische Gasthäuser bevorzugt. Eine neue interessante gastronomische Szene ist im Stadtteil Barrio Escalante entstanden. Überall im Land gibt es *Sodas*, eine Mischung aus Schnellrestaurant und Garküche, die Costa-Rica-typische Gerichte für die einheimische Bevölkerung anbieten, in der Regel sehr schmackhaft und kostengünstig. Einfache und günstige Speisen bieten auch die chinesischen Restaurants an, die man fast in jeder Stadt antrifft.

Jeder größere Ort hat seinen überdachten Zentralmarkt, in dem zahlreiche Restaurants und Imbissstände von Frühstück über Mittagsmenü bis zum Abendessen ebenfalls sehr kostengünstig frische schmackhafte einheimische Gerichte zubereiten.

Man sitzt auf Holzbänken oder Hockern vor dem Tresen, ist auf Du und Du mit dem allzeit freundlichen Küchenpersonal und bekommt dazu noch Kaffee und frische Säfte serviert. Eine schöne Erfahrung, die man nicht missen sollte.

Einige Empfehlungen für San José:

- La Bastille – Restaurant mit angeschlossener Kunstgalerie (Paseo Colón)
- Machu Picchu – peruanische Küche, Fisch und Meeresfrüchte, scharf (Calle 32)
- Vishnu – Restaurantkette für vegetarische Gerichte
- Ana – mein Italiener, wenn ich in San José weile (Paseo Colón)
- Mein absolutes Lieblingsrestaurant, eines der außergewöhnlichsten in ganz Costa Rica, ist das »Playa de los Artistas« (Grund 93)

5. Kapitel

Faszinierende Tierwelt

37. *Grund*

Weil Costa Rica ein Paradies für Whale Watching ist

Costa Rica ist weltweit einer der interessantesten Plätze für Walbeobachtungen. Jedes Jahr kommen von November bis März Buckelwale an die costa-ricanische Pazifikküste. In den warmen Gewässern um den Äquator bringen die Weibchen ihre Jungen zur Welt, und die Männchen hoffen, hier eine Partnerin zu finden, um sich fortpflanzen zu können. Dafür nehmen die Meeresgiganten unglaubliche Reisen von mehr als 10.000 Kilometer auf sich, denn ihre Nahrungsgebiete liegen bei Grönland und vor Patagonien, also in Nord- bzw. Südpolnähe. Dort essen sie täglich bis zu 1,5 Tonnen kleine Meerestiere, denn Wale besitzen keine Zähne. Auf ihrer Wanderung in wärmere Gefilde, die beinahe ohne Pausen stattfindet, müssen sie fast vollständig auf Nahrung verzichten und leben weitestgehend von ihren Fettreserven.

Das warme Wasser vor der Pazifikküste Costa Ricas bietet für die Weibchen den geeigneten Platz, um nach zwölf Monaten Schwangerschaft ihre Jungen zur Welt zu bringen, die bei der Geburt bis zu vier Meter lang sind und über eine Tonne wiegen können. Das Erste, was das Wal-Baby von der Mutter lernen muss, ist zu atmen. Nach ungefähr einem Jahr kann sich das Kalb dann selbst ernähren. Die männlichen Buckelwale versuchen die Weibchen zu beeindrucken, indem sie ihre bis zu 40 Tonnen schweren Körper in tollkühnen Sprüngen nahezu ganz aus dem Wasser heben, um dann mit einem ungeheuren Platschen wieder einzutauchen. Unter Wasser setzen sie die »Anmache« fort, indem sie versuchen, die Weibchen mit ihren Gesängen zu betören.

Whale-Watching-Touren (*Tours de Avistamiento de Ballenas*) werden in Costa Rica an mehreren Küstenstreifen am Pazifik angeboten. In Bahia-Uvita gibt es im September ein »Wal-Festival« auf dem neben Buckelwalen auch Flaschennasen- und Pazifik-Delfine zu bewundern sind. Die Hauptsaison für Wal-Beobachtungen beginnt aber im November und endet im April, die beste Zeit sind Februar und März. Bevorzugte Gebiete der Buckelwale sind der Meeresnationalpark Marino Ballena im *Parque Nacional Marino Ballena*, der Golfo de Papagayo, die Gegend um den Drakes Bay (Bahía de Drake) und vor der Isla del Caño, die vor der Halbinsel Osa liegt. Denn die großen Meeressäuger bevorzugen in warmen Gefilden Buchten und küstennahe Gewässer. Mit Booten fährt man hinaus, um Mutter und Kind oder mit großem Glück sogar die ganze Familie zu Gesicht zu bekommen. Eine Mutter und ihr Baby zu beobachten ist ein großes Ereignis. Sie sind fast immer zusammen und berühren sich oft mit den Flossen, während das Männchen springt oder mit der Schwanzflosse Wasser aufwirbelt. Beim Auftauchen stößt ein Buckelwal unter hohem Druck verbrauchte Atemluft aus, dabei wird Wasser in einer Gischtfontäne hochgeschleudert, die manchmal kilometerweit zu sehen ist.

Buckelwale sind für ihre magischen Laute bekannt, die sehr komplex sein können. Sie dienen einmal als Lockruf für potenzielle Partner(-innen), aber auch, um sich bei größeren Distanzen in weitläufigen Gewässern »nicht aus den Augen zu verlieren«, denn Wale sehen sehr schlecht. So hat jeder Verband seine eigene »Sprache«, die Sequenzen von Heulen, Stöhnen und Schreien beinhalten und oft stundenlang andauern. Einige Boote sind deshalb mit speziellen Aufnahmegeräten ausgerüstet, um diesen Walgesängen lauschen zu können. Buckelwalweibchen können knapp 20 Meter lang werden, die Männchen sind ein wenig kleiner.

Ich hatte vor Jahren einmal das ganz große Glück, dass im Süden vor der Halbinsel Nicoya in nur etwa 300 Meter Entfernung von der Küste plötzlich ein Buckelwalpärchen mit seinem Baby auftauchte. Ich bekam meinen Mund nicht mehr zu. Das Männchen hob mehrfach seinen massiven Körper fast vollständig aus dem Wasser, der mir so groß erschien wie ein mittleres Ausflugsschiff, um dann mit einem Riesenplatscher wieder einzutauchen. Das (vermutliche) Weibchen behütete währenddessen liebevoll das Baby. Nach einigen Minuten zogen sie weiter. Ein unvergessliches Erlebnis!

www.marinoballena.org • www.villasriomar.com • www.festivaldeballenasydelfines.com

38. Grund

Weil man unzählige Exemplare von Leguanen zu Gesicht bekommt

Costa Rica in der Trockenzeit: Wenn irgendwo im staubigen, verdörrten Gras irgendetwas raschelt und das geschieht ziemlich oft, so ist es ein Leguan, der mit flinken Beinen das Weite sucht. Es gibt acht verschiedene Gattungen, in Costa Rica sind aber bis auf Ausnahmen nur der grüne Leguan, der in den letzten Jahrzehnten seltener geworden ist, und der schwarze zu Hause, den es in nahezu unzähligen verschiedenen Farben und Größen gibt. Leguane sehen auf den ersten Blick so aus wie kleine Drachen und haben für uns unwissende Europäer somit irgendetwas Bedrohliches an sich. Aber keine Angst, die meiste Zeit des Tages liegen sie regungslos in der Sonne.

Leguane zu beobachten ist hochinteressant. Angst vor Menschen scheinen viele nicht zu kennen. Fühlen sie sich mal bedroht, richten sie ihren Rückenkamm auf, dann sehen sie wirklich aus wie kleine vorzeitliche Dinos, und bei Gefahr setzen sie ihren langen Schwanz wie eine Peitsche ein, mit dem sie empfindliche Hiebe austeilen können. Einheimische sagen, sie könnten mit einem gezielten Schlag sogar das Bein eines Hundes brechen. Einige sieht man mit nur halbem Schwanz herumlaufen, die andere Hälfte haben sie wohl im Kampf mit Rivalen oder Feinden verloren. Er wächst aber langsam wieder nach. Man sieht einen Leguan oft hoch oben in Bäumen und auf Felsen. Er sucht gern heiße Orte auf, an denen er sich sonnen kann, denn er kann seine Körpertemperatur nicht selbst regulieren. Aber zu viel Sonne tut ihm offensichtlich auch nicht gut. Dann beginnt er zu hecheln und geht wieder in den Schatten.

Interessant ist auch, dass die Echsen nach einem tropischen Regenschauer nahezu steif und klamm wirken, man hat den Eindruck, dass ihnen dann die Fortbewegung schwerfällt. Erst wenn Sonnenstrahlen sie wieder auf »Betriebstemperatur« gebracht haben, laufen sie auf flinken Beinen weiter. Um ein Weibchen zu beeindrucken, blähen männliche Leguane ihren Kehlsack auf und wippen oft minutenlang mit dem Kopf auf und ab. Das Kopfwippen dient aber auch als Imponiergehabe gegenüber männlichen Rivalen. Die besten Plätze hoch im Baum nutzen sie als »Aussichtsturm«, um Feinde, aber auch gute Nahrungsplätze besser erblicken zu können. Manche Leguane scheinen nicht abgeneigt, in der Nähe von menschlichen Wohnorten zu leben.

Man sagt, sie seien normalerweise Vegetarier, denn sie ernähren sich hauptsächlich von Blättern, Blüten und kleinen Früchten, die sie mit ihrer dicken Zunge umschließen, die leicht gespalten ist. Sie verschmähen aber auch keine Insekten, Krebse oder gar Vogeleier. Mir kommen sie fast wie Allesfresser vor. Als ich noch einen Hund hatte (in Costa Rica hat fast jeder einen Wachhund), kam immer eine ganze Schar von Leguanen auf meine Terrasse. Der größte warf mit seiner dicken Tatze geschickt den Topf mit dem Trockenfutter um, und die ganze Bande machte sich dann über den gedeckten Tisch her. Ich habe Leguane auch schon Kekse und Brot fressen sehen.

Ihre Paarungszeit ist Dezember und Januar, also wenn es trocken ist. Vier Wochen danach legen die Weibchen bis zu 40 Eier in eine vorher geschaffene Höhle, noch mal acht Wochen später schlüpfen die Jungen, die fast sofort selbstständig agieren. Feinde sind Schlangen, Raubvögel, aber auch Hauskatzen können ihnen gefährlich werden. In einigen südamerikanischen Ländern gilt der grüne Leguan als Delikatesse, in Costa Rica habe ich noch kein Exemplar auf dem Tisch gesehen.

Was Leguane anbetrifft, hat der Ort Muelle San Carlos, östlich vom Arenal-See gelegen (Grund 86), in Costa Rica landesweite Bekanntheit erlangt. Ein findiger Restaurantbesitzer hat es geschafft, Leguane mit Futter anzulocken. Und so erwartet den Besucher auf einer Brücke des Río San Carlos ein außergewöhnliches Fotomotiv. Hunderte von Leguanen aller Größen und Farben, die man aus kürzester Entfernung in Augenhöhe bestaunen kann, liegen träge auf den Ästen eines großen Baumes am Fluss. Ich habe mich beim ersten Mal gefragt, ob es in Ordnung ist, die Echsen derart an den Menschen zu gewöhnen. Na ja, ich fand die Idee allemal besser, als sie in einen Zoo zu stecken oder, noch schlimmer, wenn Zeitgenossen in Mitteleuropa meinen, sie in Terrarien halten zu müssen. Soweit ich Leguane in Costa Rica kennengelernt habe, ist das reine Tierquälerei.

39. Grund

Weil man geschlüpfte Meeresschildkröten beim großen Rennen beobachten kann

Es gibt mehrere Strände in Costa Rica, die den Meeresschildkröten zur Eiablage dienen. Jahrhundertelang wurde ihnen nachgestellt, und so sind heute sechs von sieben Arten vom Aussterben bedroht. Die verschiedenen Spezies können eine Länge von 70 Zentimeter bis knapp zwei Meter erreichen. In der gesamten Karibikregion ist Tortuguero (Grund 74) der wichtigste Eiablageplatz für mehrere Arten von Suppenschildkröten, der Ort, der sogar nach ihnen benannt ist (*Tortuguero* kann man mit »Platz der Schildkröten« übersetzen). Weitere Strände, an denen Meeresschildkröten in Costa Rica ihre Eier ablegen, sind am Pazifik im *Santa-Rosa-Nationalpark* und im *Guanacaste-Nationalpark* zu finden, die beide unmittelbar an der nicaraguanischen Grenze direkt nebeneinanderliegen, sowie am Strand vom *Las Baulas de Guanacaste-Meeres-Nationalpark* nördlich von Tamarindo (Grund 99) und im *Nationalen Tierreservat Ostional* bei Sámara (Grund 98). *Santa Rosa* und *Ostional* sind die wichtigsten Plätze weltweit, an denen Bastard-Meeresschildkröten ihre Eier ablegen. Ganz im Süden im *Corcovado-Nationalpark* (Grund 109) nutzen Karett-Schildkröten den Strand zur Eiablage und gelegentlich auch einige dieser Arten die Strände vom *Nationalpark Manuel Antonio* (102). Ich habe das große Glück, in der Nähe von Montezuma (Grund 91) auf der Halbinsel Nicoya zu Hause zu sein. Dort an den Playa Grande kommen ebenfalls Meeresschildkröten zur Eiablage, die die Einheimischen *Arribadas* (Ankünfte) nennen.

So finden jedes Jahr zu bestimmten Zeiten an einigen Stränden des Pazifik und der Karibik in Costa Rica einmalige Schauspiele statt, wie sie nur die Natur imstande ist, uns zu bieten. Genauso wie seit Jahrmillionen ziehen sich auch heute noch die Meeresschildkröten mit ihren Flossen an den Strand und suchen den Ort, an dem sie selber vor Jahren geboren wurden, um genau dort wieder selbst ihre Eier abzulegen. Warum sie diese beschwerliche und gefährliche Reise auf sich nehmen und wie sie ihren Geburtsort wiederfinden, ist bis heute noch nicht endgültig erforscht. Nach der Ankunft buddeln sie mit den Flossen eine 30–60 Zentimeter tiefe Grube in den Sand und legen in das Loch bis zu 100 weiße, dünnschalige Eier, die etwa die Größe eines Tischtennisballs haben und auch so ähnlich aussehen. Anschließend bedecken sie die Eier wieder mit Sand und schleppen sich ins Meer zurück. Da das Ganze möglichst gefahrlos ablaufen soll, geschieht das alles im Schutze der Nacht. Ab diesem Zeitpunkt sind die Eier, die von der Sonne innerhalb von zwei Monaten ausgebrütet werden, ohne jeglichen Schutz und sich selbst überlassen.

Natürlich wird sofort klar, dass nicht aus jedem Ei eine Schildkröte wird. Für die natürlichen Feinde wie Waschbär, Möwen, Geier und andere Raubvögel sind Schildkröteneier eine Delikatesse. Zudem gibt es auch heute immer noch Wilderer, die mit dem Verkauf von Schildkröteneiern eine »schnelle Mark« machen wollen. Ohne menschliche Hilfe und Schutzmaßnahmen würden gerade mal fünf

Prozent der jungen Schildkröten die ersten paar Tage überleben. Deshalb haben sich mehrere Naturschutz-Organisationen in Costa Rica den Schutz der Schildkröten auf die Fahnen geschrieben. Sie werben Freiwillige an, die in Tag- und vor allen Dingen in Nachtschichten die Eiablageplätze bewachen und über die einzelnen Stationen der Genese genau Buch führen.

Für den Montezuma-Strand nannte mir der Leiter der *Estación Corservación Playa Montezuma*, Roger Obregón Vargas, mit sichtlichem Stolz die genauen Zahlen der letzten vier Jahre: 925 Mutterschildkröten erreichten den Strand, davon schafften 710 eine erfolgreiche Eiablage mit insgesamt 68.000 Eiern. Und unter dem großen Einsatz der Schutzpatrouillen der Organisation erreichten 55.000 frisch geschlüpfte Babyschildkröten erfolgreich das Meer. Außerdem unterhält das Schutzprojekt eine »Krankenstation«, um lädierte Schildkröten wieder aufzupäppeln. Somit leistet die Schutz-Station einen nicht hoch genug einzuschätzenden Beitrag zum Erhalt der Meeresschildkröten.

Roger Obregón sagte mir, dass das Projekt auch einen positiven touristischen Nebeneffekt habe. Da die Schildkröten in der Zeit von August bis November schlüpfen, also in der Regenzeit, entscheiden sich viele Familien mit Kindern, auch Einheimische, auch in dieser Zeit für einen Besuch, um diesem außergewöhnlichen Naturereignis beizuwohnen. Wer einmal die ersten »Schritte« einer frisch geschlüpften, wenige Gramm schweren Baby-Schildkröte beigewohnt hat, wie sie instinktiv Richtung Meer strebt und wie dann die erste kleine Welle sie auf Nimmerwiedersehen ins Meer spült, wird das nicht vergessen. Alle Gute für das weitere Leben!

www.asvocr.org · www.helpup.com

40. Grund

Weil die männlichen Brüllaffen die am stärksten Testosteron-gesteuerten Kreaturen der Welt sind

Viele *Ticos* beginnen ihren Dienst frühmorgens um sechs, wenn es noch recht »kühl« ist, auf dem Bau, in vielen kleineren Betrieben und die Peones in der Landwirtschaft und auf den Fincas für Tierhaltung sowieso. In allen Schulen im Land fängt der Unterricht um sieben Uhr an, und auch ich habe meinen Tagesablauf dem Leben in Costa Rica angepasst, obwohl ich in Deutschland eher ein Nachtmensch bin. Und so wird man häufig morgens um halb sechs von den Brüllaffen geweckt. Es sind meistens mehrere Familien, die ein, zwei Kilometer voneinander entfernt sind und sich »antworten«. Obwohl man sagt, es brüllen auch die Weibchen, ich habe bisher nur Männchen gehört, und zwar meistens den »Chef« einer Gruppe. Wenn man sie hört und noch nicht gesehen hat, erwartet man aufgrund des kräftigen Brüllens, das in mehreren Stufen zu einem »grollenden Fauchen« ausarten kann, eine wesentlich größere Kreatur als die, die man dann zu Gesicht bekommt. Männchen können in Ausnahmefällen bis zu 90 Zentimeter groß werden, die Weibchen sind bis zu einem Drittel kleiner. Sie haben ein dicht behaartes meist schwarz-braunes Fell, von dem das Gesicht ausgenommen ist, lange bewegliche Beine mit kräftigen Zehen und einen Schwanz, der ebenso lang ist wie ihr Körper. Er dient zur Balance und vor allen Dingen zur Absicherung bei der Fortbewegung, indem sie ihn kunstvoll um einen Ast wickeln, quasi als fünfte Hand.

Der Grund für ihr lautes Brüllen, wie kann es anders sein, ist im Wesentlichen Imponiergehabe, Revierverteidigung und die Behauptung gegenüber Rivalen. Eine Gruppe besteht meistens aus zwei, drei Männchen und zwei- bis dreimal so vielen Weibchen. Es existiert eine strenge Hierarchie, die eben auch durch das Brüllen festgelegt wird. So kann man leicht den Eindruck gewinnen, die Männchen denken immer nur an das »Eine«. Sie zeugen ihren Nachwuchs aber nur in der Trockenzeit, damit die Weibchen in der Regenzeit gebären können, wenn mehr Nahrung vorhanden ist. Zunächst klammert sich ein Neugeborenes an den Bauch der Mutter, später »fährt« es auf ihrem Rücken »mit«, um schließlich nach sechs bis neun Monaten selbstständig mit der Gruppe mitziehen zu können. Männliche Jungtiere müssen dann aber irgendwann die Familie verlassen, weil sie in der Gruppenhierarchie chancenlos wären.

Brüllaffen sind tagaktive Baumbewohner, die in bedächtigen Bewegungen hoch oben im Trocken- oder Regenwald auf der Suche nach Nahrung, im Wesentlichen Blättern und Blüten, von Baum zu Baum ziehen. Allerdings sind einige Fortbewegungsszenen wahre artistische Meisterleistungen. So können sie sich nach einem langen Sprung einzig und allein mit dem Schwanz abfangen, oder sie hängen kopfüber baumelnd nur an ihrem Schweif, den sie um einen Ast gewickelt haben, um ein Stockwerk tiefer an Nahrung zu gelangen. Dem Brüllen geht häufig ein leiser stakkatoartiger Grunz-Knurr-Laut voraus. Dann weiß ich, sie sind da. Denn sie kommen auch regelmäßig zwei bis drei Mal pro Woche zu mir, sogar bis ans Haus. Sie durchstreifen dann die Bäume, nehmen hier und da Kostproben des reichlichen Nahrungsangebots und ziehen dann weiter.

Brüllaffen kommen, im Gegensatz zu den kleinen Kapuzineräffchen, nie auf die Erde, sondern halten sich in der Regel hoch oben im Baumkronenbereich auf. Okay, die Weibchen lassen sich auch schon mal etwas tiefer herab. Häufig sieht man Touristen mit dicken Fotokameras vor dem Bauch, die warten. Ich frage dann: »Worauf wartest du?« – »Ich warte, bis sie herunterkommen, damit ich ein schönes Foto schießen kann.« – »Da kannst du lange warten, sie kommen nicht herunter. Brüllaffen kommen nie auf die Erde, jedenfalls habe ich das noch nicht gesehen …« Trotzdem ist es ein einzigartiges Privileg, solch wunderschöne Tiere in Costa Rica beobachten zu können. Wenn in ein Antwortgebrüll alle Männchen der Gruppe einstimmen und dann ein wahres Sound-Festival veranstalten, welches schließlich zu einem Riesenspektakel ausartet, so ist es für viele Besucher das, woran sie sich auch nach Jahren noch immer als Erstes erinnern, wenn sie an ihre Costa-Rica-Reise zurückdenken.

41. Grund

Weil man vor den meisten Schlangen keine Angst haben muss

Ich habe lange überlegt, ob ich etwas über Schlangen berichten soll, sind es doch in der Regel Kreaturen, denen man am liebsten aus dem Weg geht. Mit diesem Bericht möchte ich den Costa-Rica-Besuchern die Angst vor Reptilien nehmen. Ich bin zwar kein Schlangenexperte, doch wenn man in diesem Land lebt, bekommt man zwangsläufig etwas über diese Spezies mit. Wer sich in wilde Waldgebiete oder andere unzugängliche Regionen begibt, der sollte grundsätzlich immer festes Schuhwerk tragen, besser noch hohe Schnürstiefel, und dort keinesfalls in Flip-Flops herumlaufen.

In Costa Rica gibt es über 100 Schlangenarten, von denen ein gutes Dutzend giftig ist. Prinzipiell halten sich Schlangen nicht gern da auf, wo es viele Menschen gibt, die meisten sind scheu und suchen dann das Weite. So ist die Chance, überhaupt ein Reptil zu Gesicht zu bekommen, sehr gering, in der Regel nur dann, wenn man das auch will. Dazu muss man zum Beispiel einen Nationalpark besuchen und einen Ranger begleiten, der dann in meist dichten, unzugänglichen Gebieten an den entsprechenden Stellen nachschaut. Da die meisten Schlangen nachtaktiv sind und sich wenig bewegen, sind sie für Laien schwer aufzufinden.

Schlangenbisse passieren eigentlich nur dort, wo Menschen aufgrund mangelnder Vorsicht, das heißt unabsichtlich, zum Beispiel im hohen Gras in ihrem Versteck auf die Kriechtiere treten. Das passiert meistens nur Feldarbeitern in entlegenen Gebieten oder auf

Bananenplantagen, also dort, wo ein Tourist eigentlich nicht hinkommt.

Trotzdem eine kleine Schlangenkunde: Zu den Giftschlangen in Costa Rica gehören verschiedene Otternarten, die Klapperschlange und die Buschmeister. Einige halten sich tagsüber in Erdhöhlen und Gruben versteckt. Selbst wenn man gebissen werden sollte, was eigentlich ausgeschlossen ist (noch einmal: sie beißen nur bei Gefahr oder wenn sie angegriffen werden), muss man nicht in Panik verfallen. Denn die meisten Giftschlangen beißen auch schon mal »trocken«, also ohne dass sie Gift ausstoßen. In der Regel wollen sie ihr Gift nicht an Tiere (oder Menschen) vergeuden, die sie nicht schlucken können. Und nach einem Biss dauert es einige Tage, bis sich wieder neues Gift gebildet hat. In dieser Zeit können sie nicht jagen und sind wehrlos. Deshalb setzen Giftschlangen ihre Waffe in der Regel nur ganz gezielt ein.

Die am weitesten verbreitete Schlange in Costa Rica ist die Boa Constrictor, eine ungiftige Natter, die bis über fünf Meter lang werden kann. Sie ernährt sich von Echsen, Vögeln und Säugetieren. Dafür klettert sie auf Bäume, wo sie ihre Beute, oft von oben angreifend, umschlingt und erwürgt. Sie hält sich auch auf dem Boden auf, dann ist sie dazu aber nicht in der Lage. Obwohl sie nachtaktiv ist, kann man sie öfter auch am Tage außerhalb ihres Verstecks antreffen. Wenn man das Glück hat, einer zu begegnen, sollte man einen Sicherheitsabstand einhalten, auch um die Schlange in ihrem Lebensraum nicht aufzuschrecken, denn bei Bedrohung fängt sie an zu fauchen.

Auch wenn es viele Costa-Rica-Besucher anders sehen: Eine majestätische Boa Constrictor zu Gesicht zu bekommen ist ebenfalls ein ganz besonderes Erlebnis. Ich hatte bisher zwei Mal das Vergnügen. Einmal machten mich Bewohner darauf aufmerksam, dass eine Riesenboa nur knapp einen Kilometer von mir entfernt am Straßenrand liegt. Sie war in der Tat ein ungewöhnlich großes Exemplar und wies eine Länge von fast fünf Metern auf. Das andere Mal war dramatischer: Mein Freund Roger und ich fuhren am Sonntagmorgen Richtung Santa Teresa zum Strand. Ich saß am Steuer. Plötzlich rief er: »Roland, halt an!« Etwa 50 Meter von uns entfernt versuchte eine etwa drei Meter lange Boa, die Straße zu überqueren. Er stieg aus, und mit geübtem Griff packte mein Freund sie am Schwanz und brachte sie in Sicherheit. Obwohl ich jetzt auch schon längere Zeit in diesem Land bin: Das hätte ich mich dann doch nicht getraut.

42. Grund

Weil der Kampf gegen Termiten schon mal aussichtslos sein kann

Was wissen wir Mitteleuropäer schon von Termiten? In der Regel gar nichts, weil es sie bei uns nicht gibt. Allenfalls kann uns ein Biologe eine interessante wissenschaftliche Abhandlung zum Besten geben. In Costa Rica wird man jedoch fast tagtäglich mit ihnen konfrontiert, zumindest in der Regenzeit und auch noch in den ersten Wochen der Trockenzeit.

»Termiten gelten als Schrecknis der heißen Länder; sie dringen scharenweise in die menschlichen Wohnungen und zerstören namentlich Holzwerk, indem sie dasselbe im Innern völlig zerfressen, die äußere Oberfläche aber verschonen, sodass scheinbar unversehrte Gegenstände bei geringer Erschütterung zusammenbrechen. Sie führen ihre Arbeiten im Wesentlichen nachts aus und unternehmen auch weite Wanderungen.« Dieser Beschreibung, die ich im *Meyers Konversationslexikon* von 1880 gefunden habe, ist eigentlich nichts hinzuzufügen.

Costa-ricanische Termiten leben ausschließlich von Holz. Um das zu verdauen, haben sie einen speziellen Enddarm, in dem sie die »Arbeit« wie in einer Gärkammer von Bakterien verrichten lassen. Für ihr zerstörerisches Werk besitzen sie kräftige Mundwerkzeuge, mit denen sie sich beißend und kauend im Holz vorarbeiten.

Ihre Bauten sind meist auf Bäumen angelegt. Zuerst beginnen sie diese von innen regelrecht aufzufressen, dann kleiden sie die Gänge mit ihren Exkrementen aus und führen den Bau schließlich außerhalb des Baumes fort. Das ist aber nur der sichtbare Teil. Die Nester sind in der Regel durch zig unterirdische Tunnel mit dem Erdreich verbunden. Die Auskleidung der »Termiten-Autobahnen« besteht aus einer klebrigen Masse aus Exkrementen und Holzbrei. Also, die »Führungsspitze« beginnt im Fortschreiten sofort damit, sich einen überdachten Tunnel zu bauen, der in der Mitte eine besonders dickwandige, stabile Zelle besitzt, in dem dann das nachfolgende Millionenheer folgt.

Und dann kommen sie an. Diese nur zwei Millimeter großen Insekten dringen durch kleinste Ritzen ins Haus ein. Sie nutzen Plastikrohre für Elektrokabel, Telefonleitung und Antenne, die ins Haus führen, um ins Innere zu gelangen. Natürlich erst, wenn es schon zu spät ist, sieht man an der Wand hinter dem Wohnzimmerschrank den Termitentunnel aus einer Steckdose kommen. Zielstrebig suchen sie dann das erstbeste Holz auf, das ihnen zur Verfügung steht. Schrankhinterwände, Innenteile von Schubladen, aber auch Teile von Holztreppen und Zierleisten. Das kleinste Pünktchen auf einer Holzfläche, das nicht durch Lack geschützt ist, ähnlich wie in der Nibelungensage das Eichenblatt, das Siegfried an der Schulter verletzbar machte, dient den Termiten als Einlass ins Holzinnerste. Und dann aber Gute Nacht Marie! Das Schlimme ist, dass man erst einmal von außen keine Schäden erkennt, absolut fatal.

Natürlich haben die Einheimischen große Erfahrung im Umgang mit Termiten. Mein Nachbar Omar führt während meines Aufenthaltes in Deutschland jeden zweiten Tag Kontrollgänge im ganzen Haus durch, versucht schon außen am Haus Tunnelgänge aufzuspüren, in die er dann mittels einer Sprühflasche einen feinen Dieselnebel spritzt. Trotzdem ist es unmöglich, Termitenschäden zu vermeiden. Und so muss ich nach jeder Rückkehr aus Deutschland das halbe Haus neu streichen und versuchen, die von Termiten verursachten Holzschäden zu erneuern, was nicht immer ganz einfach ist.

Verglichen mit dem, was man da ab und zu in der Zeitung liest, sind die Termitenangriffe bei mir im Haus offensichtlich »nicht der Rede wert«. Vor einigen Jahren wurde das französische Kulturzentrum »Alianza Francesa«, das in einem altehrwürdigen Gebäude aus dem viktorianischen Zeitalter in San José untergebracht ist, durch mehrere Termitenvölker nahezu vollkommen zerstört. Sie drangen in die Holzdecke zwischen erstem und zweitem Stock ein, die dann irgendwann einstürzte. Die gesamte wertvolle Frankreich-Dokumentation mit zigtausend alten Büchern, Zeitschriften und anderen Medien wurde arg in Mitleidenschaft gezogen. Außerdem wurden Fensterrahmen, Türen, antike Möbel und Bilder zerstört. Der Schaden belief sich auf mehrere Hunderttausend Dollar. Auf ähnliche Art und Weise wurde auch das altehrwürdige Nationaltheater (*Teatro Nacional*), auf das die *Ticos* so stolz sind (Grund 63), im Laufe von Jahrzehnten immer wieder von Termiten heimgesucht. Tragende Holzdeckenkonstruktionen, Türen, Fenster, Möbel, Bilderrahmen, kunstvolle Holzverzierungen, und, und, und, nichts blieb verschont. Es ist ein ständiger Kampf wie gegen Windmühlen, der niemals aufhört. Und schließlich sei noch erwähnt, dass meine entfernte Nachbarin, eine französische Architektin (!), die auf einem Steilhang mit fantastischem Meerblick ein Millionenanwesen errichten ließ – natürlich alles aus Holz, denn wir Europäer sind ja sooo ökologisch eingestellt (kleiner Sarkasmus am Rande) –, vor zwei Jahren ebenfalls einen mehrere Zehntausend Dollar großen Schaden durch Termiten erlitten hat. Zumindest habe ich damals auf Adalay, den einheimischen Bauunternehmer, gehört, der mir sagte: »Roland, alles, was eben geht, aus Metall, Termiten!« Holzsparren fürs Dach oder Balkon-Holzgeländer kann man sich in Costa Rica sparen.

Wenn man dann ab und zu liest, Termiten haben auch positive Aspekte, zum Beispiel, dass man zerriebene Termiten als biologischen Mückenschutz auf die Haut auftragen kann oder dass man daran forscht, in Zukunft mit Enzymen aus Termitendärmen leichten Biotreibstoff zu gewinnen, dann interessiert mich das erst einmal nur am Rande. Ich habe mit Termiten ganz andere Probleme.

43. Grund

Weil der schwarze Skorpion gefährlicher aussieht, als er ist

Auch in Costa Rica gibt es Skorpione, doch die im Land vorkommende Spezies ist längst nicht so giftig wie ihre Artgenossen in anderen Erdteilen. Da die meisten Spinnentiere nachtaktiv sind, bekommt man sie relativ selten zu Gesicht. In der Regel sind sie Bewohner tropischer Regenwälder und kommen von der Küste bis in moderaten Höhenlagen vor und leben vorwiegend auf sandigem und steinigem Untergrund in Bodennähe. Zum Beispiel findet man sie manchmal unter Steinen, Felsen und Wurzeln, in Höhlen und Gruben, zwischen Pflanzenwuchs, unter totem Holz und Laubansammlungen. Dabei nutzen sie kleinste Ritzen als Schlupflöcher, um sich zu verstecken. Skorpione sind gute Kletterer und eigentlich nur als Einzelgänger unterwegs. Diese nächtliche Lebensweise und ihr Bestreben, sich nahezu immer in Verstecken aufzuhalten, entspricht ihrem Verhalten, jeglichen Kontakt zu potenziellen Feinden zu vermeiden.

Die in Costa Rica anzutreffenden Exemplare sind etwa sechs bis acht Zentimeter groß und meistens schwarz gefärbt, einige schimmern auch im Licht bräunlich bis rotbraun. Sie sind sehr widerstandsfähig, können große Temperaturschwankungen aushalten und auch mal eine Zeit lang ohne Nahrung auskommen. Nachts gehen sie auf Jagd nach Insekten. Dafür benutzen sie ihren Giftstachel, der sich am Ende ihres Körpers befindet und fast immer nach oben gerichtet ist. Skorpione sind in der Regel passiv und defensiv, sie nutzen ihr Werkzeug nur zum Erlegen ihrer Beute. Doch wenn sie sich bedroht fühlen, setzen sie ihren Stachel auch gegen ihre Fressfeinde, große Wirbeltiere und auch gegen Menschen ein.

Zumindest einige halten sich auch gern als Kulturfolger in der Nähe menschlicher Behausungen auf. So trifft man die »Raubritter der Nacht«, wie man sie auch nennt, sogar in Großstädten an. Ich habe bei mir im Haus schon häufiger »Besuch« von Skorpionen gehabt und gehe damit mittlerweile ziemlich relaxed um. Sie kommen gern durch das Küchenabflussrohr hoch, und plötzlich sitzt ein Exemplar in der Spüle. Auch im Schlafzimmer, in einem Schuh auf der Terrasse und in einem Einkaufsbeutel habe ich sie in all den Jahren schon gefunden. Dann versuche ich sie mit einem Trinkglas einzufangen, halte einen Deckel oben drauf und bringe sie an die Luft. Denn Skorpione sind ein wichtiges Glied in der Schädlingsbekämpfung, gerade auch in Costa Rica.

Gestochen worden bin ich auch schon, ein Mal. Das war dann doch ziemlich schmerzhaft, vielleicht noch schmerzhafter als ein Wespenstich, und für einige Zeit stellte sich eine leichte Taubheit an der Einstichstelle ein. Doch richtig gefährlich ist so ein Stich von einem Costa-Rica-Skorpion für einen Erwachsenen nicht, höchstens Allergiker, Kleinkinder und Menschen, deren Immunsystem geschwächt ist, können größere Probleme bekommen. Ein Bekannter erzählte mir, er habe sich auf einen Stuhl gesetzt, auf dem sich unter dem Sitzkissen ein Skorpion aufgehalten habe. Ein Stich in den Allerwertesten ist dann sicherlich noch einmal etwas Besonderes. Was für ein schöner Satz: »Ein Skorpion hat mich in den Hintern gestochen!« Ein paar Tage habe er sein Hinterteil, was das Sitzen anbelangt, schonen müssen … Ich habe mir schon lange angewöhnt, Schuhe, Taschen, Einkaufsbeutel und Pappschachteln vorher zu inspizieren, bevor ich sie benutze. Also noch einmal, die Wahrscheinlichkeit, in Costa Rica einem Skorpion zu begegnen, ist sehr gering, aber wenn es passiert, muss man nicht in Panik verfallen.

44. Grund

Weil es faszinierend ist, Blattschneideameisen bei der Arbeit zuzusehen

Zu den Tieren, die mich in Costa Rica am meisten beeindrucken, gehören in jedem Fall auch die Blattschneideameisen. Es ist immer faszinierend, ihrem emsigen, rastlosen Treiben zuzuschauen. Wenn es eine Kreatur gibt, auf die das Wesensmerkmal »Teamworker« zutrifft, dann sind sie es. Mit welcher Präzision und Ordnungsstruktur so ein Millionenvolk zu Werke geht und mit welch hohem »technologischen Standard« sie ihre nie endende Arbeit verrichten, lässt einen schon mal nachdenklich werden. Der Ausdruck »ein Rad greift ins andere«, scheint von den Blattschneideameisen erfunden worden zu sein. Jede kennt ihre Aufgabe ganz genau, und so arbeitet eine Millionenkolonie perfekt zusammen.

Um es vorweg zu sagen: Sie fressen nicht die Blätter selbst, sondern zerkauen sie und verwenden sie als Substrat, um darauf eine spezielle Pilzart zu kultivieren, die dann als Nahrung dient. Als Erster erkannte das der Naturforscher Thomas Belt 1874. Das Funktionieren eines Blattschneideameisen-Staates kann man nicht mit drei Worten beschreiben. Ich will es trotzdem in wenigen Sätzen versuchen.

Eine Königin legt innerhalb von mehr als zehn Jahren 150 Millionen Eier, von denen immer zwei bis drei Millionen leben. Ihr Nest ist eine riesige unterirdische Stadt. Dafür graben »Bauarbeiterinnen« mit ihren kräftigen Mundwerkzeugen Tunnelsysteme in den Urwaldboden, die bis fünf Meter tief sein können. Dort gibt es »Kinderzimmer« für die neuen Eier, einen Friedhof für tote Ameisen, einen »Kompost« für abgestorbene Blätterreste und, das Allerwichtigste, Hunderte von Pilzgärten. Damit die Pilzkulturen wachsen und gedeihen, füttern die Ameisen sie mit Blättern. Man hat herausgefunden, dass die gesamte Nahrungsproduktion in 29 verschiedenen Schritten erfolgt, und jede dieser Tätigkeiten wird von einem Trupp von Spezialistinnen ausgeführt. So gibt es Bauarbeiterinnen für Erdbewegungen, Kundschafterinnen, die nach geeigneten Bäumen und Sträuchern Ausschau halten und den Fundort mit Duftspuren markieren, und natürlich die Blattschneiderinnen und die Transportabteilung. Am Nesteingang nehmen die »Gärtnerinnen« die Blattstücke in Empfang, die sie in noch kleinere Stücke zerschneiden, bevor weitere Arbeiterinnen sie zerkauen, dann zu kleinen Kügelchen formen und schließlich mit diesem Brei die Pilze füttern. Auch körperlich ist alles genau abgestimmt, die kleinsten Ameisen sind nur 1,5 Millimeter lang, die größten 14 Millimeter.

Auch dort, wo ich zu Hause bin, kann ich immer wieder Blattschneideameisen bei der Arbeit beobachten. Häufig fällt mir auf, dass sie sich keinen intakten Baum, sondern ein bereits am Boden liegendes Exemplar ausgesucht haben, das natürlich noch grün ist. Ich frage mich dann, woher wissen sie den Unterschied? Mit ihren messerscharfen Zangen zerlegen sie dann minutenschnell die Blätter in Einzelteile, die schließlich wieder von anderen Mitstreiterinnen mit dem vorderen Beinpaar hoch über dem Kopf, wie ein großes Segel, in das Nest getragen werden. Die Wege dorthin sind mitunter Hunderte von Metern lang. Auf jedem Gewichtheberturnier wäre eine Blattschneideameise unangefochten der Champion. Sie tragen Lasten, und das über weite Strecken, die zehn Mal schwerer sind als sie selbst. Das ist absoluter Weltrekord im Tierreich. Auf den »Transport-Autobahnen«, die ebenfalls durch Geruchsstoffe markiert sind, herrscht ständig Hochbetrieb in beiden Richtungen. Die einen schleppen schwere Lasten in den Bau, die anderen kommen »leer« zurück, bereit für die nächste Fracht. Feinde haben sie natürlich auch. Die Scharfrichterfliege, welch ein Name, legt die Eier in ihre Nester. Die ausgeschlüpften Larven ernähren sich von den Ameisen, die sie dafür vorher regelrecht köpfen.

Es ist einleuchtend, dass eine Kolonie von zwei bis drei Millionen Ameisen einen riesigen Nahrungsbedarf hat. So schneiden sie im Durchschnitt an einem Tag so viele Blätter, wie vergleichsweise eine Kuh Gras frisst. Da sie auch Nutzpflanzen wie Zitrusbäume, Kokospalmen und Kakaoplantagen heimsuchen, werden sie in der Landwirtschaft bekämpft. Auf der anderen Seite bewegen sie beim Ausbau der Nester große Mengen Erdreich und belüften so den Boden. Zudem bringen sie Nährstoffe in den biologischen Kreislauf, die für andere Organismen wieder wichtig sind. So halten sich Schaden und Nutzen die Waage.

Mich faszinieren die kleinen Marathon-Arbeiter jedes Mal aufs Neue. In diesem komplexen System sehe ich sie dann plötzlich nicht mehr als Tiere, sondern als eine hochintelligente und sehr effektiv arbeitende Spezies, die sicherlich in der Natur ihresgleichen sucht.

45. Grund

Weil das plötzliche Auftauchen von Tausenden von Landkrabben aus ihren Erdverstecken ein unvergessliches Erlebnis ist

Zu den beeindruckendsten Naturschauspielen in Costa Rica gehört die Wanderung der roten Landkrabben, die die *Ticos Tajalin* nennen. Jedes Jahr, wenn im Mai nach der Trockenzeit die ersten schweren tropischen Regengüsse gefallen sind, verlassen sie ihre Erdverstecke im schattigen Mangroven-, Regen- oder Trockenwald und krabbeln schnurstracks zum Meer. Zu dieser Wanderung brechen Zehntausende von Landkrabben gleichzeitig auf. Manche legen dafür eine Strecke von bis zu 20 Kilometern zurück. Welch eine Leistung, wenn man bedenkt, dass ihr Panzer gerade mal einen Durchmesser von acht Zentimetern hat. Ein amerikanischer Biologe fand heraus, dass durch den Regen ein bestimmtes Hormon weniger produziert wird und dadurch der Körper mehr Glukose freisetzt, was wiederum bei den *Tajalin* den Drang zum Wandern auslöst. Es gehen nur die Weibchen zum Meer, die Begattung hat schon vorher in den Bruthöhlen stattgefunden. Am Ufer legen sie die befruchteten Eier ab, die somit ins Meer gelangen. Wenn die Larven geschlüpft sind, begeben sich die Weibchen wieder auf die Wanderung zurück in den Wald.

Die jungen Krabben leben einige Wochen im Meer und gehen dann ebenfalls Richtung Landesinneres. In der ersten Zeit sieht man sie kaum, denn sie halten sich versteckt an feuchten und nassen Stellen auf, da sich ihre Kiemen erst dem Landleben anpassen müssen. Anfangs ernähren sie sich im Wesentlichen von zersetztem Laub und Pflanzenresten, und wenn sie nach vier oder fünf Jahren geschlechtsreif sind, ziehen sie ebenfalls wieder zum Meer. Die Krabben sind sehr nützlich. Durch ihre Ernährungs- und Lebensweise nehmen sie eine wichtige Stellung im Ökosystem ein. Durch das Graben von Wohnhöhlen lockern sie den Boden auf, ähnlich wie in Mitteleuropa die Regenwürmer. Da sie auch Aas nicht verschmähen, wirken sie gerade in den Tropen der Ausbreitung von Ungeziefer entgegen.

Nun zum imposanten und unnachahmlichen Naturschauspiel: Die rote Landkrabbe ist von der Natur mit einem beeindruckenden Farb-Cocktail ausgestattet worden. Die Beine und der untere Teil des Panzers sind rotorange, die kräftigen Zangen, deren Spannweite die zwei- bis dreifache Größe des Panzers betragen kann, schimmern purpurviolett, vorn am Panzer ragen zwei schwarze Stielaugen hervor, die aber nur ein Imitat sind und der Krabbe ein bisschen was von einem Marsmenschen mitgeben. Oben ist der Panzer schwarz mit drei gelben oder roten Flecken im vorderen Bereich.

Und dann wandern sie zum Meer, auf direktem Wege, nichts scheint ihnen im Wege zu stehen. Man hat sie schon durch Häuser laufen sehen, und sogar das Schlafzimmer kann dabei als Durchgangsstation dienen. Pausenlos und unaufhörlich, sie kommen zu Tausenden und Abertausenden, man wähnt sich irgendwie in die Urzeit zurückversetzt. Natürlich müssen sie irgendwann auch Straßen und Wege überqueren. Und wenn man sich mit dem Auto nähert, was macht man dann, gerade als Deutscher, wo wir doch besonders ökologisch sensibilisiert sind?

Als mir das vor Jahren das erste Mal passierte, hielt ich an und sagte mir: Du kannst sie ja jetzt wohl nicht einfach platt fahren. Während ich im stehenden Auto noch darüber nachsann, wie ich mich verhalten sollte, passierten pausenlos Fahrzeuge in beiden Richtungen den Streckenabschnitt mit den *Tajalin*.

Jedes Mal das gleiche traurige Ergebnis: Die Fahrrinnen der Reifen sind übersät mit toten Krabben, und nach und nach werden sie durch den Fahrtwind nach außen getragen. Wie in Mitteleuropa das nasse Laub am Straßenrand, sind an einigen Streckenabschnitten in der Hochzeit der Krabbenwanderung die Straßenränder rot von Krabbenskeletten. Aber in der Natur wird nichts verschwendet, für diverse Vogelarten ist dann der Tisch reichlich gedeckt, und auch die Krabben selbst verschmähen ihre eigenen Artgenossen nicht, dient doch die kalk- und kalziumhaltige Nahrung dem Aufbau ihres eigenen Panzers.

Zum Schluss möchte ich noch freimütig bekennen, dass auch ich, in Anbetracht, da es keine Ausweichstrecke gibt, meine Fahrt fortgesetzt habe, wenn auch sehr langsam, um möglichst wenig Schaden anzurichten. Der Trost ist, dass immer Abertausende von Krabben ihr Ziel unbeschadet erreichen. Ein etwas mulmiges Gefühl bleibt trotzdem jedes Mal zurück.

46. Grund

Weil der Tukan der Popstar der costa-ricanischen Wälder ist

Ein majestätischer Vogel von beachtlicher Größe, der mit einem faszinierend bunten Gefieder ausgestattet ist, fliegt durch die Lüfte. Durch sein einzigartiges Erscheinungsbild ist er ein ganz besonderer Augenschmaus. Zu hören sind dazu seine penetranten, markanten

Rufe und melancholischen Melodien. Sein Riesenschnabel mit den leuchtenden Farben und den scharfen Konturen lässt ihn leicht bestimmen. Das kann nur ein Tukan sein, der Popstar der costa-ricanischen Wälder. Es soll Besucher geben, die nur wegen dieses außergewöhnlich farbenfrohen Vogels das Land bereisen, was allerdings der Artenvielfalt Costa Ricas nicht gerecht werden würde.

Die Tukane, die auch Pfefferfresser genannt werden, gehören zu den Spechtvögeln, bei denen man insgesamt 42 verschiedene Gattungen unterscheidet. In Costa Rica gibt es sechs verschiedene Arten, die jedoch nicht in allen Regionen des Landes zu Hause sind. Der Lebensraum wird natürlich im Wesentlichen durch Klima, Höhe und Nahrungsquellen bestimmt. Der prächtigste Vertreter dieser Spezies ist der Regenbogentukan, der bis zu 46 Zentimeter groß werden kann. Er ist an der Karibikküste und in der Nordpazifikregion heimisch und wird auch der König der Tukane genannt. Die bunte Färbung seines Schnabels erinnert an einen Regenbogen. Mit bis zu 56 Zentimetern der größte und der am weitesten verbreitete ist der Braunrücken- oder Swainsontukan. Er kommt in der gesamten Pazifikregion und auch an der Karibikseite vor und hat einen zweifarbigen Schnabel. Dann gibt es noch mehrere kleinere Arten wie den Halsband-Arassari, der auch in der Region verstärkt vorkommt, in der ich zu Hause bin, den Lauch-Arassari und den Feuerschnabel-Arassari, wobei jeder sein eigenes bevorzugtes Revier bewohnt.

Charakteristisch für den Tukan ist sein riesiger, bunter, leicht geschwungener, kraftvoll wirkender Schnabel. Er kann vier Mal so groß wie der restliche Kopf werden und mehr als ein Drittel der gesamten Körperlänge ausmachen. Trotz der enormen Ausmaße ist der am Rand leicht gezahnte Riesenschnabel federleicht. So dient er dem Tukan eher als feinfühliges Werkzeug zur Nahrungssuche denn als brutale Waffe. Zudem arbeitet die nicht isolierte Schnabelfläche wie ein »Kühlradiator« zur Kontrolle des Wärmehaushaltes, indem der Vogel die Blutzufuhr zum Schnabel je nach Umgebungstemperatur verringert oder erhöht. Dadurch wird bei hohen Außentemperaturen überschüssige Wärme abgeführt. Und natürlich spielt so ein außergewöhnlich großes von der Natur mitgegebenes Mundwerkzeug auch eine Rolle im Balzverhalten.

Mit seinem prächtig gefärbten Schnabel ist der Tukan im dichten Laubwerk des Regenwaldes außerordentlich gut getarnt, das macht es auch so schwierig, ihn aufzuspüren. Ich habe ihn allerdings schon häufig mit dem Fernglas an seinem Lieblingsplatz, hoch oben in den Baumkronen, erspäht oder sogar im Flug ausfindig gemacht. Für mich ist überraschend, dass er trotz der Schnabelgröße offensichtlich nicht in seiner Flugfähigkeit beeinträchtigt wird. Bewegungsnachteile, die ihn zur leichten Beute für Raubvögel machen würden, scheint er nicht zu haben. Vielleicht gereichen ihm dabei die recht kurzen Flügel zum Vorteil, die aber für weite Flugstrecken ungeeignet sind.

Ein beliebter Landeplatz sind wohlige Waldlichtungen. Seine lustig anzuschauenden Kulleraugen scheinen allerdings nicht die besten zu sein. So verwechselt er schon mal Waldweg mit Straße, was immer wieder zu Unfällen führt. Landesweites Aufsehen erregte ein Vogel, der bei einem Zusammenstoß den gesamten oberen Teil des Schnabels verlor. Die Veterinärabteilung einer Universität fertigte mittels 3D eine Prothese an, und der Tukan kam danach zur Pflege in einen Zoo, wo er zum Publikumsliebling avancierte.

Zu mir kommt immer mal wieder ein Halsband-Arassari-Pärchen und zwar immer dann, wenn es im Garten Papayas in Hülle und Fülle gibt. Dann trauen sich die scheuen Vögel sogar in die Nähe menschlicher Behausungen, denn vollreife Papayas sind ihre absolute Lieblingsspeise. Ist schon sehr interessant zu beobachten, wie sie mit ihren Riesenschnäbeln große vollreife Früchte bis zur Neige vollständig aushöhlen können.

Der Tukan ist in Costa Rica eines der beliebtesten Fotomotive überhaupt. Zig Postkarten, T-Shirts, Handtücher und Schmuckanhänger zieren den mit knalligen Farben ausgestatteten exotischen Vogel. Es ist der unangefochtene Popstar Costa Ricas und kann es in Sachen Vermarktung durchaus mit Mick Jagger aufnehmen.

Der Nationalpark Braulio Carillo bietet eine unglaubliche Vielfalt an Flora und Fauna (Grund 71).

Oben: Auf dem Vulkan Irazú fühlt man sich zeitweise wie auf dem Mond (Grund 69). **Unten:** Die Mündungslagune des Río Lajas (Nicoya) lädt zu einem Bad sowohl im Süß- als auch im Salzwasser ein.

Oben: Blick vom Cerro de la Muerte, dem höchsten Pass der Panamericana (Grund 105).
Unten: Am Playa Las Manchas (Südspitze der Halbinsel Nicoya) ist man oft allein (Grund 99).

Oben: Der Wasserfall Llanos de Cortez (Provinz Guanacaste) ergießt sich auf 20 Meter Breite in einen Naturpool (Grund 55). **Unten:** Palmenumsäumter Strand bei Playa Hermosa (Grund 96).

Oben: Die Lava hat sich bis ins Meer ergossen: Strand bei Montezuma (Grund 91).
Unten: Bei Sonnenaufgang drehen Pelikane ihre ersten Morgenrunde.

Oben: Kapuziner-Äffchen können recht zutraulich werden.
Unten: Zu Beginn der Regenzeit verlassen die Landkrabben ihre Erdlöcher (Grund 45).

Oben: Leguane halten sich überwiegend in der Sonne auf (Grund 38).
Unten: Scheuer Exot: der Göttervogel Quetzal.

Oben: Das religiöse Zentrum Costa Ricas: die Basilika unserer lieben Jungfrau der Engel in Cartago (Grund 25 und 68). **Unten:** Der Friedhof von Puerto Limón.

Oben: Schöne Musik: Marimba-Ensemble in San José (Grund 61).
Unten: Straßenszene in Puerto Limón, der größten Stadt an der Karibikseite (Grund 75).

Der Arenal war lange Zeit einer der aktivsten Vulkane der Erde (Grund 85).

Oben: Ungewöhnlicher Gottesacker: die Friedhofsinsel vor Cabuya an der Südspitze der Halbinsel Nicoya (Grund 95). **Unten:** Die Halbinsel Nicoya mit dem gleichnamigen Golf hat viele traumhafte Buchten.

Oben links: Friedhofseingang. **Oben rechts:** Die Hafenstadt Puntarenas liegt auf einer langgestreckten Halbinsel am Pazifik (Grund 25, 29 und 59). **Unten:** Endloser Sandstrand: der Playa Grande bei Montezuma (Grund 91).

Die Naturbadewannen von Mal País sind in jeder Hinsicht einzigartig (Grund 97).

6. Kapitel

Die wichtigsten Exportgüter

Weil der stetig wachsende Ananasanbau nicht nur ein Segen ist

Vor einigen Jahren lernte ich in Madrid während der Zwischenlandung auf dem Flug nach San José Manrique Oviedo kennen, einen Veterinär, der damals Mitglied des costa-ricanischen Parlamentes war. Wir kamen ins Gespräch, und er erzählte mir, dass sich sein Land wirtschaftlich in einem Umbruch befände. Waren früher Banane und Kaffee die größten landwirtschaftlichen Exportgüter, führte er aus, so sei es heute die Ananas, mit stetig weiter steigenden Umsatzzahlen. Immer neue Monokulturen entständen, mittlerweile auch im gesamten Norden und in der Karibikregion, mit dem Ergebnis, dass heute über 30 meist multinationale Konzerne diese Frucht kultivieren, und so ist Costa Rica inzwischen zum größten Exporteur von frischer Ananas weltweit avanciert. Die Hauptabnehmerländer sind die USA, Kanada und die EU. Innerhalb der Europäischen Union ist Deutschland der größte Importeur.

Obwohl ich schon einige Jahre zeitweise in Costa Rica lebte, war mir die von Manrique Oviedo weiter geschilderte Problematik weitestgehend unbekannt. Die Ananas ist eine bis zu 1,20 Meter hoch wachsende Staude aus der Familie der Bromeliengewächse, mit bis zu einem Meter langen, meist stachelig gezähnten, harten Blättern. Bei der Ernte wird die ganze Staude abgeschnitten und die Frucht von der Pflanze getrennt. Somit entstehen riesige Mengen von organischem Abfall. In dem feuchtheißen Klima sind die vor sich hin faulenden organischen Rückstände die ideale Brutstätte für eine äußerst lästige und aggressive Art von Stechmücken, die sich so millionenfach vermehren kann und sehr große Schäden anrichtet. Mücken in europäischen Breitengraden entnehmen ihren Opfern drei bis fünf Sekunden das Blut, die in Costa Rica heimische Art saugt bis zu mehreren Minuten. Riesige Mückenschwärme fallen über das Vieh der angrenzenden Farmen und kleinen Fincas her und bedrohen so deren Existenz. Durch die unsagbare Qual zeigen die Tiere ein permanentes nervöses Abwehrverhalten. Es kommt zu keiner regelmäßigen Nahrungsaufnahme mehr. Die Milchproduktion lässt nach, Kälber gehen ein, Fleischrinder nehmen ab.

Manrique Oviedo weiter: »Eigentlich müssten die Plantagenbesitzer die Stauden nach der Ernte zerkleinern und unterpflügen, so schreibt es das Gesetz vor. Doch viele kleine Landwirte und Viehzüchter sind sich sicher, dass die Kontrolleure vom Agrarministerium häufig mit einer ›Zuwendung‹ gnädig gestimmt werden, sodass sie ihrer Aufgabe nicht nachgehen. Da der lehmig-tonartige Boden knochenhart ist, wäre die fachgerechte Entsorgung für die Produzenten mit großen Kosten verbunden. Durch diese unsachgemäße Entledigung werden viele kleine Bauern und Viehzüchter ruiniert und müssen aufgeben. Das Fatale ist, dass Ananaskonzerne dann das Land der am Boden liegenden Kleinbauern günstig aufkaufen und im gleichen Stile wie bisher im noch größeren Umfang weitermachen. Da aber auf der anderen Seite die Ananaswirtschaft mittlerweile über 40.000 Menschen Beschäftigung gibt und der Export der süßen Frucht dringend benötigte Devisen ins Land bringt, ist das Vorgehen gegen die nicht nachhaltige und große Schäden verursachende Anbauweise äußerst schwierig.«

Als Manrique erfuhr, dass ich neben meiner Musik auch ein Schreiberling bin, sagte er: »Roland, du must unbedingt einen Bericht darüber in Deutschland veröffentlichen, um die Konsumenten bei euch auf dieses Thema aufmerksam zu machen. Der Druck auf nicht nachhaltig produzierende Konzerne kann nur über die Verbraucher ausgeübt werden. Nicht, dass wir uns falsch verstehen, auch ich will, dass in Costa Rica Ananas angebaut wird, aber ohne dabei den angrenzenden Viehzüchtern und Kleinbauern derartige Schäden zuzufügen.«

Wieder in Costa Rica, lud mich Manrique zu einer Rundreise durch das gesamte Land ein. Ich sah das erste Mal Ananasplantagen, so weit das Auge reichte. Dann besuchten wir die kleinen Fincas mehrerer angrenzender Viehzüchter. Überall auf den Weiden erblickte ich Rinder, die übersät waren von Mücken, die Beine blutunterlaufen, weil die Blutsauger immer wieder die gleichen Stellen befallen.

Manrique: »Mittlerweile behandeln die Ananaspflanzer die organischen Abfälle mit einem chemischen Entlaubungsmittel, um den Stechmücken den Nährboden für die Eiablage zu entziehen. Doch die unsachgemäße Anwendung kann das Grundwasser verseuchen, was auch schon vorgekommen ist.«

Ich wollte wissen, ob man die guten von den schlechten Ananasproduzenten nicht durch ein Gütesiegel unterscheiden kann. Die Antwort: »Jeder Produzent will natürlich ein Gütesiegel erhalten und deshalb geht man mit der Zertifizierung äußerst nachlässig um. Sie werden zum Teil von den Multis mitfinanziert und stecken so mit ihnen unter einer Decke. Dabei gibt es sehr wohl einige kleinere Ananas-Cooperativen, die alle costa-ricanischen Umweltgesetze einhalten.« Weiter fragte ich: »Doch wie soll der deutsche Verbraucher erkennen, wer nachhaltig produziert und wer nicht, wenn nahezu alle Früchte mit irgendeinem Gütesiegel versehen sind?« Manriques Antwort: »Die deutschen Importeure sollten sich nicht einzig und allein auf die Zertifizierer verlassen, sondern wären gut beraten, ab und zu auch selbst vor Ort die Anbaumethoden in Augenschein zu nehmen.«

In der Folgezeit habe ich in mehreren deutschen Tageszeitungen Berichte zu diesem Thema veröffentlicht. Die Originale zuzüglich einer Übersetzung habe ich dann Manrique Oviedo zukommen lassen. Vorsorglich habe ich meinen Namen als Autor vorher entfernt, man weiß ja nie, geht es doch hier wie so häufig im Leben um viel Geld.

Na ja, etwas scheint mein Einsatz bewirkt zu haben. Einige Produzenten gehen jetzt dazu über, die riesigen Haufen organischen Abfalls mit Planen abzudecken, um den Mücken somit keine Brutstätten mehr zu bieten. Von zahlreichen kleinen Finca-Bauern erhielt ich zum Teil sehr emotionale Dankschreiben. Und zwischen Manrique Oviedo und mir ist eine tiefe Freundschaft entstanden.

48. Grund

Weil der Besuch einer Bananenplantage hochinteressant ist

Im Zuge der Rundreise durch das Land konnte ich mit Manrique Oviedo auch eine Bananenplantage besichtigen. In Costa Rica gehören Bananen zu den Grundnahrungsmitteln. Sie sind sehr gesund, enthalten viele Mineralstoffe und Vitamine und sind vor allen Dingen sehr leicht zu essen. Bananen mögen es warm, sehr warm sogar. In der feuchtheißen Karibikregion gibt es das ganze Jahr Temperaturen um die 30 Grad und mehr. Auch der lehmhaltige Boden und reichlich Niederschläge begünstigen ihr Wachstum. Sie sind neben Ananas und Kaffee eine der drei Säulen landwirtschaftlicher Exportgüter. In Deutschland machen Bananen aus Costa Rica etwa ein Viertel des Imports aus.

Eine Bananenpflanze sieht aus wie ein Baum mit Riesenblättern, sie ist aber eine Staude. Denn ihr Stamm besteht nicht aus Holz, sondern aus übereinandergreifenden Blattscheiden. Wenn eine Staude ausgewachsen ist, sie kann bis zu drei Meter hoch werden, bildet sich eine riesige violette Blume. Sie erscheint zwischen den beiden obersten Blättern und neigt sich dann nach unten. Dieser Fruchtstand wird *Racimo* (Büschel) genannt und hat viele Blüten. Wenn die Blütenblätter abgefallen sind, wird ein gutes Dutzend noch unvollständig entwickelter *Manos* (Hände) sichtbar, die das Fruchtbündel bilden. In diesem Stadium werden die zukünftigen Früchte für etwa 14 Tage mit einem blauen Plastikbeutel, der an der Innenseite mit einem Insektizid imprägniert ist, vor schädlichen Insekten geschützt.

An einer Hand können mehr als 20 *Dedos* (Finger) entstehen, wie die einzelnen Bananen auch genannt werden. Für Laien sieht es so aus, als wenn die Bananen verkehrt herum wachsen, zeigen doch die Enden nach oben. Weil sie sich in dieser Wachstumsphase der Sonne zuwenden, ist die Banane krumm! Je nach Jahreszeit können vom Erscheinen der violetten Blüte bis zur Bananenernte drei bis sechs Monate vergehen.

In den folgenden Verarbeitungsstadien gibt es diverse technische Hilfsmittel, die die Ernte und den Transport erleichtern. Um zu vermeiden, dass das Büschel in Höhen bis zu drei Metern abgeschlagen werden muss, wird in den Stamm der Staude mit einer Machete ein »X« geschlagen. So biegt sich die Staude unter dem Gewicht der schweren Frucht nach unten. Nachdem die Finger genug Fruchtfleisch angesetzt haben, trennt der *Cortador* (Abschläger) mit der Machete das Büschel mit den noch grünen Früchten von der Staude, das sofort durch einen Plastiksack gegen Druckstellen geschützt wird. Im Anschluss daran bringt der *Cargador* (Träger) die 35 bis 50 Kilogramm schweren Büschel zu dem in der gesamten Plantage installierten Transportsystem, wo die Büschel mit Fleischerhaken versehen und ähnlich einem Skilift mittels Zugpferden vom *Carrero* (Fuhrmann) in die Verarbeitungsstation gebracht werden.

Die Staude hat ihre Schuldigkeit getan, sie trägt nur ein Mal. Alle neuen Stauden werden in einer vorher festgelegten Richtung nachwachsen, weil man mit der Machete die Wurzeln der alten Stauden nur an einer Seite abhackt. Dadurch kann man eine ganze Bananenkultur in die eine oder andere Richtung »wandern« lassen.

Die Hände werden nun in einer Supermarkt-konformen Größe vom Stängel getrennt.

Die letzten Arbeitsgänge, da weniger körperlich anstrengend, werden vornehmlich von Frauen ausgeführt. Nach einem ersten Wasserbad in riesigen Becken werden die Bananen in einem weiteren Bad gegen Kragenfäule behandelt. Schließlich erfolgt die versandfertige Verpackung je nach Land oder Kunde und zum Schluss der Transport zum Hafen von Limón (neuerdings auch zum neuen Containerhafen in Moin).

Durch eine genaue Kalkulation von Transportzeit und Temperatur soll gewährleistet werden, dass die beliebten Früchte auf dem Transportweg derart reifen, dass sie schließlich in jedem Supermarkt in Mitteleuropa perfekt zum Verzehr, also goldgelb, ankommen. Dafür kommen die grünen Früchte im Zielland noch in eine Bananenreiferei. Nach all dem, was ich gesehen habe, ist es schon sehr erstaunlich, dass bei der großen Anzahl von mehr oder weniger aufwendigen Arbeitsgängen zuzüglich des langen Transportes eine Banane im europäischen Supermarkt für wenige Cent zu erstehen ist.

Der Besuch einer Bananenplantage ist hochinteressant und sehr zu empfehlen. Zumal ja gerade wir Deutschen so »verrückt« nach Bananen sind. Ich habe mit all dem nichts zu tun. Irgendwann ist im Garten eine Bananenstaude so weit, dass ich das Büschel mit der Machete abschlagen kann. Ich hatte schon gesagt, dass sie anders schmecken, als die, die man in Mitteleuropa im Supermarkt bekommt.

www.govisitcostarica.co.cr

49. Grund

Weil in Costa Rica der Bananenanbau Segen und Fluch zugleich ist

Wer in Deutschland eine Banane aus Costa Rica verzehrt, der sollte nicht nur wissen, was eine Bananenstaude ist und wie sie aussieht und nach wie vielen Produktionsschritten die Frucht in Deutschland in den Supermarktregalen landet, sondern welche Vorteile, aber auch welche großen Probleme die massenhafte Kultivierung für das Land bedeutet.

Wie in jeder Art von Monokultur ist auch die Banane anfällig für Krankheiten aller Art. Deshalb werden in diversen Wachstumsstadien Agrochemikalien eingesetzt, die zum Teil sogar mit Flugzeugen über die Plantagen versprüht werden. Jahrelang standen die Bananenkonzerne deshalb in der Kritik, dass dadurch gesundheitliche Beeinträchtigungen wie Atembeschwerden, Kreislauferkrankungen und sogar Krebs hervorgerufen würden. Weitere Kritikpunkte waren (und sind) der übermäßige Einsatz von Düngemitteln und die Verwendung von Plastiksäcken in großer Zahl. So kommt es vor, dass diese über die Entwässerungskanäle und Flüsse bis ins Meer getragen und von Fischen und Schildkröten mit Quallen verwechselt werden.

Seit einigen Jahren jedoch arbeiten einige große Unternehmen mit Nichtregierungsorganisationen zusammen, um das Stigma der Umweltzerstörung, der Ausbeutung von billigen Arbeitskräften und der Bereicherung auf Kosten von Menschen aus Dritte-Welt-Ländern loszuwerden. Diese Umweltschutzorganisationen haben Standards für eine möglichst soziale und umweltverträgliche Produktion festgelegt. Einmal im Jahr erfolgt in der Regel eine Prüfung, ob die vorgegebenen Umwelt-, Sozial- und Arbeitsauflagen auch eingehalten werden. Wer sich daran hält, bekommt ein Zertifikat, aus dem hervorgeht, dass die Bananen nachhaltig und unter Einhaltung von gewissen Arbeitsnormen produziert wurden. Das setzt auch voraus, dass der Einsatz von Pestiziden und Plastik im Vergleich zu früher ebenfalls erheblich reduziert wird. Das Öko-Siegel ist für die Bananenkonzerne natürlich eine gewaltige Imageverbesserung und ein zusätzlicher Werbeeffekt.

Noch ein Problem: Ähnlich wie bei der Ananas wird auch für den Bananenanbau immer mehr Fläche verbraucht. Auch dem tritt man seit einiger Zeit entgegen. So gibt es Versuche, den Urwald zu »rekultivieren«. Restbestände sollen durch Aufforstung mit angrenzenden Waldstücken verbunden werden. Ziel ist es, langfristig wieder mehr ursprünglichen Wald entstehen zu lassen.

Eines bleibt leider von den Kritikern immer unerwähnt. Kein Arbeiter und keine Angestellte eines Bananenkonzerns wird zu dieser zum Teil schweren und schweißtreibenden Arbeit gezwungen. Große Teile der Belegschaft kommen aus Nicaragua, wo sie unter der autoritären Regierung des Ortega-Familienclans keine Lebensperspektive mehr sahen und die Arbeitsbedingungen noch »zehnmal« schlechter sind als die, die sie in Costa Rica vorfinden (Grund 11). Wenn man die Arbeiter fragt, geben fast alle zur Antwort, dass es ihnen jetzt wesentlich besser geht als vorher. Der Lohn ist für costa-ricanische Maßstäbe normal, einige Unternehmen stellen sogar Wohnungen zur Verfügung und übernehmen zusätzlich die Kosten für Strom und Wasser. Nahe den Werkswohnungen (die man natürlich mit unseren Standards in Europa nicht vergleichen kann) wurden Schulen gebaut. Ein Bananenschläger sagte zu mir: »Du kannst hier nicht wählerisch sein. Es ist besser, diese Arbeit zu haben als gar keine.«

50. Grund

Weil man in Costa Rica den Kaffeeanbau und die Produktion am besten verstehen lernen kann

Kaffeeanbau hat in Costa Rica eine lange Tradition. Als im 18. Jahrhundert in Europa eine immer größere Nachfrage nach diesem neuen Modegetränk einsetzte, begann man auch in Costa Rica, Kaffee zu kultivieren. Als erstes Land des amerikanischen Kontinents exportierte Costa Rica Anfang des 19. Jahrhunderts Kaffee nach Europa. Die Bedingungen im Zentraltal mit den fruchtbaren vulkanischen Böden, der jährlichen Durchschnittstemperatur von etwa 20 Grad Celsius und deutlich ausgeprägte Regen- und Trockenzeitperioden waren ideal für den Kaffeeanbau. Da der Preis für Kaffee kontinuierlich stieg, wurden bis Mitte des 19. Jahrhunderts ständig neue Anbauflächen erschlossen.

Heute tragen im Land in acht Anbaugebieten über 400 Millionen Kaffeesträucher die begehrten Kirschen. Fast alle liegen in Höhenlagen zwischen 1.200 und 2000 Metern. In diesen kühlen Gebirgsregionen wachsen die Kaffeekirschen besonders langsam und haben so mehr Zeit zum Reifen. Dadurch bekommt der Kaffee einen besonders intensiven und würzigen Geschmack. Das wiederum hat eine bessere Ausbildung der vielen Aromen in der Bohne zur Folge. Eine Kaffee-Faustregel lautet: je kleiner die Bohnen, desto besser die Qualität. Dadurch gehört Kaffee aus Costa Rica zu den gefragtesten in der Welt.

Um die gleichbleibende Güte zu erhalten, wurden von der Regierung strenge Auflagen erlassen. Auch dadurch gilt Costa Rica weltweit als einer der Kaffeeländer mit dem höchsten Qualitätsanspruch. Unter anderem darf nur Kaffee der Sorte Arabica angebaut werden, von denen es allerdings über 300 verschiedene Variationen gibt. Kaffeekenner werden sicherlich schon einmal die Abkürzung SHB gelesen haben. Der Ausdruck *Strictly Hard Bean* kennzeichnet Bohnen, die in über 1.200 Meter Höhe gewachsen sind, und soll diesen Hochlandkaffee besonders auszeichnen. In Costa Rica stammen mehr als zwei Drittel des kultivierten Kaffees aus solchen Höhenlagen.

Kaffee ist ein ganz sensibles Pflänzchen. Nach Aufzucht des Sämlings und der Pflanzung braucht der Baum bis zur ersten Blüte drei bis vier Jahre sorgfältigster Pflege und Hege. Durch höhere Mischwaldbäume wird erreicht, dass der Kaffeestrauch nicht zu viel Sonne abbekommt, außerdem wird dadurch der Boden nährstoffreicher. Die Reifezeit dauert etwa neun Monate, dann haben die vollreifen Früchte eine rote Farbe.

Die Haupterntezeit ist Dezember. In Costa Rica werden fast alle Kirschen noch von Hand gepflückt. Das hat den Vorteil, dass nur reife Früchte Berücksichtigung finden. Dann werden überall Saisonarbeiter(-innen) angeheuert, die mit Fleiß und viel Erfahrung in 20 Minuten eine Kiepe (die aber vor dem Bauch hängt) füllen und dafür ungerechnet zwischen drei und vier Euro erhalten. Mit dem Traktor oder sogar noch mit einem Ochsenkarren (Grund 32) wird die Ernte zu einer Verarbeitungshalle gefahren. Dort werden die Bohnen durch einen Entpulper vom Fruchtfleisch getrennt, und nach verschiedenen Trocknungsverfahren an der frischen Luft kann dann auch noch die feine Silberhaut, die auch Pergamenthülle genannt wird, maschinell entfernt werden. Erst jetzt hat man die grüne Bohne von allem Beiwerk befreit.

Es folgt eine Sortierung nach Größe und Gewicht, die Abfüllung in Säcke, und nun sind die Bohnen endlich für die Röstung bereit. Im Trommelröster werden sie mit heißer Luft erhitzt, bis sie aufbrechen und sich erste Aromen herausbilden. Diesen sogenannten *First Crack* kann man deutlich hören. Ab jetzt muss eine ständige Kontrolle erfolgen, und nach dem *Second Crack* müssen sie aus dem Röster genommen werden. Dann haben sich alle Aromen entfaltet. Weitere Hitzezufuhr würde die Bohne verbrennen. Natürlich gibt es zig verschiedene Röstverfahren. Die längste Hitzezufuhr ergibt den dunkelsten Kaffee. Wegen der ausgetretenen Öle hat er einen stärkeren Glanz, enthält aber weniger Koffein als die helleren Röstungen.

Also man sieht, die Kaffeekultivierung und -produktion ist eine hochkomplexe Sache, die viel Arbeit, Know-how und Geschick erfordert. In Costa Rica werden verschiedenste Kaffeetouren angeboten, die sehr interessant und aufschlussreich sind, zumal sich die Deutschen ja selbst gern als »Kaffeetanten« bezeichnen. Danach weiß man mit den Ausdrücken »Dark«, »Light«, »Espresso« und »Mixed« etwas anzufangen.

Fraglich jedoch, ob der europäische Besucher seine Trinkgewohnheiten an die der *Ticos* anpassen möchte. Die trinken ihren *Cafecito* meistens mit sehr viel Milch und mit noch mehr Zucker. Bitte beim Kaffeekauf im Supermarkt darauf achten, dass es *cafe puro* ist, denn in den Regalen liegen auch Sorten, denen schon zehn Prozent Zucker beigemischt wurden.

Ich habe mich allerdings nach der Besichtigung einer Kaffeeplantage gefragt, wie es möglich ist, dass bei solch aufwendiger Kultivierung und Verarbeitung in Europa ein Pfund Kaffee für nur vier Euro oder sogar noch weniger zu haben ist.

www.coffeetour.com · www.elpatiodecafemilagro.com · www.diriacoffeetour.com · www.espiritusantocoffeetour.com

7. Kapitel

Sportliche Aktivitäten

Weil Costa Rica weltweit zu den angesagtesten Surfparadiesen gehört

Costa Rica gilt als absolutes Surf-Mekka. Denn das Land bietet so ziemlich alles, was das Surferherz, begehrt und man weiß gar nicht, wo man anfangen soll. Es gibt sowohl am Pazifik als auch an der Karibikseite zig Strände zum Surfen, einer noch schöner und attraktiver als der andere. Grundsätzlich kann man das ganze Jahr über in Costa Rica den Surfsport ausüben, die wirklich traumhaften Bedingungen sind sehr konstant. Und deshalb ziehen viele Surfstrände des Landes Profis und Semiprofis aus der weltweiten Wellenreiterszene magisch an. Aber es gibt natürlich auch jede Menge Strandabschnitte für Anfänger und Fortgeschrittene. Mir berichten immer wieder Surfer voller Erstaunen, dass sie selten auf der Welt so wenig überlaufene Surf-Strände vorgefunden haben wie in Costa Rica, natürlich mit Ausnahmen. Denn die Auswahl an guten Surfwellen ist derartig groß, dass man sich leicht aus dem Weg gehen kann. Es gibt wirklich Platz für jeden, und dass einer dem anderen »die Surf-Vorfahrt« nimmt, kommt eigentlich in Costa Rica nicht vor.

Auf der nördlichen Pazifikseite, besonders auf der Halbinsel Nicoya, ist die Surf-Hauptsaison im europäischen Sommer. Von April bis August jagen dort die weltbesten Surfer den größten und perfektesten Wellen nach. Wer einmal die meterhoch steil aufragenden Wellen gesehen hat, denen sich die tollkühnen Brettartisten anvertrauen und sie letztendlich bezwingen, der wird schon einige Bewunderung für diesen Sport übrig haben. Da es aber ganzjährig sehr gute Surfbedingungen gibt, mit nahezu gleichbleibend geeigneten Wellen für verschiedene Surf-Levels, ist auf der Halbinsel Nicoya das ganze Jahr Saison. Auf der südlichen Pazifikseite sind die Bedingungen ähnlich, nur ist das Zeitfenster für Profisurfer ein wenig größer. Der Grund soll sein, so erklärte mir ein Experte, dass die von

Süden kommende Wellendrift noch etwas mehr Power hat. Auf der Karibikseite verläuft die Hochsaison zeitlich entgegengesetzt zum Pazifik, das heißt, die höchsten Wellen gibt es zwischen November und März. Auch dort sind das ganze Jahr beste Surfbedingungen anzutreffen. Im Juli und August können jedoch Tropenstürme aufkommen, die selbst für die ausgekochtesten Profis gefährlich werden können. Anfänger sollten in dieser Zeit deshalb lieber die Pazifikstrände bevorzugen.

Auch bei den einzelnen Surf-Stränden hat ein Wellenreiter jeder Kategorie die Qual der Wahl. Zwei Orte sind bei den Surf-Experten immer in aller Munde und lassen das Herz eines jeden Profis höher schlagen. Zum eines ist es Pavones, das kurz vor der panamesischen Grenze am Pazifik liegt. Der Ort lebt eigentlich nur vom Surfen. Der Strand soll eine der längsten *left-handed breaks* der Welt haben. Ich bin kein Surf-Experte, nur so viel: Wie eine Welle bricht, hängt im Wesentlichen vom Untergrund ab. Demnach kann eine Welle in die eine oder andere Richtung brechen, und man spricht so von rechts- oder linkshändigen Wellen. Und deshalb bezeichnen die Surfer die sechs Kilometer Strand von Pavones als ihren »Garten Eden«. Der andere Surfstrand, der das Wasser für Wellenreiter aus der ganzen Welt im Munde zusammenlaufen lässt, heißt Salsa Brava. Er liegt an der Karibikküste unweit von Puerto Viejo, ebenfalls in der Nähe der panamesischen Grenze. Die Welle bricht über dem einzigen noch lebenden Korallenriff des Landes, und dadurch entstehen wahre Urgewalten, die auch so manchen »Brettsalat« zur Folge haben, wirklich nichts für Anfänger, aber natürlich spektakulär anzuschauen.

Ein weiterer sehr hoch in der Gunst der Wellenreiter stehender Strand ist Dominical (Grund 103), der ebenfalls ganzjährig konstant gute Surfbedingungen aufweist. Die Besonderheit ist hier, dass sich die Welle am Strand bricht und es vorkommen kann, dass nach dem Abrollen der Welle nur hüfthohes Wasser zum »Auslaufen« zur Verfügung bleibt. Ebenfalls nichts für Anfänger. Es gibt noch viele andere sehr schöne Surfplätze in Costa Rica. An der Pazifikseite sind das Punta Blanco, ebenfalls ganz im Süden, mit einer ausgeprägten Riffwelle, auf der Halbinsel Nicoya die Surfparadiese Playa Carmen mit sanfteren Wellen, Playa Hermosa, für Surfer, die gerne unter sich sein wollen, Sámara mit seinem Traumstrand (Grund 97), Nosara, das als eine der schönsten Surf-Citys der Welt tituliert wird, Tamarindo, die Hochburg der amerikanischen Touristen, Puntarenas, Jacó, Uvita, und, und, und. An der Karibikseite sind noch der weitläufige Strand Playa Cocles im Süden von Puerto Viejo und Playa Uva zu nennen. Habe ich noch Surfparadiese vergessen? Mit Sicherheit! Ach ja, der vielleicht bekannteste Wellenreiter-Strand Costa Ricas, aber auch der am meisten frequentierte ist Santa Teresa im Süden der Halbinsel Nicoya (Grund 95).

Für diejenigen, die surfen lernen wollen, gibt es zwei Möglichkeiten. In einem Surfcamp oder in einer Surfschule mit zertifizierten Surflehrern von Grund auf an zu beginnen. Das ist allerdings nicht ganz billig. Solche Einrichtungen gibt es zum Beispiel in Dominical. Weitere gute »Einstiegs-Strände« sind Mail País, Santa Teresa und Quepos. Private Surfstunden werden in allen Surf-Hotspots praktisch »an jeder Ecke« angeboten.

www.surf-costarica.com · www.sunsetsurfdominical.com

52. Grund

Weil man in Costa Rica zig Tauchparadiese vorfindet

Die klaren, warmen und nährstoffreichen Gewässer, die Costa Rica umgeben, ziehen zahlreiche Gerätetaucher aus aller Welt an. Zu sehen und zu erleben ist eine bezaubernde Unterwasserwelt mit wunderschönen Korallenriffen, interessanten Gesteinsformationen vulkanischen Ursprungs und atemberaubender Meeresfauna, eine unglaubliche Vielfalt an bunt schillernden großen und kleinen Meeresfischen und sechs verschiedenen Arten von Meeresschildkröten (Grund 39). Diese überwältigende Artenvielfalt unter Wasser hat ihren Ursprung in einem ungewöhnlichen Reichtum an Plankton, und das sowohl an den Pazifikküsten als auch im Atlantik.

Und so finden Taucher an beiden Ozeanküsten eine große Variation von Stein- und Weichkorallen, unterseeischen Felsformationen, spektakulären Unterwasserhöhlen und versteckten Grotten vor und sind dabei umgeben von Mantas, Rochen und sogar Haien. Mehr als 20 verschiedene Wal- und Delfinarten ziehen jedes Jahr aus kälteren nördlichen und südlichen Polarregionen entlang der Küsten Costa Ricas zu den warmen äquatorialen Gewässern (Grund 37). Grundsätzlich findet man an der Pazifikseite bessere Tauch-Infrastrukturen vor als an der Karibikküste. Aber heute kann man sich bereits an vielen Küstenorten Costa Ricas eine Tauchausrüstung leihen und Boote mit kundigen Führern für gute Tauchgebiete mieten. Oft liegen die im Bereich von kleinen meist unscheinbaren vorgelagerten Inseln.

Es ist wenig bekannt, dass Costa Rica auch eine Hochseeinsel hat. Sie liegt etwa 550 Kilometer vom Festland entfernt, halbwegs in der Mitte zwischen der Halbinsel Osa (Grund 108) und den Galapagosinseln. Ein Tauchtrip zur Isla de Coco ist ein wirklich ungewöhnliches und einmaliges Erlebnis, das berichten mir Taucher immer wieder. Die etwa eineinhalb Tage dauernde Überfahrt sei es definitiv wert. Da es keine regelmäßigen Verbindungen zur unbewohnten Insel gibt, werden die mehrtätigen Tauch-Expeditionen von einer Reihe von Tauchsafari-Unternehmungen durchgeführt.

Vor der Hauptinsel liegen meist in der Nähe kleinerer Inseln oder Felsen mehr als 20 spektakuläre Tauchplätze, von seichten, steilen und senkrechten Wänden über Dutzende Meter tief reichende Zinnen bis zu gigantischen Unterwasserbergen, und das alles im tiefblauen Wasser. Dort sieht man Tiefseebewohner wie Rochen, Mantas, Hammerhaie und sogar Wale.

Es gibt aber in Costa Rica auch eine Anzahl von Tauchgründen, die wesentlich einfacher zu erreichen sind und trotzdem auf Taucher eine große Faszination ausüben. Die Isla del Caño liegt 15 Kilometer westlich der Halbinsel Osa.

Sie ist für Tauchprofis wie auch für Beginner geeignet. Zu sehen gibt es eine Vielzahl an Großfischen wie Wale, Delfine, verschiedene Haiarten und Rochen, die sich meist an den vorgelagerten Korallenriffen und Felsformationen versammeln. Vor den Islas Murciélagos (Fledermaus-Inseln), im Norden in der Nähe der nicaraguanischen Grenze gelegen, bietet sich Tauchern zwischen Mai und September das spektakuläre Ereignis, Bullenhaie zu beobachten, dazu gibt es ganzjährig in den zahlreichen Höhlen und Grotten eine Vielzahl von bunt schillernden Fischen zu bestaunen.

Weitere gute Tauchgründe findet man vor der Karibikküste bei Cahuita, Puerto Viejo und Punta Uva und an der Pazifikseite im *Parque Nacional Marino Ballena* (südlich von Quepos) und der Region um Bahía Drake. Taucher berichten mir immer wieder, dass die Islas Santa Catalina, etwa 20 Kilometer vor Playa Flamingo im Pazifik gelegen, mit zu den besten Tauchgebieten Costa Ricas gehören. Neben Riesenmantas gibt es Haie, verschiedene Schildkrötenarten und riesige Fischschwärme zu beobachten. Auch wo ich zu Hause bin, werden Tauchtouren angeboten. Täglich gibt es von Montezuma Bootstouren zur Isla Tortuga. Unter kundiger Führung werden sogar Nachttauchgänge durchgeführt. Alles in allem, wer in Costa Rica taucht, kommt in jedem Fall auf seine Kosten.

www.deepblue-diving.com • www.underseahunter.com •
www.liveaboard.com • www.tamarindodiving.net •
www.costarica-scuba.com • www.montezumabeach.com

Weil Rafting auf dem Pacuare eines der schönsten sportlichen Abenteuer überhaupt ist

Auch was die Angebote in dieser Sportkategorie betrifft, ist das mittelamerikanische Land weltweit mit führend. Costa Rica kann mit einigen spektakulären wilden Flussläufen für Wildwasser-Rafting aufwarten. Das Wichtigste zuerst, jedenfalls für mich, selbst in den Gebirgsregionen ist das Wasser angenehm warm. Also, Rafting in den Alpen bei minus fünf Grad Wassertemperatur wäre nichts für mich. Die beiden bekanntesten Flüsse für Wildwassertouren sind der Río Reventación und der Río Pacuare, die beide in den Atlantik münden. Weitere gute Wildwasserstrecken findet man auf dem Río Chirripó, auf dem Río Sarapiquí, der Richtung Nicaragua fließt, und auf dem Rió Savegre, der südlich von Quepos in den Pazifik mündet.

Der Río Pacuare genießt unter Wildwasserfahrern einen weltweiten Ruf und gehört zu den Top-Adressen der Wildwassersportler aller Art. Vor Jahren traf ich auf meinem Flug nach San José die deutsche Olympia-Auswahl der Wildwasserfahrer, die ein mehrwöchiges Vorbereitungstraining auf dem Río Pacuare absolvieren wollte.

Auf dem mehr als 100 Kilometer langen Fluss lassen sich mehrere auch landschaftlich beeindruckende Streckenabschnitte sowohl mit dem Kajak als auch mit einem großen aufblasbaren Gummifloß befahren, Rafting eben. Besonders die oberen Teilabschnitte mit reißenden Strömungen und Stromschnellen der größten Schwierigkeitsstufen sind ein herausforderndes Abenteuer, das man so schnell nicht vergisst.

Mehrere Unternehmen bieten Tagestouren als auch mehrtägiges Rafting an. Meine schönste Ganztages-Raftingtour begann morgens um sechs. Mit dem Bus wurden die Teilnehmer in San José eingesammelt. Ein Geländefahrzeug mit Ausrüstung und Proviant begleitete uns auf dem Weg nach Siquirres, wo es nach einem kräftigen

Frühstück auf einer Rough-Strecke in steilen Serpentinen hinunter zum Fluss ging. Unterwegs sahen wir mehrere Faultiere, die besonders in dieser Region zu Hause sind. Costa Rica besteht überwiegend aus vulkanischen Fels- und Steinformationen. Ein Flussbett aus Sand, das für uns in Europa das Normalste auf der Welt ist, gibt es nirgendwo. Und so hat sich auch das Bett des Pacuare im Laufe von Jahrmillionen tief in die Felsstrukturen eingegraben, und die immerwährende Kraft des Wassers hat diese atemberaubenden Formen hinterlassen, die man dort vorfindet. In Ufernähe hört man schon das gewaltige Tosen, das uns in den nächsten sechs Stunden unablässig wie Musik in den Ohren klingen sollte. Nachdem alle Vorbereitungen abgeschlossen waren, die darin bestanden, die Boote aufzupumpen, Proviant, Rucksäcke und Kameras in wasserdichte Säcke zu verstauen, wurden wir in fünf Teams eingeteilt, die aus je vier Teilnehmern und einem Guide bestanden.

Nach einer kurzen theoretischen Einführung machte der Bootsführer mit uns Trockenübungen. Ziel ist es, jede auch noch so wilde Stromschnelle unbeschadet und heil zu überstehen. Also, der Guide sitzt hinten und prüft ständig vorausschauend, wie jedes Wildwasser einschließlich Strudel und Gegenströmungen angegangen werden soll. Und wir Mitfahrer, je zwei an jeder Seite des Bootes, müssen dann seine Befehle ausführen, die so lauten wie: *»Right forward, left backward«* (rechts vorwärtspaddeln, links rückwärts) oder *»Go«* (jede Seite paddelt nach vorn) oder *»Back«* (umgekehrt) und natürlich *»Stop«* (Pause) – dieses Mal ausnahmsweise auf Englisch, damit jeder der internationalen Bootscrew es auch mitbekommt. Ausgerüstet mit Helm und Schwimmweste, nehmen wir Platz, jeder greift beherzt sein Paddel. Eine Schlaufe am Boden für die Füße soll etwas mehr Halt verleihen. Sofort wird das Boot von der Strömung mitgerissen, ab jetzt gibt es kein Halten mehr. Der Guide gibt laut die Kommandos, und irgendwie passieren wir die erste gischtumspülte Stromschnelle. Alle sind sofort klitschnass. Nach jeder gelungenen Aktion wird sich abgeklatscht. Es gibt eine Klassifikation aller Wildwasserpassagen gemäß ihrer Schwierigkeit. Besonders im oberen Streckenteil passieren wir fast ausschließlich Stromschnellen der Klasse fünf und sechs, die höchsten, die es gibt. So nehmen wir Wasserklippe um Wasserklippe, mal mehr, mal weniger elegant. Ab und zu verengt sich das Flussbett zu einer Schlucht, die aufsprudelnde Wasseroberfläche erfordert höchste Konzentration, der Guide prüft ständig die Fahrrinne auf Strudel, Gegenströmungen und Felsklippen. Bei einer besonders heiklen Passage verliert mein japanischer Bootskollege seine Stoffsandalen. Ich lege meine ganzen Bemühungen darin, sitzend auf dem Bootsrand die Balance zu halten. Weiter volle Konzentration, meine Gedanken kreisen nur noch zwischen Paddelschlag und nächster Stromschnelle

Um die Schönheit des Regenwaldes genießen zu können, legen wir von Zeit zu Zeit an einer seichten Stelle einen Stopp ein. Wir sind umgeben von einer atemberaubenden Landschaft, einem grünen Dschungel bestehend aus hängenden Gärten, dichtem Tropenwald, und einer Vielzahl an Vogelstimmen und anderen exotischen Tieren wie Reiher, Leguane oder Affen. Hoch oben an den Berghängen stehen umgeben von Wald einfache Hütten von einheimischen Bewohnern. Es gibt immer wieder Zuflüsse mit kristallklarem Wasser, in denen wir alle ein Bad nehmen, und auch ein Stopp mit dem Boot unter einem Wasserfall ist eine besondere Erfahrung. Nach drei Stunden aufregender Fahrt machen wir Pause auf einer Sandbank, und es gibt das im Seesack mitgeführte Mittagessen bestehend aus Müsli und Früchten, das wir uns jetzt sicher alle verdient haben. Irgendwie kommt man sich vor wie ein Abenteurer à la Kolumbus oder Robinson Crusoe.

Ganz allmählich verliert der Fluss seine nahezu unbezähmbaren Naturgewalten des Oberlaufes. Die jetzt zu passierenden Stromschnellen haben »nur« noch die Kategorie drei und vier. Noch einmal legen wir auf einer Sandbank einen Stopp ein. Wir steigen ein weiteres Mal aus und laufen durch das kristallklare Wasser eines Zulaufs. Über Felsen klettern wir den plätschernden Seitenbach aufwärts, schwimmen durch natürliche Pools, lassen uns treiben und tauchen unter. In diesem Moment denke ich, dass das Paradies nicht schöner sein kann. Nach sechs Stunden kommen wir an dem vorgesehenen Zielort an. 35 Kilometer ungewöhnliche Naturgewalten haben wir glücklich mit Muskelkraft bezwungen – und genossen! Für mich ist Rafting auf dem Río Pacuare eines der schönsten sportlichen Abenteuer überhaupt.

www.exploradoresoutdoors.com • www.travesiasnaturales.com • www.riostropicales.com • www.ticoriver.com

54. Grund

Weil Canopy eine aufregende Sache ist

Dass man mittels eines gespannten Seiles zwischen zwei Orten Lasten und Personen transportieren kann, ist eine altbekannte Weisheit. Diese Technik wird schon lange in unzugänglichen Gegenden angewandt, um Schluchten und Flüsse zu überwinden. Später kamen Naturforscher auf die Idee, so in Wäldern in Baumwipfelhöhe Flora und Fauna zu untersuchen, ohne immer wieder mühsam Auf- und Abstiege auf sich nehmen zu müssen. Und irgendwann entwickelte sich daraus eine Geschäftsidee, auf diese abenteuerliche Art die Möglichkeit zu bieten, in Baumkronenhöhe durch den Dschungel zu »fliegen«. *Canopy*, auch *Zip Line* genannt, ist das Gleiten durch Regen- oder Trockenwälder oder das »Überfliegen« von Tälern und Schluchten mittels eines festgespannten Seiles. Dafür sind im Streckenverlauf in gewissen Abständen als Ausgangs- und Endpunkt für eine Seil-Gleitstrecke Stahlmasten installiert worden, meistens auf größeren Erhebungen oder Bergkuppen. Eine Plattform dient an jeder Station als Start- und Ankunftsplatz. Ähnlich der herkömmlichen Seilbahntechnik läuft auf dem Stahlseil ein Rollensystem, an das der *Canopy*-Fahrer mittels Gurt und Karabinerhaken eingeklinkt wird.

Costa Rica ist heute eine *Canopy*-Hochburg. Im ganzen Land gibt es mittlerweile zig Strecken der unterschiedlichsten Art, und immer noch kommen weitere hinzu. Viele Urwaldregionen sind zu dicht und zu undurchdringlich, um sich dort leicht fortbewegen zu können. Und so ist Costa Rica für diese Art Landschaftserkundung wie geschaffen und bietet ideale Voraussetzungen für das Stahlseilabenteuer. Die örtlichen Begebenheiten im Land sind sehr verschieden, und so hinterlässt eigentlich jede *Canopy*-Tour eine neue Erfahrung. Es gibt relativ »harmlose« *Canopy Lines*, doch ab und zu setzen Streckenführungen schon einiges an Adrenalin frei, bis zu extremem Nervenkitzel, zumal wie schon häufig erwähnt, es im Land an Bergen und Schluchten nicht mangelt. So gibt es einige Strecken, die in großer Höhe über Flusstäler führen. Dabei wird einem eine atemberaubende Aussicht auf die Natur des Landes geboten. Die bekanntesten *Canopy*-Touren findet man am Vulkan Arenal, im Naturpark Monteverde, am Vulkan Barva nördlich von San José, am Pazifik bei Tamarindo, auf der Halbinsel Osa und bei Puerto Viejo an der Karibik. Die längste *Canopy*-Gleitstrecke trifft man in Monteverde an. Sie misst übrigens knapp 1.600 Meter!

Nur etwa 600 Meter von mir entfernt hat mein Nachbar William vor Jahren eine *Canopy*-Strecke installieren lassen. Sie führt über neun Stationen malerisch durch den Trockenwald von Montezuma und passiert halbwegs die oberen Wasserfälle (Grund 91). Und natürlich bin ich schon einige Male in den Genuss gekommen, dieses Feeling von Freiheit und Abenteuer zu genießen. Zu Beginn bekommt eine jede Gruppe eine Sicherheitsunterweisung, und jeder Teilnehmer erhält einen Helm, die Körpergurte mit dem Seil und einen derben Handschuh. Einer der zwei Instruktoren fährt zur zweiten Plattform voraus, um dort jeden einzelnen *Canopy*-Gleiter in Empfang zu nehmen.

Ich gebe zu, beim ersten Mal war auch mir beim Besteigen des Podestes ein bisschen mulmig zumute, der Nervenkitzel fand nochmals eine Steigerung, als der zweite technische Begleiter den Karabinerhaken einklinkte. Noch einmal hörte ich seine Anweisung: »In die Knie gehen, die Beine über Kreuz legen, den Oberkörper nach hinten lehnen und die rechte Hand (mit dem Handschuh) über das Stahlseil halten. Aber erst 20 Meter vor der Ankunft den Handschuh auf das Seil legen, damit du nicht schon zu früh abbremst.« Abstoßen, den festen Boden hinter sich lassen, und schon ging es ab. In 30 bis 50 Metern Höhe fliegt man an den Baumkronen vorbei. Es wird einem eine atemberaubende Aussicht geboten, die so ganz anders ist, als wie man sie sonst kennt. In schneller Fahrt genießt man den Urwald in voller Pracht und Schönheit.

Das System ist ausgeklügelt, mit einer Mischung aus potenzieller und kinetischer Energie kommt man nach dem Parabel-Gleiten – zuerst hinunter, dann wieder hinauf – fast genau wieder bis zum Stillstand an der nächsten Station an, ähnlich wie ein Zug in einen Bahnhof einläuft. Um zu gewährleisten, dass ein *Canopy*-Gleiter wirklich den »sicheren Hafen« erreicht, ist die Geschwindigkeit kurz vor dem Ziel noch überhöht. Dann kommt der Bremshandschuh zum Einsatz, um eine »sanfte« Ankunft zu gewährleisten. Wer allerdings zu früh den Handschuh auf das Seil legt, der bleibt in luftiger Höhe vor der Station stehen. Dann muss man mit eigener Muskelkraft den letzten Rest der Strecke zurücklegen, um so das »rettende Ufer« zu erreichen.

Heute ist ja alles möglich. Einige *Canopy*-Fahrer schnallen sich eine GoPro-Kamera an den Helm, um eine besonders einmalige Erinnerung an den Costa-Rica-Aufenthalt mit nach Haus zu nehmen. Wer Höhenangst hat, sollte sich allerdings eine solche Tour überlegen, denn auch die letzte Teilstrecke in Montezuma war selbst für mich ein wenig gewöhnungsbedürftig. Alles in allem ein kleines Abenteuer und ein aufregender Nervenkitzel, bekommt man doch aus ungewöhnlicher Perspektive atemberaubende Natur und Landschaftsbilder zu Gesicht. Ein großer Spaß, den man sich in Costa Rica nicht entgehen lassen sollte.

www.monteverdetours.com · www.arenal.net/canopy · www.osacanopytour.com · www.suntrails.com

55. Grund

Weil der Sprung vom Wasserfall ein besonderer Kick ist

Costa Rica ist gesegnet mit Wasserfällen, einer noch schöner, noch spektakulärer und noch einzigartiger als der andere. Insgesamt sollen es über 275 sein, die unzähligen kleinen, manchmal sogar noch interessanteren Kaskaden noch nicht einmal mit inbegriffen. Es gibt eine Reihe von Wasserfällen im Land, bei denen ein Besuch absolut empfehlenswert ist, wobei die Frequentierung jeweils davon abhängt, wie leicht ein Ort zugänglich ist.

Da wäre der Wasserfall La Fortuna östlich vom Arenalsee zu nennen. Er ist mit 70 Metern der höchste in Costa Rica. Auf andere Art einzigartig ist der Celeste-Wasserfall im gleichnamigen Fluss im Nationalpark Tenorio nördlich des Arenalsees. Wie der Name schon sagt, schimmert das Wasser türkisblau und ergießt sich in 30 Metern Tiefe in ein wunderschönes Becken. Die leuchtende Farbe entsteht durch eine chemische Reaktion im Wasser (Grund 89). Unweit von Liberia kann man den Llanos-de-Cortez-Wasserfall bestaunen, der sich in einer 20 Meter breiten Front zwölf Meter tief in einen Naturpool mit kleinem Sandstrand (!) ergießt. Östlich des Vulkanes Póas befinden sich im dichten Tropenwald gleich fünf Wasserfälle. Der eindrucksvollste ist der La-Paz-Wasserfall mit einer Höhe von 37 Metern. Bei der Kaskade El Pavon südlich vor Uvita bekommt man in jedem Fall ein spektakuläres Fotomotiv geboten. Oben vor dem Wasserfall klemmt in den steilen Wänden ein riesiger Fels. Dort in der Region nördlich der Halbinsel Osa befinden sich weitere sehenswerte Wasserfälle. Ebenfalls außergewöhnlich ist die Catarata Uvita (Kaskade Uvita) im Meeres-Nationalpark Marino Ballena. Dort kann man auf einer »Naturrutsche« abenteuerlich in das fünf Meter tiefer liegende Wasserbecken gleiten. Ob es dabei auch blaue Flecken gibt, ist mir nicht bekannt. Noch ein schöner Wasserfall befindet sich südlich davon auf dem Gelände der Finca Bavaria. Er besticht durch seine Ursprünglichkeit und Naturbelassenheit. Den sich in der Nähe befindenden Nauyaca-Wasserfällen möchte ich eine eigene Geschichte widmen (Grund 104).

Nun gibt es im Land eine Reihe von Wasserfällen, von denen man mutig, vielleicht sogar todesmutig hinunterspringen kann. Besonders gut dafür geeignet sind die Wasserfälle von Montezuma (Grund 92); nein, nicht alle drei, sondern nur der obere mit vier Metern und vor allen Dingen der mittlere mit zwölf Metern Sprunghöhe. Der Sprung an sich ist nicht unbedingt gefährlich; wenn man nach zwölf Metern falsch auf dem Wasser aufschlägt, hat man für einige Zeit gerötete Haut, mehr nicht. Das Gefahrvolle ist der Absprung. Das Wasser ergießt sich vor einer zwölf Meter hohen senkrechten Felsenwand in das darunterliegende Becken. Man muss mit dem Sprung mindestens drei Meter Distanz überwinden, um sicher in den Felsenteich zu gelangen. Wenn man sich nur fallen lassen würde, schlüge man unten auf den Felsenrand auf und wäre tot. Zumindest einen schweren Unfall hat es in den letzten 20 Jahren gegeben.

Dort auf dem mittleren Wasserfall trifft man immer ein paar Leute, meistens aus aller Herren Länder. Natürlich gibt es junge Menschen, die sich diesen außergewöhnlichen Kick gönnen wollen. Jeder »todesmutige« Sprung wird von allen anderen, meistens Freunden oder einer Gruppe, toll beklatscht. Dieser Ort eignet sich ganz besonders für psychologische Studien. Es gibt Wagemutige, die stellen sich an den Rand, überlegen nicht lange und springen ab. Dann sieht man Sprungwillige, die zwei Stunden dort stehen, immer wieder zurück- und vorgehen, noch mal hinunterschauen und irgendwann dann doch den Sprung wagen. Und es gibt Leute, die nach stundenlangem Überlegen entnervt und enttäuscht von sich selbst aufgeben.

Wenn ich dort ankomme, spiele ich immer gern den Unwissenden: »Kann man da hinunterspringen?« – »Ja, ja, da kann man springen, der Teich ist tief genug!« Nun bin ich ja schon ein etwas älteres Semester. Nach meinem Sprung werde ich vielleicht noch ein wenig mehr beklatscht als andere, wesentlich jüngere Springer, die es auch gewagt haben. Für mich ist es immer wie Balsam auf die Seele, dass ich in diesem Moment für eine halbe Stunde von den Jugendlichen und jungen Männern (und Frauen) ernst genommen werde, die mir ansonsten unten im Dorf überhaupt keinerlei Beachtung schenken würden. Natürlich wissen die jedes Mal neuen Anwesenden nicht, dass ich diesen Sprung schon mindestens 200 Mal absolviert habe.

Dort sind mir schon die seltsamsten Dinge passiert. Einmal fing nach einem Sprung ein Ami-Mädel, vielleicht so um die 30, mit mir ein mehr oder weniger ernsthaftes Gespräch an. Nach einiger Zeit sagte sie: »Weißt du eigentlich, dass dein Body und dein Gesicht so gar nicht zueinanderpassen? Um im Gesicht noch ähnlich frisch auszusehen wie mit deinem sportlichen Körper, solltest du dort mal ein wenig nachhelfen …« Ein andermal war ich dort oben allein mit einem amerikanischen Touristen, der eine dicke Kamera um den ebenso fülligen Bauch vor sich hertrug. Er bekam meinen ersten Sprung nicht mit. Er kam zu mir und bot mir 20 Dollar für einen weiteren Sprung, damit er sein Foto schießen könnte. Heute sage ich ab und zu flapsig zu Bekannten in Deutschland, wenn ich ganz blank bin, gehe ich zum Wasserfall um meine Portokasse wieder ein bisschen aufzufüllen …

Noch einmal zum Sprung. Es ist ja eben nicht so wie im Schwimmbad, wo man auf dem Sprungturm auf einer Plattform steht, die weit ins Becken ragt, und sich nur noch fallen lassen muss. Ich beobachte immer junge Leute, die springen wollen und dafür Anlauf nehmen. Dann mache ich immer die Augen zu. Die Felsenoberfläche ist mehr als rough; wenn man vor dem Absprung stolpert, ist man wahrscheinlich ebenfalls tot. Deshalb spiele ich dort oben jedes Mal, wenn ich den Wasserfall aufsuche, auch immer ein bisschen den »Aufpasser« und Instruktor für die jungen Sprung-Enthusiasten. »Einen festen Platz für die Füße an der Klippe suchen, der möglichst nicht feucht ist, und dann kräftig abspringen. Bloß nicht mit Schwung anlaufen wollen!« Bis jetzt ist noch immer alles gut gegangen.

Auch heute noch löst dieser zumindest ein bisschen waghalsige Sprung vom Klippenrand bei mir einen gewissen Kick aus. Er baut mich jedes Mal wieder ein wenig auf. Ich sage mir immer, solange du da noch hinunterspringst, bist du noch nicht alt.

56. Grund

Weil es viele wunderschöne Strecken zum Bergwandern gibt

Eine abenteuerliche Wanderung außerhalb von stark beanspruchten Touristenrouten ist sehr zu empfehlen. Nur so kann man die einzigartige Natur, die vielen außergewöhnlichen Landschaften und die exotische Tierwelt wirklich intensiv genießen. Grundsätzlich sei noch einmal gesagt, dass man im Urwald festes Schuhwerk tragen sollte. Im Wurzelgeflecht von tropischen Bäumen oder in Fels- und Steinformationen hat schon so manche schön geplante Tour durch Fußgelenksbruch oder Bänderriss ihr Ende gefunden, nur weil unvernünftige Touristen meinten, man könne dort aufgrund des schönen Wetters in Flip-Flops herumlaufen, von den vielen Schürfwunden gar nicht zu reden.

Infolge der unterschiedlichsten Klima- und Vegetationszonen kann man in Costa Rica wandern, bergwandern und sogar bergsteigen. Die Praxis unterscheidet sich schon sehr von dem, was wir in Mitteleuropa unter Wanderstrecken verstehen. Wanderwege oder beschilderte Routen gibt es nur in Nationalparks oder touristisch erschlossenen Regionen. Von daher wird man in Costa Rica markierte Fernwanderwege auf Landkarten, so wie man es in Mitteleuropa kennt, vergeblich suchen. Aber man kann sich auch abseits touristischer Routen ganz gut zurechtfinden, zumal heute fast jeder seine »digitale Landkarte« dabeihat. Auch für mehrtägige Wanderungen oder Trekkingtouren hat Costa Rica Außergewöhnliches zu bieten. Den höchsten Berg des Landes, den Chirripó, zu erklimmen, ist ebenfalls ein einmaliges Erlebnis (Grund 106). Das sollte man dann allerdings mit ortskundigem Personal in Angriff nehmen.

Für mich steht im Wald immer eindeutig das Naturerlebnis im Vordergrund, das buchstäbliche Erleben mit allen Sinnen. Abseits der Zivilisation regiert die Stille, nur unterbrochen von Vogelgesang oder Tierrufen. Ausgerüstet mit Fernglas und Kamera, ist diese Naturwahrnehmung in tropischen Wäldern ein beeindruckendes Erlebnis, das ich immer wieder aufs Neue genieße. Dafür ist die Auswahl riesengroß. Man kann im mystischen Nebelwald, in Trocken-Urwald, im Regenwald oder im der feuchtheißen Karibikregion wandern, kann Vulkane besteigen oder Wasserfälle bewundern. Über eine erlebnisreiche Wandertour im Tenorio Nationalpark, zu der mich mein Nachbar Jorge eingeladen hatte, möchte ich ausführlich im Grund 89 berichten.

Eine weitere sehr empfehlenswerte Erkundungstour »auf Schusters Rappen« habe ich vor Jahren in einer Gruppe mitgemacht. Unser Ziel was das Gebiet um den Vulkan Miravalles, der im Norden unweit der nicaraguanischen Grenze östlich vom Nationalpark Ricon de la Vieja zu finden ist. Es ist schon eine anspruchsvolle Tour, zu der man nur in der Trockenzeit, also von November bis April, aufbrechen sollte.

Der Stratovulkan ragt 2.028 Meter in die Höhe und ist mit seiner ausgeprägten Kegelform eine Naturschönheit und natürlich schon von Weitem sichtbar. Seine mit Regenwald überzogenen Hänge, mehrere heiße Schwefelbecken, vertrocknete Lavaströme, Schlammbäder, heiße Quellen, Wasserfälle und Hängebrücken lassen das Gebiet zu einem besonderen Wandererlebnis werden. Ein Teil der Strecke führt durch den aktiven Teil des Vulkans. Man läuft in der Tat am Krater entlang, wobei man aus nächster Nähe vermittelt bekommt, was für immense Auswirkungen vulkanische Aktivitäten haben und welche unvorstellbaren Naturgewalten sich in einem Vulkan verbergen. Ein sehr empfehlenswertes Wandererlebnis einschließlich Baden im Schlamm und unter Wasserfällen.

www.wiztours.com • www.gpsies.com

57. Grund

Weil der Chirripó-Berglauf einer der härtesten Crossläufe der Welt ist

Jedes Jahr im Februar findet in Costa Rica einer der härtesten, man kann auch sagen ungewöhnlichsten, Berg-Crossläufe der Welt statt. Immer am dritten oder vierten Samstag im Februar starten auf dem Sportplatz des kleinen Bergdorfes San Gerardo de Rivas am Fuße des Chirripó, des höchsten Gipfels des Landes, 250 Läuferinnen und Läufer, um in der ersten Halbetappe nach 17 Kilometern bis in Gipfelnähe des Chirripó zu gelangen und dabei gleichzeitig 2.050 Höhenmeter zu überwinden. San Gerardo de Rivas liegt 1.350 Meter hoch, die Berghütte Base Crestiones unweit des Gipfels befindet sich auf einer Höhe von 3.400 Metern. Als wäre das noch nicht genug, geht es danach exakt die gleiche Laufstrecke wieder hinunter, also wieder 17 Kilometer und wieder 2.050 Höhenmeter Differenz überwinden, dieses Mal allerdings von der Höhe in die Tiefe.

Dieser Berg-Crosslauf hat eine lange Tradition, 1989 wurde er zum ersten Mal ausgetragen. Der enge, steile Pfad ist äußerst uneben und weist eine mehr als raue Oberfläche auf, die zum Teil aus Steinen, Geröll, tiefen Löchern, Baumwurzelerhebungen und ausgespülten Gräben besteht.

Aus diesem Grunde ist die Teilnehmerzahl auf 250 begrenzt und auch deshalb, weil man beim Abstieg Dutzenden von Läufern begegnet, die noch im Aufstieg begriffen sind. Um das Überholen von Läufern auf der Strecke so gering wie möglich zu halten, werden die Startnummern seit einigen Jahren in der Reihenfolge der Vorjahres-Rangliste ausgegeben.

Der Lauf stellt an die Teilnehmer einige außergewöhnliche Herausforderungen. Die Überwindung von mehr 2000 Höhenmetern bedeutet für sich schon eine nahezu übermenschliche Leistung, zumal während des gesamten Laufes sehr große Temperaturunterschiede auf die Läufer einwirken. Der Start morgens um sieben Uhr in San Gerardo de Rivas findet bei angenehmen 16 bis 18 Grad Celsius statt, auf 3.400 Metern Höhe, dem Wendepunkt, werden die Teilnehmer mit vier bis sieben Grad Celsius empfangen, und bis zum späten Vormittag sind beim Zieleinlauf in San Gerardo de Rivas, wenn man es denn schafft, die Temperaturen bis auf 25 Grad Celsius angestiegen, in der Sonne natürlich noch um einiges mehr. Zudem wird die Luft in den höheren Regionen extrem dünn, das Atmen fällt immer schwerer.

Wer einmal selbst eine Strecke von mehreren Kilometern konstant bergauf gelaufen ist, mit immer wiederkehrenden harten Steigungen, so wie ich sie auf meiner »Hausstrecke« wöchentlich zwei Mal absolviere, der weiß, dass dieser extreme Berg-Crosslauf zum Chirripó mit normaler Langstrecke nichts gemein hat. Man findet nie irgendeinen Laufrhythmus und weiß somit nicht, wie man sich die Strecke einzuteilen hat. Zudem werden Muskelpartien beansprucht, die auf einer Flachstrecke kaum gefordert werden. Jetzt kommt aber die Besonderheit: Nach 17 Kilometern und einer Überwindung von 2.050 Höhenmetern geht es auf gleicher Strecke wieder zurück, zum Ziel 2.050 Höhenmeter tiefer. Und auf dieser Halbdistanz talwärts stürzen jedes Mal etliche Teilnehmer, einige sogar schwer. Die Folge sind Fuß-, Bein- und Handgelenksbrüche. Denn konstant steil bergab werden auf der zweiten Halbetappe völlig andere Muskelpartien beansprucht als bergauf, zumal die Läufer(-innen) in dieser Phase des Rennens vollkommen übersäuert und somit völlig am Ende ihrer Kräfte sind.

Ich habe immer wieder versucht, eine Antwort auf die Frage zu finden, warum um Himmels willen nach 17 Kilometern bergauf mit einem Höhenunterschied von 2.050 Metern man dann auch noch wieder 17 Kilometer bergab laufen muss, mit der gleichen Höhendifferenz, jetzt nur permanent steil bergab, das dann dieses große Verletzungsrisiko mit sich bringt? Eine plausible Erklärung konnte mir niemand geben.

Ich hatte noch nicht erwähnt, dass, wie so oft in Costa Rica, dieser Lauf-Event im Start- Ziel-Ort San Gerardo de Rivas drei Tage gefeiert wird. Es beginnt tags zuvor mit der feierlichen Startnummernvergabe und einem Abendessen für alle Laufteilnehmer, das von den Sponsoren gestiftet wird. Nach dem Rennen findet nachmittags die große Siegerehrung mit diversen Ehrungen statt, anschließend ist bis in die Nacht großer Tanz angesagt. Am Sonntagmorgen danken alle in einer heiligen Messe Gott für diese wunderbare Veranstaltung. Vielleicht ist das ja der Grund dafür, dass der Berglauf wieder in San Gerardo enden muss.

Es gibt sowohl bei den Männern als auch bei den Frauen Seriensieger. Den Streckenrekord hält Juan Ramón Fallas mit 3:04:04 Std. (bergauf 1:54:45 Std / bergab 1:09:19 Std), aufgestellt im Jahr 2014. Er hat bis heute die *Carrera Internacional, Ecológica y Cultural de Campo Traviesa al Cerro Chirripó* (Internationaler Berg-Crosslauf zum Chirripó-Gipfel) sieben Mal für sich entscheiden können. Sein Zwillingsbruder Juan Luis ging fünf Mal als Sieger durchs Ziel. Immer belegte der jeweils andere Bruder den zweiten Platz. Es gab Rennen, in denen die vier Fallas-Brüder die Plätze eins bis vier belegten. Bei den Frauen heißt die Seriensiegerin Andrea Sanabria, eine Nachfahrin der Ureinwohner, die bereits neun Mal das Zielband als Erste durchlief. Ihre Bestzeit steht bei 4:23:43 Std. Von ihr werden nahezu unglaubliche Geschichten erzählt. Das erste Mal wäre sie in halbhohen Gummischuhen gelaufen und hätte sofort alle anderen Teilnehmerinnen hinter sich gelassen. Einen weiteren Lauf hätte sie noch in der Stillzeit ihres Neugeborenen absolviert und wäre dabei ebenfalls als Erste ins Ziel eingelaufen. Die Sieger sowohl bei den Männern als auch in der Frauendisziplin kommen aus der Region, sind also mit den Bedingungen bestens vertraut. 2018 wollten zwei namhafte Bergläufer aus Guatemala in die Phalanx der Fallas-Brüder einbrechen und sind kläglich gescheitert. Das entscheidende sehr steile Teilstück heißt *Cuesta de los Arrepentidos* (Anstieg der Bereuenden) und ist häufig laufentscheidend.

Der ungewöhnliche Lauf-Event in beeindruckender Landschaft und das Beiprogramm sind schon sehr interessant anzuschauen. Wer also im Februar in Costa Rica weilt und vielleicht selbst sportbegeistert ist, sollte sich den Chirripó-Berglauf nicht entgehen lassen.

www.carrerachirripo.com

58. Grund

Weil man überall im Land auf dem Rücken eines Pferdes die Natur erleben kann

Die Costa Ricaner haben seit jeher eine besondere Beziehung zum Pferd. Die Hochburg der Pferdezucht ist auch heute noch die Provinz Guanacaste im Nordwesten, die auch der »Wilde Westen« des Landes genannt wird. Für lange Jahre, zum Teil auch heute noch, war in Costa Rica das Pferd ein enger Begleiter des Menschen, ein Nutztier im wahrsten Sinne des Wortes. Und so ist die sogenannte *Tope*, ein Umzug mit geschmückten Pferden auf Volksfesten, auch ein Ausdruck dafür, dem jahrhundertealten treuen Begleiter des Menschen und der traditionellen Pferdekultur dieser Region die gebührende Wertschätzung entgegenzubringen. Auf den Rodeos zeigen die Cowboys gekonnt ihre Kunststücke mit dem Pferd, und im Alltag auf den Fincas treiben sie auch heute noch ganz traditionell wie schon viele Vätergenerationen vor ihnen die Rinder mit dem Pferd zusammen. Und auch die Kinder sind früh mit dem Umgang mit dem Pferd vertraut, und der Gebrauch eines Lassos wird ihnen fast schon mit der Muttermilch mitgegeben.

Reiten ist auch heute noch im ganzen Land eine beliebte Fortbewegungsart. Fast in jedem Ort, an jedem Strand und natürlich an vielen touristischen Zielen wie Nationalparks, Wasserfällen und Vulkanen kann man sich Pferde leihen, denen sich auch reitunerfahrene Touristen bedenkenlos anvertrauen können. Eigentlich ist im Preis immer auch ein Begleiter eingeschlossen, sofern das gewünscht wird. Also, wer seinen Beinen mal eine Auszeit gönnen möchte, der hat dazu im ganzen Land vielfältig Gelegenheit. Pferde können Besucher in unzugängliche Gebiete tragen wie Urwaldregionen oder dichte Vegetationszonen, Pferde können leicht Flussläufe durchqueren, sie können Besuchern den mühsamen Aufstieg auf einen Berg oder einen Vulkan ersparen und sich auf engen Bergpfaden trittsicher fortbewegen, um so dem Reiter spektakuläre Panoramablicke zu bieten. Absolut angesagt sind natürlich spritzige Galoppe entlang einsamer, endloser Traumstände, dafür sind im Land die wilden rassigen Mustangs oder die temperamentvollen Criollos geradezu prädestiniert. Auch Reiten unterm Sternenhimmel und im Mondschein bietet ein ganz besonderes Flair.

Besonders häufig werden mehrtägige Reittouren wie auch Tagesausritte in der Region um den Vulkan Arenal, in den Naturreservaten Monteverde und Santa Elena, in der Umgebung des Vulkans Rincón de la Vieja und natürlich an allen Strandorten durchgeführt. In Montezuma hat mein Freund Armando Castro acht schöne Criollo-Pferde und bringt damit Besucher zum entfernten Strandwasserfall hinter dem Playa Grande oder besucht auf dem Pferderücken das Naturreservat Cabo Blanco. Einen sehr guten Ruf in Guanacaste hat das Gestüt Casagua, das in Portegolpe in der Nähe von Playa Flamingo beheimatet ist. Die Finca mit angeschlossener Herberge wird unter Pferdekennern für ihre feine Criollo-Zucht geschätzt. Dort kann man Tages- und mehrtägige Reittouren buchen und auch sehr erlebnisreiche Reiterferien verbringen.

www.paintedponyguestranch.com

Weil viele andere sportliche Aktivitäten und Veranstaltungen angeboten werden

Costa Rica ist ein sehr sportbegeistertes Land, und die Bevölkerung lässt bei internationalen Vergleichen immer einen stark ausgeprägten Nationalstolz erkennen. Wenn die *Sele* (*Selección National*) ein Fußball-Länderspiel bestreitet, sind oft die Straßen wie leer gefegt, und das ganze Land fiebert vor den Fernsehgeräten mit und drückt die Daumen. Paulo Wanchope, der bei der Weltmeisterschaft 2006 im Eröffnungsspiel in München gegen Deutschland zwei Tore geschossen hat, ist heute immer noch ein kleiner Nationalheld. Auch Top-Spiele der *Primera División*, die alle von privaten TV-Kanälen mit viel Werbung übertragen werden, sind oft halbe Straßenfeger. Die nationale Liga, die mit zwölf Clubs ein *Campeonato Verano* und *Invierno* (Sommer- und Wintermeisterschaft) ausspielt, wird meistens vom Hauptstadt-Club Deportivo Sarprissa, dem FC Bayern München Costa Ricas, dominiert.

Im Land hat sich in den letzten Jahren rund um den Fußball viel getan. Der Hauptgrund dafür ist sicherlich, dass die Generation der WM-Teilnehmer von 2006 und 2010 jetzt die entscheidenden Manager- und Trainerposten im Land besetzt hat und moderne Trainings- und Spielsysteme einführte. Zudem unterhalten einige Clubs Jugendakademien, in denen Talente systematisch gefördert werden. Auch was das Management anbelangt, gibt es Parallelen zu Europa. Die großen Vereine sind allesamt in den Händen von Industrieunternehmen oder Mäzenen. Da die Besoldung jedoch weit unter europäischem Niveau liegt, ist das Ziel eines jeden costa-ricanischen Spitzenfußballers der Sprung ins Ausland, und sei es nur zu zweitklassigen Vereinen. Ansonsten ist die Infrastruktur auf vielen Gebieten des Sports in dem tropischen Land kaum mit Mitteleuropa vergleichbar. Die Stadien der *Primera División* sind für europäische

Verhältnisse allenfalls drittklassig und fassen kaum mehr als 10.000 Zuschauer, und die meisten Fußball- und Bolzplätze im Land sind in der Trockenzeit ausgedörrte, staubige Fleckchen Erde, die erst in den Abendstunden aufgesucht werden.

Neben anderen Mannschaftssportarten wie Basketball und Volleyball finden besonders Radsportveranstaltungen und Lauf-Events einen großen Zuspruch. Neben dem Chirripó-Wettbewerb (Grund 57) hat die lauffreudige Nation noch eine andere außergewöhnliche Ausdauerveranstaltung zu bieten. Seit 1992 gibt es einen Langstrecken-Staffellauf von San José zur Pazifik-Hafenstadt Puntarenas. Immer am ersten Samstag im November werden in zwölf Streckenabschnitten à 9,3 Kilometer insgesamt 110 Kilometer zurückgelegt. Der Ultra-Staffellauf erfreut sich einer großen Popularität im Land und wird von vielen Unternehmen unterstützt, die auch jedes Mal in verschiedenen Kategorien ein Preisgeld von insgesamt 1.500 Dollar ausloben. An den Start gehen Vereinsstaffeln und Teams von vielen Unternehmen im Land, sowohl bei den Männern als auch den Frauen. Es gibt aber auch einen Mixed-Wettbewerb, dann müssen die Staffeln mit mindestens vier Frauen bestückt sein. Gut, und was ist daran so ungewöhnlich? Das habe ich bisher noch nicht verraten! Um der Nachmittagshitze zu entgehen, vor allen Dingen in der Pazifikregion um Puntarenas, fällt der Startschuss in San José um Mitternacht. Ich war neugierig und habe es mir nicht nehmen lassen, vor zwei Jahren nachts um vier Uhr in San Ramón an einem Punkt für die Staffelübergabe dabei zu sein. Man kann es sich nicht vorstellen, wie viele enthusiastische Zuschauer dort mitten in der Nacht die Läufer angefeuert haben. Ich bin zwar ein Nachtmensch, aber in der Zeit zwischen drei und vier Uhr morgens mal eben einen 9,3-Kilometer-Lauf zu absolvieren, wäre auch für mich sehr gewöhnungsbedürftig.

Und dann ist für viele Costa Ricaner Berg- und Cross-Radfahren eine große Leidenschaft. Das Land ist dafür wie geschaffen, gibt es doch kaum einmal 100 Meter nur »geradeaus«. Auch bei mir vor der

Tür sehe ich täglich Radsportbegeisterte im Rennsattel, die die zum Teil harten Anstiege auf der Schotterpiste bewältigen. Die *Vuelta de Costa Rica* (Costa-Rica-Rundfahrt) für Profis und Amateure hat ebenfalls eine lange Tradition und wurde 1964 das erste Mal durchgeführt. In zehn bis zwölf (Berg-)Etappen à 100 bis 170 Kilometer führt die Rundfahrt jedes Jahr vor Weihnachten durch alle Regionen des Landes. Eine weitere große Sportveranstaltung, die viele Zuschauer an die Strecke lockt und immer eine Riesenstimmung erzeugt. Das alles wird natürlich live im TV übertragen.

Und schließlich gibt es im Land zig Tennisplätze, und Golf kann man natürlich auch spielen, zum Teil ebenfalls an außergewöhnlichen Orten, von Palmen umgeben und mit traumhaftem Blick auf das Meer. Bei mir »um die Ecke« in Tambor gibt es gleich zwei solcher paradiesischen Greenfees.

www.revelossanjosepuntarenas.com

8. Kapitel

San José

Weil San José das Herz und der Mittelpunkt des Landes ist

San José ist in jeder Beziehung das uneingeschränkte Zentrum des Landes, der kulturelle, wirtschaftliche, politische und verkehrstechnische Mittelpunkt mit vielen Einkaufsstraßen, Plätzen, Kirchen, Märkten, Parks, Universitäten, Hospitälern, Museen, Theatern, Hotels, Restaurants und auch mit einem bunten, zum Teil schrillen Nachtleben. Knapp 400.000 Einwohner beherbergt die weitaus größte Stadt Costa Ricas. In der erweiterten Peripherie mit den Städten Heredia, Alajuela und Cartago leben noch einmal fast 1,3 Millionen Menschen. Das heißt, die *Gran Area Metropolitana*, wie das Ballungsgebiet offiziell heißt, macht ein Drittel der Gesamtbevölkerung Costa Ricas aus.

Wer von einem Landesteil in den anderen reist, sei es mit dem Auto, dem Bus oder mit dem Flugzeug, der kommt um das Drehkreuz San José eigentlich nicht herum. Sogar die Panamericana, die legendäre und mythenreiche Traumstraße, die von Alaska bis nach Feuerland führt, verläuft durch San José.

Die Straßen sind, wie in so vielen lateinamerikanischen Städten, im Schachbrettmuster angelegt. Die *Avenidas* (Alleen) verlaufen von Ost nach West und die *Calles* (Straßen) von Nord nach Süd. Die zentralen Hauptstraßen sind die Avenida Central (oder 0), die auch Paseo Colón heißt, und die Calle Central (oder 0). Daran schließen sich jeweils in Zweierschritten aufsteigend in die eine Richtung die geraden und auf der entgegengesetzten Seite die ungeraden *Avenidas* beziehungsweise *Calles* an. Hört sich kompliziert an, ist aber sehr einfach.

Vor allem die vielen Nebenstraßen sind viel zu eng für den heutigen Verkehr. Man hat versucht, durch einige Maßnahmen Linderung zu schaffen, mit sehr bescheidenem Erfolg. Zum einen hat man mehrere Straßen in Fußgängerzonen umgewandelt, die in Costa Rica Boulevards heißen. Die wichtigste ist die Avenida Central zwischen Calle 6 und Calle 9. Es ist die Haupteinkaufsstraße San Josés. Zum anderen wurden von einigen sowieso schon zu engen Straßen durch grüne Fahrbahnmarkierungen Radwege »abgezwackt«. Das Resultat: Da es kaum Radfahrer in San José gibt, da es sehr gefährlich ist, werden die Radwege von Motorradfahrern benutzt, und der restliche Individualverkehr hat noch weniger Platz. So herrscht permanent ein chronisches Verkehrschaos. Es fehlt an allem, am meisten an Platz. Im gesamten Zentrum gibt es für Busse an den Haltestellen keine Parkbuchten. Und so sieht man ab und zu auf der Paseo Colón sechs bis acht Busse gleichzeitig in Zweier- und Dreierreihen halten, um Busreisende aussteigen zu lassen, und die gesamte Straße ist dadurch minutenlang blockiert.

San José, das ursprünglich *Villa Nueva de la Boca del Monte* hieß, verdankt seine Entstehung im Wesentlichen dem Anbau von Kaffee, der um 1900 im Zentraltal einsetzte. Hierdurch änderte sich alles. Fortan wurde die Region das Zentrum des neuen, sehr einträglichen Wirtschaftszweiges. Dadurch erhielt die Stadt einen neuen Namen, man benannte sie nach dem Schutzheiligen der Region: San José (Heiliger Josef). Die Stadt wuchs unaufhaltsam, und ab Mitte des vorigen Jahrhunderts setzte eine nahezu unkontrollierte Ausbreitung nach allen Seiten hin ein, die mehr oder weniger bis heute anhält. Im Zentrum sucht man vergeblich Kolonialbauten wie in anderen lateinamerikanischen Metropolen, und aufgrund der latenten Erdbebengefahr gibt es kaum Hochhäuser. Dafür bietet San José, das die *Ticos* heute liebevoll *Chepe* nennen, eine schöne Mischung aus Parks, Plätzen und in letzter Zeit sehr liebevoll restaurierten Stadtvierteln.

Zu nennen sind da die wichtigsten Orte und Sehenswürdigkeiten. Die *Plaza de la Cultura* an der Avenida Central mit dem angrenzenden Nationaltheater (Grund 64) und dem Goldmuseum (Grund 65) ist ein beliebter Treffpunkt für *Ticos* und Touristen. An der Avenida 2 befindet sich der *Parque Central* mit dem auf sechs Stelzen ruhenden

Pavillon, unter dem häufig sonntagmorgens Platzkonzerte stattfinden. Er ist umgeben vom *Teatro Melico Salazar* und der *Catedral Metropolitana*. Sehr sehenswert ist das Gebäude der Hauptpost an der Calle 2 mit seiner grünlichen Fassade aus dem Jahre 1914. In den beiden Hochhäusern in der Nachbarschaft sind die *Banco Nacional* und die *Banco de Costa Rica* untergebracht, in denen man Reiseschecks oder Bargeld umtauschen kann. Drei Blocks (spanisch: *Cuadras*) weiter östlich laden der renovierte *Parque Morazán* und die sich unmittelbar anschließenden *Jardin de Paz* (Friedensgarten) und der *Parque España* zum Ausruhen ein. Im Erstgenannten kommen am frühen Abend häufig junge *Ticos* zusammen, um gemeinsam Musik zu machen und zu tanzen.

Richtig große Shopping-Tempel (in Costa Rica heißen sie *Mall*) findet man in der Peripherie. Im Westen in noblen Stadtteil Escazu die *Multiplaza* und im Osten die *San Pedro Mall*. Dort hat auch die größte Universität des Landes, die *Universidad de Costa Rica*, ihren Sitz. Weitere sehenswerte Gebäude sind das *Casa Amarilla* (Gelbes Haus), das für politische Empfänge genutzt wird, und die *Estación de Ferrocarril al Atlántico* (Bahnhof zum Atlantik) mit der angrenzenden *Aduana Antigua* (Alte Zollstation). Der Bahnhof war ab 1908 Ausgangspunkt der Eisenbahnlinie nach Limón, die Strecke wurde aber in den 90er-Jahren eingestellt. Heute dient der interessante Bau, eine Mischung aus viktorianischen, barocken und neoklassischen Stilelementen, als Station der interurbanen Eisenbahnlinie Alajuela – Heredia – San José – Cartago. Natürlich kann diese »Sightseeing«-Empfehlung nicht vollständig sein.

Eine Metropole ist ständig im Wandel begriffen, so auch San José. In den letzten Jahren ist der Stadtteil Barrio Amón wieder sehr schön hergerichtet worden. In dem Viertel im Norden San Josés residierten einst Präsidenten, Bankiers, Kaffeebarone und Künstler, mit den Jahren war er zusehends heruntergekommen und drohte von zwielichtigen Bars und Nachtclubs vereinnahmt zu werden. Heute laden wieder schön restaurierte Holzhäuser im karibischen Stil und viktorianische Bauwerke, in die hippe Boutiquen, Hotels und gemütliche Cafés eingezogen sind, zum Bummeln ein.

In manchen Vierteln ist es in San José richtig bunt geworden. Weiter östlich in La California ist heute nahezu jede Hauswand ein »Kunstwerk«. Ganze Straßenzüge, besonders die Calle 17, sind mit originellen, fantasievollen Graffiti versehen worden, bunt und sehenswert – wie immer bei Kunst, je nach Geschmack! Und im trendigen Barrio Escalante ist eine neue Szene für junge Leute entstanden, mit Cafés, Restaurants, angesagten Musikklubs und Streetfood-Märkten. Für Musikliebhaber klassischer Jazz- und Rockmusik gibt es das Jazz Cafe und zwar zweimal, in San Pedro und in Escazú. Im neuen Estadio Nacional machen auch ab und zu internationale Pop- und Klassikstars auf ihren Welttourneen Station.

Also, das Herz Costa Ricas schlägt in San José. Deshalb ist ein Besuch unabdingbar.

www.govisitcostarica.com

61. Grund

Weil in der Altstadt ein ständiges Gewusel wie in einem Ameisenhaufen herrscht

Das Viertel um den *Mercado Central* (Zentralmarkt), im Westen bis zum Stadtteil Coca Cola reichend und ostwärts bis zum Bankenkomplex, mit der *Banco de Costa Rica*, der Zentralbank und der *Banco Nacional*, kann man vielleicht als die eigentliche Altstadt San Josés bezeichnen. Hier pulsiert das wahre Leben. Auf den engen Bürgersteigen bieten Händler und Akteure jeder Art auf unzähligen kleinen improvisierten Verkaufsständen ihre Waren oder Dienstleistungen an. Ein Obstverkäufer schreit ununterbrochen »*Tres para mil*« (drei für 1000 Colones) und zeigt permanent auf seine Mangos. Nebenan wedelt ein anderer mit einer Holzstange, auf der in Reih und Glied jede Menge gefakte Uhren hängen, Rolex-Imitate für umgerechnet drei Euro das Stück. Noch ein bisschen weiter gibt es dazu die Batterien, denn man kann ja nicht verlangen, dass die in dem Preis mit inbegriffen sind.

In diesen Straßen gibt es so ziemlich alles: Obst, Gemüse, jede Menge Secondhand-Ware, Kleidung, Handys, CDs und anderen elektronischen Krimskrams, und natürlich dürfen auch religiöse Schriften und die Bibel nicht fehlen. Und das alles spielt sich vor den Eingängen der eigentlichen Geschäfte ab. Denn drinnen gibt es in der Regel alles noch einmal, nur »zivilisierter«. Über mangelnde Unterhaltung, man kann das auch Lärm oder Krach nennen, muss sich nun niemand beschweren. Aus einem Modegeschäft dröhnt aus zwei schweren Lautsprechern basslastige Hip-Hop-Musik nach draußen, und ein anderer Entertainer preist lautstark mit Mikrofon die Vorzüge seiner Ware an. Jeder wird in diesem Viertel auf seine Art selig und fündig.

Mütter ziehen ihre Kinder hinter sich her. Sie sind noch auf der Suche nach Schulkleidung und anderen Lernutensilien, denn bald beginnt wieder der Unterricht. Junge und alte Leute aller Schichten und natürlich jede Menge Touristen bewegen sich über die engen, meist kaputten Gehwege weiter oder das, was von ihnen übrig geblieben ist. Hier und da sieht man Menschen, auch Frauen, auch Frauen mit Kindern und vor allem Behinderte, die vor einer Hauswand sitzen und von Passanten Almosen erbitten. Denn die meisten Menschen in Costa Rica, die, selbst verschuldet oder nicht, durch den gesellschaftlichen Rost gefallen sind, werden vom Staat nicht unterstützt (Grund 22) und führen in der Regel ein besonders tristes Dasein.

Zu alledem drängt sich pausenlos der Individualverkehr, angefangen von qualmenden Dieselbussen, über große und kleine Transporter, jede Menge Taxen bis hin zu unaufhörlich hupenden Privatfahrzeugen durch die engen Gassen, denn die sind von morgens bis abends, heute sogar fast rund um die Uhr, ständig verstopft. Dementsprechend dick ist die Luft.

Ein wenig weiter in dem kleinen Park zwischen Calle 2 und 4 ist das Revier der illegalen Geldwechsler und Schuhputzer angesiedelt. Dort oder ein bisschen weiter in der Calle Central sieht man ab und zu Straßenkünstler und kleine Musikgruppen Gratisvorstellungen geben. Mit ein bisschen Glück kann man sogar einem Marimba-Ensemble lauschen. Mein Wunsch wäre es noch, dieses faszinierende Xylofon-ähnliche Instrument zu erlernen. Denn die meistens von drei älteren Musikern vorgetragenen traditionellen lateinamerikanischen Marimba-Klassiker, bestehend aus Bass-Marimba, Harmonie-Instrument und Melodie-Marimba, sind meine absolute Lieblingsmusik.

Und dann gibt es Momente, in denen ein zivilisiert und sozialisiert aufgewachsener Mitteleuropäer, der wie selbstverständlich im Bedarfsfall auf alle staatlich eingerichteten Wohltaten zugreifen kann, einen Schock bekommt. Man sieht Menschen, die dem billigen Crack zum Opfer gefallen sind. In Costa Rica heißen sie *Pedritos*, der Ausdruck steht für »Steinchen«, denn die kleinen Kügelchen zum Inhalieren werden für umgerechnet einen Dollar verkauft, machen sofort süchtig und sind hoch toxisch. Diese auf lange Sicht zum Sterben Verurteilten nächtigen auf Pappkartons auf dem Bürgersteig, und manchmal sieht man eines dieser Opfer buchstäblich in der Gosse, wirklich im Dreck liegen, und niemand kümmert sich darum.

Und dann wird einem schon anders. Ich habe häufig aus Deutschland Kleidung mitgebracht. Diese Menschen nehmen alles, buchstäblich alles, man darf ihnen nur kein Geld geben. Einmal habe ich abends auf dem Bürgersteig drei, vier völlig verwahrloste *Pedritos* angetroffen. »Wartet hier, ich komme gleich wieder.« In einer *Soda* (Garküche) habe ich für sie ein großes Fresspaket gekauft. Als ich zurückkam, waren es aber schon mehr als zehn. Wenn jemals der Jackpot einer Lotterie für mich bestimmt wäre, würde ich das gesamte Geld dazu verwenden, um ein Projekt zur Unterstützung der *Pedritos* in San José ins Leben zu rufen.

Dieser Teil San Josés präsentiert wirklich das reale Leben der Metropole. Man muss es gesehen und erlebt haben. Ich bin heute nicht mehr so häufig in der Stadt. Auf die Dauer ist es mir dort einfach zu laut.

62. Grund

Weil der Besuch des Mercado Central ein absolutes Muss ist

Der *Mercado Central* ist der größte überdachte Markt in San José, und der Besuch ist in jedem Fall ein Highlight. Man taucht ein in ein altes, traditionelles Marktleben, das sonst in dieser Art nirgendwo mehr zu erleben ist. Zeitweilig wird man an das alte Zunftwesen erinnert, zumindest, was einige handgefertigte Utensilien angeht. Den Besucher erwartet eine wahre Safari der Gerüche, Farben und Eindrücke, auf jeden Schritt und Tritt hat man das Gefühl, das Herz der Stadt zu spüren

Der Markt hat eine lange Geschichte, er wurde schon 1880 errichtet. Später deklarierte man ihn als nationales Kulturerbe, weil er ein bedeutendes Symbol der costa-ricanischen Tradition und Identität darstellt. Er nimmt die Fläche eines gesamten Blocks ein, und zwar von dem, der von der Avenida Central (im Süden) und Avenida 1 (im Norden) und von der Calle 8 (im Westen) und der Calle 6 (im Osten) begrenzt wird.

Der Haupteingang befindet sich Avenida Central / Calle 8, es gibt aber an allen Seiten mehrere kleinere Ein- bzw. Ausgänge. Insgesamt beherbergt der Markt mehr als 200 Läden, Verkaufsstände, Schnellrestaurants und Cafés. Täglich wird er von bis zu 30.000 Einheimischen und Touristen besucht. In den verwinkelten, engen Gassen gibt es allerorten ein dichtes Gedränge, nach einiger Zeit verliert man unweigerlich die Orientierung. Das ist aber insofern nicht schlimm, weil es, wie schon gesagt, nach allen Seiten hin Ausgänge gibt.

Wo soll man anfangen? Es ist ein Eintauchen in ein ganz besonderes Marktleben mit allen Sinnen. Es gibt frisches Fleisch und frischen Fisch, Obst, Gemüse, Kräuter aller Art, Unterwäsche und Oberbekleidung, Schuhe, Lederartikel, Taschen, Koffer und Badetücher. Man findet Küchenutensilien und Haushaltswaren jeglicher Art, Geschirr, Teller und Tassen aus allen Materialien. Überdimensionale Töpfe und Pfannen hängen von der Ladendecke herab, sodass man das Ladenpersonal erst nach längerem Suchen ausfindig machen kann, jede noch so kleine Ecke, jeder unscheinbare Winkel wird als Stellplatz genutzt. Hühner und andere Haustiere sitzen in übereinandergestapelten Käfigen und veranstalten ein konzertantes Wettrufen. Kartons, Kisten und alle möglichen anderen Waren versperren auch schon mal hier und da die schmalen Wege und engen Durchgänge. Es gibt nichts, was es nicht gibt, Stricknadeln, Nähseide, Blumen, Sämereien, Naturheilmittel, sogar Schlangenlederstiefel, Reitsättel, Kunstgewerbe-Artikel und natürlich Souvenirs werden in einer reichen Auswahl zum Verkauf angeboten. Das Personal ist in der Regel ausnahmslos freundlich und hilfsbereit, auch wenn man nur alles anschauen will.

Etwa im Zentrum des Marktes gibt es mehrere kleine Restaurants und Imbissläden. Wer sich nähert, vernimmt sofort den Geruch von heißem Palmöl, das die *Ticos* zum Frittieren benutzen. Die *Sodas* (Schnellrestaurants oder Garküchen) im Markt werden vor allem von den vielen Angestellten der umliegenden Geschäfte aufgesucht. Vom herzhaften Frühstück, über leckere Mittagstisch-Gerichte einschließlich außergewöhnlichen Desserts bis hin zu jeder Menge frischer Fruchtsäfte und Kaffee, es gibt alles, was das Herz begehrt, und dazu noch preiswert! So stehen einige Gerichte und Desserts auf der Speisekarte, die man außerhalb des Marktes kaum findet wie die *Sopa Criolla* (verschiedene Fleischeinlagen mit Gemüse und Maiskolben) oder *Higos en Almibar* (Feigen in Sirup eingelegt). Alle traditionellen Gerichte und Spezialitäten werden vor den Augen des Gastes von dem allzeit freundlichen Servicepersonal frisch zubereitet, und für ein kleines Schwätzchen ist dann auch noch Zeit. Außerdem beherbergt der Markt einige sehr zu empfehlende Schnell-Cafés, in denen die Bohnen an Ort und Stelle frisch geröstet werden. Es gibt eigentlich keine Art von Kaffeezubereitung, die das ebenso allzeit freundliche Personal nicht kennt. Gleichfalls sehr zu empfehlen!

Zum Schluss der einzige negative Hinweis. Natürlich wie so oft, wenn so viele Menschen auf engstem Raum zusammenkommen, die durch spärlich lichtdurchflutete schmale Gassen spazieren und zudem noch Besucher sind, die häufig recht sorglos mit ihren Wertsachen umgehen, ist das ein magischer Anziehungspunkt für Taschendiebe. Aber wenn man ein bisschen Obacht gibt, seine Wertsachen (Uhren, Schmuck, Handy, Kamera) nicht offen und für jedermann frei zugänglich zur Schau stellt und sein Bargeld und die Kreditkarten körpernah verstaut, müsste es eigentlich keine Probleme geben.

Also: eintauchen, bummeln, treiben lassen, viele neue Eindrücke gewinnen, probieren, genießen, schöne Andenken und ungewöhnliche Mitbringsel für zu Hause erstehen. Viel Spaß im *Mercado Central!*

63. Grund

Weil der Sabana-Park die grüne Lunge der Stadt ist

Wenn man vom Flughafen kommt und San José erreicht, sieht man, bevor man links in die Paseo Colón einbiegt, auf der rechten Seite ein Wäldchen. Dort beginnt der große *La-Sabana-Park*. Er ist die grüne Lunge der Stadt und erstreckt sich in westlicher Richtung über mehr als einen Kilometer bis zum Nobel-Stadtviertel Rohrmoser und von

Nord nach Süd nochmals über eine Distanz von 600 Metern. Auf dem gesamten Areal befand sich bis 1955 der internationale Flughafen der Stadt, und auch nach der Eröffnung des neuen Airports in Alajuela diente die Einrichtung bis Anfang der 70er-Jahre immer noch als Landeplatz für kleine Maschinen. Dort, an der Ostseite des Parks, kann man heute noch das alte Flughafengebäude sehen. In ihm befindet sich seit 1978 das wichtigste Museum im Land für zeitgenössische Kunst (Grund 65). Nach Beendigung des Flugbetriebs legte man auf einer Fläche von mehr als 72 Hektar das größte Naherholungsgebiet der Stadt an, mit kleinen Wäldchen, vielen Grünflächen, Hügeln, einem künstlichen See und diversen Sportstätten und Freizeiteinrichtungen. Auf der anderen Seite des Parks, ganz im Westen, ragt an gleicher Stelle, wo auch schon das alte stand, das neue, im modernen Stil errichtete Nationalstadion auf, das China dem Land »geschenkt« hat (Grund 23). Nördlich davon, unweit der großen Avenidas de las Américas, befindet sich im achten Stock des Hochhauses *Torre La Sabana* die Deutsche Botschaft.

Der Park ist ein sehr schöner Ort, um dem hektischen Großstadttreiben zu entfliehen. Man sieht jede Menge Jogger, auch schon sehr früh am Morgen, viele Spaziergänger, Leute, die am See sitzen und lesen oder Tiere beobachten, andere, die ihr morgendliches Gymnastik-Programm absolvieren oder sich ihren Yoga-Übungen hingeben. Das gesamte Gebiet umfasst mehrere Trimmpfade, einen Mountainbike-Kurs, Fußball-, Volleyball- und Tennisplätze, einen Rundkurs für Inlineskater, ein 50-Meter-Schwimmbecken mit Zuschauerrängen, in dem Wettkämpfe stattfinden oder der Schwimm-Olympiakader trainiert. Vor einigen Jahren hat man sogar eine kleine *Canopy*-Strecke installiert. Im Norden des Parks findet man einen sehr schön angelegten Verkehrserziehungsplatz für Kinder (und Erwachsene). Auf dem See kann man eine Tretboot-Tour unternehmen. Einheimische nutzen ihn gern zum Angeln.

Am Wochenende, vor allem sonntags, wird das Erholungsgebiet von vielen *Josefinos* besucht. Unzählige Familien mit Kindern bringen ihr Picknick mit und erholen sich dort vom Alltagsstress. Dann ist richtig Leben im Park. Eisverkäufer, mobile Getränkestände und Imbisswagen fahren die vielen Straßen und Wege entlang und haben gut zu tun. Man sieht aber auch private Grillpartys und Familienfeiern. Wer nur mal kurz Zaungast spielt, um zu sehen, was da alles Schönes auf dem Grill liegt, bekommt dann vielleicht ziemlich schnell selbst einen Teller mit leckeren Sachen in die Hand gedrückt. Wenn man sich dann irgendwie erkenntlich zeigen will, wird das fast schon als Beleidigung aufgefasst. Und auf den Sportplätzen finden sich leicht Gleichgesinnte für ein Fußball- oder Volleyballspiel zusammen, auch da ist man schnell mit dabei. So sind die *Ticos*.

Zudem wird Kinderbelustigung jeder Art geboten. Es gibt Zuckerwatte, Luftballons fliegen durch die Luft, man kann auf dem Pony reiten oder mit dem Riesen-Dreirad fahren. Gaukler und Artisten führen ein kurzweiliges Programm auf, und hier und da ist ein interessantes Freiluftkonzert zu hören. Manchmal werden außergewöhnliche Events wie das *Food-Truck-Festival* veranstaltet. Auch die Kunst kommt nicht zu kurz. An verschiedenen Stellen des Parks sind sehr schöne Holzschnitzarbeiten mit Motiven von einheimischen Vögeln zu bewundern.

Ich höre immer wieder ausländische Besucher, die sich darüber echauffieren, dass der Park nicht so »schön grün« ist wie die öffentlichen Gärten in Europa. Denen muss man sagen, dass sie in Costa Rica weilen, in einem tropischen Land und nicht in Deutschland oder anderswo. Es gibt Regen- und Trockenzeit. Die Rasenstruktur ist grob, es sind Gräser, die der Wärme und dem harten Lehmboden standhalten. Von unserem »englischen« Rasen zu Hause wäre in Costa Rica in zwei Wochen nichts mehr zu sehen. Der Park bietet außerdem eine vielfältige Vegetation. Große Eukalyptusbäume, zu erkennen an der glatten Rinde, immergrüne Pinien, halbhohe Bambusstauden und tropisches Unterholz bilden eine schöne tropische Waldstruktur.

Früher gab es in dem großen Park, besonders unter der Woche, wenn die Erholungsoase weniger Besucher aufweist, auch schon mal kleinere und größere kriminelle Delikte, vor allem das Entwenden von Wertsachen. Seit einigen Jahren zeigt die Polizei hoch zu Ross oder als Fahrradstreife vermehrt Präsenz, und seitdem hört oder liest man über derartige Vorkommnisse im Park eigentlich nichts mehr. Ganz einsame Stellen kann man ja trotzdem meiden. Ich bin früher, als ich mich noch länger in San José aufgehalten habe, jeden zweiten Morgen in den Park gegangen, um dort meine Jogging-Runden zu absolvieren. Man kommt sofort mit Gleichgesinnten ins Gespräch, tauscht sich aus und hat Spaß. Ich habe es immer sehr genossen. Der *La-Sabana-Park* ist ein schöner Ort, um das Großstadttreiben mal für eine Weile hinter sich zu lassen.

64. Grund

Weil das Nationaltheater der ganze Stolz der Costa Ricaner ist

Das *Teatro Nacional* im Zentrum an der Plaza de la Cultura, zwischen Avenida Central und Avenida 1 gelegen, ist wohl das schönste und eindrucksvollste Gebäude der Stadt. Die Geschichte der Errichtung ist schon ein wenig kurios. Als 1890 die spanische Sopranistin Adelina Patti, seinerzeit eine der angesagtesten Operndiven weltweit, nicht in Costa Rica auftreten konnte, weil schlichtweg das geeignete Auditorium fehlte – das *Teatro Mora* war zuvor durch ein Erdbeben unbespielbar geworden –, war darüber die High Society so gekränkt, dass man beschloss, ein neues Festspielhaus zu errichten. Treibende Kraft waren vor allem die Kaffeebarone. Sie beschlossen, die Finanzierung durch eine freiwillige Sondersteuer auf alle Kaffee-Exporte zu gewährleisten, die der damalige Präsident Rodríguez Zeledón per Dekret umsetzte.

Dann bestellte man namhafte europäische Baumeister und Künstler ein, ließ edelstes Baumaterial heranbringen, ebenfalls fast alles aus Europa, und begann schon 1891 mit den Arbeiten. Mit dem neoklassizistischen Baustil sollte die äußere Fassade der 1875 errichteten Pariser Oper nachempfunden werden. Trotz mancher Probleme während der Bauphase wurde am 21. Oktober 1897 der neue Kulturpalast seiner Bestimmung übergeben und mit einer Aufführung von Johann Wolfgang von Goethes *Faust* feierlich eingeweiht. Fortan war das Nationaltheater, das 1965 zum Nationalmonument erklärt wurde, der kulturelle Mittelpunkt der wohlhabenden Gesellschaft.

Das Gebäude ist mit edlem Interieur und antikem Mobiliar ausgestattet und weist einige außergewöhnliche Kunstwerke und Gemälde auf. Auf der Zinne der spitz zulaufenden Fassade thronen drei Statuen aus Marmor. Diese weiblichen Figuren sollen die künstlerischen Begriffe Musik, Ruhm und Tanz symbolisieren. An der Vorderseite des Gebäudes sind in Nischen die Skulpturen von Calderón de la Barca und Ludwig van Beethoven zu sehen. Vor dem dreiteiligen Eingangstor stehen mehrere Denkmäler, darunter das von Fréderic von Chopin. Die im barocken Stil gehaltene Eingangshalle ist großzügig mit Gold und Marmor ausgestattet.

Das künstlerische Highlight befindet sich im Inneren. Es ist ein großes Wandölgemälde des italienischen Künstlers Aleardo Villa, das im Deckenbereich angebracht ist. Es heißt *Alegoría del Cafe y el Banano* (Allegorie des Kaffees und der Banane), ist 1897 entstanden und sollte die seinerzeit wichtigsten Wirtschaftsgüter des Landes symbolisieren. Das Bild zierte später die 5-Colones-Banknote, die allerdings schon lange nicht mehr in Umlauf ist, aber als Souvenir-Exemplar im *Mercado Central* zu erstehen ist. Bei der eingehenden Beschäftigung mit dem Bild wiesen costa-ricanische Kunstexperten immer wieder darauf hin, dass das Kunstwerk einige Fehler aufweist. Der auffälligste: Kaffee und Bananen können niemals in der gleichen Region kultiviert werden. Aber das soll die Symbolkraft des Gemäldes nicht schmälern, denn schließlich handelt es sich um eine Allegorie.

Das Auditorium ist in Hufeisenform gehalten, bietet auf drei Etagen 1.040 Besuchern Platz und soll über eine außergewöhnlich gute Akustik verfügen. Der Zuschauerraum kann mechanisch auf Bühnenebene angehoben werden, sodass der gesamte Innenraum auch für große Empfänge und Bälle genutzt werden kann. Links vom Eingangsbereich befindet sich das ebenfalls sehr stilvolle Kaffeehaus *Alma de Café* (Seele des Kaffees), welches bereits mit sehenswerten Deckengemälden auf die prunkvolle Ausstattung des Theaters schließen lässt.

Im *Teatro Nacional* finden regelmäßig Theater-, Musik- und Tanzaufführungen auf Weltniveau statt. Außerdem wird das architektonische Schmuckstück für Kunst- und Kulturmeetings, für Politkonferenzen und als würdevoller Ort für die Verleihung der Nationalpreise für Kunst und Kultur genutzt. Die Besichtigung (täglich außer sonntags) ist eigentlich ein Muss. Wenn man in San José weilt, sollte man den architektonisch beeindruckenden Kulturtempel gesehen haben. Es gibt wirklich eine Fülle von interessanten Details zu entdecken.

www.teatronacional.go.cr

65. Grund

Weil ein Besuch der Museen sehr lohnenswert ist

»Sollte ich denn unbedingt Museen einen Besuch abstatten, wenn ich in Costa Rica bin? Ist das nicht zu trocken und langweilig?«, solche oder ähnliche Kommentare höre ich immer wieder von Reisenden, wenn das Thema Museumsbesuch zur Sprache kommt. Also, wer das Land insgesamt ein wenig verstehen lernen will, mit seiner Geschichte, Kultur und Kunstentwicklung, der sollte sich zumindest einen Tag auf eine Besichtigungstour durch einen oder mehrere Ort(e) historischer Ausstellungen einlassen. Die Auswahl ist allerdings groß.

Das *Museo Nacional* (Nationalmuseum) befindet sich zwischen Avenida Central und Avenida Segunda und den Querstraßen Calle 15 und 17. Es ist in dem ehemaligen Bellavista Fort untergebracht und besteht bereits seit 1887. Vom Dach des Hauses hat man einen schönen Ausblick auf San José. Das Museum bietet einen eindrucksvollen Überblick über die gesamte Geschichte und Kultur Mittelamerikas, beginnend mit der präkolumbianischen Zeit, über die Epochen der Kolonialisierung und der Unabhängigkeitsbestrebung bis heute. Einige Schwerpunkte sind Archäologie, Keramik, Steinmetzkunst und indianische Hausbauformen. Im Goldsaal sind Arbeiten der Ureinwohner vom Stamme der Bruncas zu sehen. Eine Foto-Ausstellung zeigt das alte San José, und im Eingangsbereich ist ein großzügig angelegter Schmetterlingsgarten (*Mariposario*) zu bestaunen.

Unter der Plaza de Cultura befindet sich auf zwei Etagen das *Museo de Oro* (Goldmuseum). Es beherbergt präkolumbianischen Schmuck und Kultgegenstände aus Gold, die von den spanischen Eroberern nicht außer Landes gebracht worden sind. Es ist eine der größten Goldsammlungen Lateinamerikas. Die sehr sehenswerte Ausstellung enthält über 2000 Exponate und zeigt Masken, Tierfiguren und alte Techniken der Goldverarbeitung. Um das alles bestaunen zu können, muss man eine eingehende Sicherheitskontrolle durchlaufen.

Im Gebäude der staatlichen Versicherungsgesellschaft INS, Avenida Central – Calle 13, hat auf sechs Etagen das *Museo de Jade* seinen Platz. Es umfasst eine der größten Sammlungen präkolumbianischer Kunst Lateinamerikas. Jade war bei den Ureinwohnern ein gefragtes Material, aus dem Schmuck und religiöse Kultobjekte gefertigt wurden. Zu sehen sind über 7000 Exponate aus Jade und Keramik in Form von Menschen, Tieren, Früchten und Fruchtbarkeitssymbolen. Ein weiterer Bereich zeigt frühzeitliche Musikinstrumente.

Wer den *La-Sabana-Park* an der Ostseite betritt, passiert das alte Flughafengebäude. In ihm ist seit 1978 das *Museo de Arte Costar-*

ricense untergebracht. Es ist das wichtigste zeitgenössische Kunstmuseum des Landes und beherbergt eine Sammlung von Gemälden und Plastiken einheimischer Künstler des 19. und 20 Jahrhunderts. Besonders zu erwähnen ist Max Jiménez (1900–1947), der als einer der Begründer der modernen Malerei in Costa Rica gilt. In wechselnden Ausstellungen sind Gemälde, Plastiken und naive Malerei zu bewundern.

Das *Museo La Salle* ist ein naturhistorisches Museum und empfängt den Besucher am Eingang mit einem riesigen Blauwalskelett. Das Naturkundemuseum hat große Schwierigkeiten, alle 55.000 Exponate gebührend zu präsentieren, zu denen nahezu der gesamte Bereich der Säuge- und Meerestiere, Fossilien, Muscheln und Mineralien aus aller Welt gehört. Ein besonderer Blickfang ist ein meterhohes Skelett eines Tyrannosaurus Rex. Präparierte Großwildkatzen, Krokodile, Affen, Fische aller Art und Vögel locken viele Naturliebhaber ins Museum, das an der südöstlichen Ecke des *La-Sabana-Parks*, gegenüber dem Landwirtschaftsministerium (MAG) zu finden ist.

San José hat auch ein Kindermuseum (*Museo de los Niños*). Na ja, ich würde es eher als einen pädagogisch gut durchdachten Ort bezeichnen, an dem die Kleinen spielend Alltagssituationen erleben können und so auf unterhaltsame Art und Weise an Technik und Naturwissenschaft herangeführt werden. Einiges ist besonders für Kinder im Grundschulalter konzipiert. Auf dem Freigelände kann man Hubschrauber, Feuerwehrauto und Eisenbahn besteigen, natürlich alles in »echt«. Außerdem können die Kleinen ein Kinderpostamt in Beschlag nehmen und sich auf einem großen Spielplatz austoben. Natürlich darf in Costa Rica ein Erdbebensimulator nicht fehlen. Für Kinder und Erwachsene!

Wie man sieht, man hat die Qual der Wahl. Aber einen »Museumstag« sollte man schon einlegen. Es lohnt sich in jedem Fall.

www.museocostarica.go.cr • www.museodelbancocentral.org • www.musarco.go.cr • www.museolasalle.ed.cr • www.museocr.org

9. Kapitel

Der Großraum San José

Gran Área Metropolitana

Weil Costa Ricas Nationalheld Juan Santamaría aus Alajuela stammt

Wenn man nach langem Flug in Costa Rica ankommt, landet man in Alajuela. Die Provinzhauptstadt liegt nur gut zwei Kilometer vom Airport entfernt. Im Vergleich zu San José geht es hier viel ruhiger zu, man kann es fast als Kleinstadtleben bezeichnen. Deshalb wählen einige Reisende das weniger hektische Alajuela als Zwischenstation nach Ankunft oder vor dem Abflug als kurzzeitige Bleibe. Auch als Ausgangspunkt für den Besuch des Vulkans Poás (Grund 67) liegt die Stadt sehr günstig. Täglich werden dorthin Bus-Shuttles angeboten.

Die Stadt hat aber auch sonst einiges zu bieten. Genau im Zentrum liegt der *Parque Central*, ein schöner schattiger Platz zum Verweilen mit zahlreichen Palmen und Mangobäumen. Es ist ein beliebter Treffpunkt für alle Altersgruppen. Besonders sonntags wird häufig ein Programm in Form von Konzerten oder Tanzaufführungen geboten. Und natürlich gibt es auch eine Kirche. Genau im Osten an den Park angrenzend erhebt sich die mächtige weiße Kathedrale mit zwei Türmen im Kolonialstil. Im Inneren sind schöne Deckengemälde und in den dickwandigen Fenstereinfassungen kunstvolle Verzierungen zu bestaunen. Das imposante Kuppelgewölbe, ebenfalls aufwendig künstlerisch gestaltet, ist mit zwölf kleinen Fenstern in Hufeisenform versehen, die bei Sonnenlicht interessante Lichtspiele hervorbringen.

Alajuela ist aber jedem *Tico* ein Begriff als Geburtsort von Juan Santamaría, dem Nationalhelden Costa Ricas. Dazu ein bisschen Landesgeschichte: 1856 plante der nordamerikanische Hasardeur William Walker ganz Mittelamerika zu erobern, um dort wieder die Sklaverei einzuführen. Nicaragua hatte er schon in seine Hand gebracht und sich dort nach internen politischen Streitereien selbst zum

Präsidenten ernannt. Jetzt wollte er auch noch Costa Rica unterwerfen und erklärte dem Land den Krieg. In einer ersten militärischen Auseinandersetzung zog Walker aber gegen eine 9000 Mann starke costa-ricanische Freiwilligen-Truppe in der Schlacht von Santa Rosa (im heutigen Grenzgebiet beider Länder) den Kürzeren.

Er gab aber nicht auf. Ein Jahr später kam es in der Schlacht von Rivas zu einer weiteren kriegerischen Konfrontation, und dieses Mal war die Lage für die costa-ricanischen Kämpfer wesentlich prekärer. 800 Soldaten waren schon gefallen. Walker hatte sich nahe Rivas am Nicaragua-See mit seinen Mitstreitern in einem hölzernen Fort verschanzt. Der 25-jährige Trommlerjunge Juan Santamaría meldete sich freiwillig für ein Himmelfahrtskommando. Ziel war es, trotz Dauerfeuer mit einer brennenden Fackel in der Hand bis zum Fort vorzudringen, um es dann in Brand zu setzen. Die Aktion gelang, und dadurch wurde die Schlacht zugunsten der costa-ricanischen Truppen entschieden. Juan Santamaría bezahlte seinen gefährlichen Einsatz für das Vaterland mit dem Leben. Doch der bis dahin unbekannte Soldat avancierte durch seine mutige Tat zum Nationalhelden Costa Ricas.

So ist heute der 11. April, das Datum seiner heldenhaften Aktion, in Costa Rica ein landesweiter Feiertag. Alle Schüler kommen an diesem Tag in ihren Schulen zu einer Feierstunde zusammen, um der siegreichen »Schlacht von Rivas« zu gedenken, in der Juan Santamaría durch seine Großtat das Land vor einer Katastrophe bewahrte. Der Präsident des Landes besucht jedes Mal eine andere Schule, um in einer von allen Medien des Landes begleiteten Rede an den Nationalhelden Juan Santamaría zu erinnern.

In seiner Heimatstadt hat man dem mutigen Kämpfer auf vielfache Weise Ehre zuteilwerden lassen. Es gibt einen *Parque Juan Santamaría* mit einer Statue, die an sein denkwürdiges Bravourstück erinnern soll. Dort sieht man ihn mit brennender Fackel in der einen und aufgepflanztem Bajonett in der anderen Hand mutig voranstürmen. Zudem ist 1980 das *Museo Juan Santamaría* eingerichtet worden, in dem Besuchern durch Exponate wie Gemälde, Waffen und Fotos die »Schlacht von Rivas« und die unerschrockene Tat des Helden nähergebracht werden sollen.

Die größte Achtung jedoch, die das Land seinem Nationalhelden zuteilwerden ließ, bekommt jeder Besucher bei der Ankunft in San José hautnah mit: Man landet auf dem *Aeropuerto Internacional Juan Santamaría*. Und als wäre das immer noch nicht genug der Ehre, erinnert vor dem Eingangsgebäude ebenfalls eine große Statue an seine unvergessliche Heldentat. Gleichfalls mit brennender Fackel sieht man ihn dort entschlossen zur Tat schreiten.

www.museojuansantamaria.go.cr

67. Grund

Weil der Vulkan Poás zu den größten Attraktionen Costa Ricas zählt

Der Vulkan Poás mit dem größten Krater der Erde, der einen Durchmesser von 1,7 Kilometern aufweist und auf dessen Grund ein 300 Meter tiefer Schwefelsee brodelt, ist zweifellos eine der Hauptattraktionen Costa Ricas. Er zählt zu den aktivsten Vulkanen des Landes, die letzten starken Eruptionen wurden 1910 und 1952– 54 registriert. Nach einer Ruhephase ist jedoch in den vergangenen Jahren seine seismische Aktivität wieder deutlich angestiegen, was an einer verstärkten Abfolge von Mikroerdbeben sichtbar wurde. 2017 spuckte der Vulkan nach langer Zeit wieder weithin sichtbar kilometerhohe Asche- und Gaswolken aus. Deshalb wurden im April 2017 der Nationalpark und auch die Zufahrtsstraßen aus Sicherheitsgründen für fast eineinhalb Jahre gesperrt. Die Wiedereröffnung erfolgte am 1. September 2018, allerdings muss man jetzt die Eintrittskarten bei der nationalen Naturschutzbehörde (SINAC) vorbestellen.

1971 wurde das Gebiet um den 2.708 Meter hohen Vulkan als vierter Nationalpark des Landes deklariert. Schon die Anfahrt ab Alajuela ist ein Erlebnis. Die etwa 30 Kilometer lange abwechslungsreiche Strecke führt auf 2.500 Meter Höhe. In Serpentinen geht es vorbei an zahlreichen Kaffee-Fincas mit den dazugehörigen Anbaugebieten des »braunen Goldes«. Zudem werden in dem äußerst fruchtbaren Vulkangebiet Kartoffeln, Erdbeeren und Zierpflanzen angebaut. Die Zufahrtsstraße endet auf dem Besucherparkplatz. Ein Parkwächter weist alle Fahrzeuge an, rückwärts einzuparken. Warum? Auf Nachfrage erklärte er mir, dass man in Notfallsituationen – sprich: Vulkanausbruch – schneller mit dem Fahrzeug den Ort verlassen könne. Nun ja, ob dann die fünf Sekunden Zeitersparnis entscheidend sind, wage ich zu bezweifeln.

Vom Parkplatz aus führt ein Fußweg von 20 Minuten durch eine wunderschöne Vegetation zum Krater. Nicht selten startet man unten im Tal bei strahlendem Sonnenschein, doch je mehr man sich dem Nationalpark nähert, desto wolkenverhangener und nebliger kann es werden. Das Wetter ist dort oben häufig unberechenbar. Festes Schuhwerk und eine Regenjacke sind daher sehr zu empfehlen. *Ticos* raten immer, frühzeitig anzureisen. Aber selbst das garantiert nicht immer, dass man den Krater auch zu Gesicht bekommt.

Doch bei meiner letzten Tour zogen sich nach einiger Zeit die Nebelschwaden mehr und mehr zurück, und dann bietet sich ein überwältigender Blick auf den Koloss. Zum Vorschein kommt ein riesengroßer Krater mit einem Durchmesser vom 1.700 Metern und ein intensiv türkisfarben schimmernder See, *Laguna Caliente* genannt, der etwa 370 Meter breit und 300 Meter tief ist. Es ist ein durch Regenwasser gespeister Säuresee. Der ph-Wert liegt fast bei null. Daher zählt er zu den saubersten Kraterseen weltweit. Von unten hört man ein Grummeln und Blubbern, es riecht nach abgebrannten Streichhölzern, doch der Schwefelgeruch ist nicht unbedingt unangenehm. Am Ufer sieht man Fumarolen von heißem Dampf aufsteigen, an anderen Stellen »raucht es«. Durch die Eruptionen haben sich im gesamten Kegel Asche- und Geröllfelder in den verschiedensten Farben gebildet, alles ist kahl. Die schwefelhaltigen Dämpfe lassen keine Vegetation zu. Schilder weisen darauf hin, dass der Abstieg in den Vulkan verboten ist.

Der gesamte Naturpark ist durchzogen von sehr schönen Wanderwegen, *Senderos* genannt. Die Vegetation wechselt, je nachdem, ob man sich auf der der Karibik oder der dem Pazifik zugewandten Seite des Kraters befindet. Subtropischer Bergregenwald geht nahtlos über in einen artenreichen Nebelwald. Die Nebel, die hier häufig – zum Leidwesen der vielen Besucher – die Sicht auf den Krater versperren, haben dazu geführt, dass sich eine fast unwirkliche, mystisch anmutende, üppige Vegetation gebildet hat. Alle Bäume, Pflanzen und Farne dieses Nebelwaldes sind über und über mit kleinen Wassertröpfchen benetzt. Auf bemoosten Ästen wachsen Bromelien und andere Epiphyten (Aufsitzerpflanzen) und nehmen ganze Bäume in Beschlag. Man sieht uralte völlig mit einer Moosschicht überzogene knorrige Gehölze, wie aus einer Märcheninszenierung entnommen. In dem Nebelwald ist eine überwältigende Vielfalt entstanden.

Einer dieser Wege führt zu einem weiter südlich gelegenen Nebenkrater, der wesentlich kleiner und schon lange erkaltet ist. Sein letzter Ausbruch liegt 7.500 Jahre zurück. In dem Vulkankegel mit einem Durchmesser von 400 Metern liegt die *Laguna Botos*, ein kleiner See, der 14 Meter tief und mit sehr klarem Regenwasser gefüllt ist. Während die Temperatur in der großen Laguna Caliente (*caliente* heißt warm) zwischen 40 und 95 Grad Celsius schwankt, ist die Laguna Botos schon lange erkaltet.

Ich habe den Poás schon mehrfach besucht und war jedes Mal überwältigt. Mit dem gewaltigen Krater und seiner türkisblauen Lagune und den schönen Wanderpfaden durch den Bergregenwald gehört der *Parque Nacional Volcán Poás* zu den meistfrequentierten touristischen Zielen des Landes. Der Besuch ist ein absolutes Muss. Das Wochenende sollte man aber tunlichst meiden.

www.sinac.go.cr

68. Grund

Weil die alte Hauptstadt Cartago die erste Stadtgründung in Costa Rica war

Es gibt keine Stadt in Costa Rica, die im Laufe ihrer Geschichte so oft und so schwer von Erdbeben heimgesucht worden ist wie Cartago, und das hatte Folgen in vielerlei Hinsicht. Heute ist sie die Hauptstadt der gleichnamigen Provinz. Die Gründung als erste stadtähnliche Siedlung auf den Gebiet des heutigen Costa Ricas durch die spanischen Konquistadoren geht bereits auf das Jahr 1563 zurück. Durch die schweren Erdbeben, die die Stadt 1841 und 1910 heimsuchten, ist kein altes Gebäude aus dieser Zeit mehr vorhanden. 260 Jahre, bis 1823, war Cartago die wichtigste Stadt Costa Ricas. Zuerst beherbergte sie den Gouverneurssitz, 1821 wurde an der Stelle des heutigen *Palacio Municipal* (Stadtpalast) die Unabhängigkeitserklärung unterzeichnet, und dadurch wurde Cartago Hauptstadt des Landes. Zwei Jahre später musste sie im Bürgerkrieg zwischen dem konservativen Lager, dem auch Cartago angehörte, und den Republikanern allerdings eine Niederlage hinnehmen, infolgedessen San José zur neuen Hauptstadt erklärt wurde. Im Bürgerkrieg von 1948 war Cartago dann noch einmal ein Hauptschauplatz. Bis zum schweren Erdbeben 1910 tagte dort auch der *Corte Centroamericana* (Zentralamerikanisches Gericht). Das Gebäude wurde ebenfalls völlig zerstört.

Cartago ist seit jeher das religiöse Zentrum Costa Ricas. 1574 begann man mit dem Bau der ersten Pfarrkirche, die dem Apostel Santiago (Jakobus) geweiht wurde. Mehrere Erdstöße konnten zunächst nicht von der Fertigstellung abhalten, man baute sie immer wieder neu auf. Durch das schwere Erdbeben von 1910 wurde sie jedoch völlig zerstört, und man entschloss sich nun endgültig, den »ewigen« Bau nicht weiterzuverfolgen. Heute ist die Ruine im Zentrum der Stadt an der Ostseite des *Parque Central* zu besichtigen. Der Park sowie die Ruine mit dem schönen Garten sind wunderbare Orte, um ein wenig zu verweilen.

Die Hauptsehenswürdigkeit der Stadt ist jedoch die imposante *Basílica de Nuestra Señora de Los Ángeles*. Im Jahre 1635 fand ein Indiomädchen an dieser Stelle eine steinerne Marienfigur. Nach Überlieferungen kehrte die Figur zweimal auf unerklärliche Weise an ihren Fundort zurück. Dieses wurde als Zeichen Gottes gewertet, hier eine Kirche zu bauen. Nach mehreren Erweiterungen wurde sie 1926 fertiggestellt. Seitdem kann man in dem Gotteshaus den Schrein mit der kleinen Marienstatue betrachten und anbeten. Sie wurde auf den Namen *Virgen negra de los Ángeles* (Schwarze Jungfrau der Engel) getauft und ist die Schutzpatronin Costa Ricas. Dadurch wurde die Basilika zur wichtigsten religiösen Pilgerstätte des Landes. Am 2. August, dem Jahrestag der Erscheinung von *La Negrita* (Die kleine Schwarze), wie die Madonnenstatue aus schwarzem Jade im Volksmund heißt, pilgern Hunderttausende von Gläubigen aus dem In- und Ausland nach Cartago, viele davon das letzte Stück demütig auf Knien rutschend (Grund 28). Unter der Kirche kann man eine Sammlung von silbernen Prothesen und anderen Gaben bestaunen, die dort als Dank von Genesenden für wundersame Heilungen abgelegt wurden. Außerdem gibt es eine große Anzahl von Bittbriefen zu sehen, die Gläubige an die schwarze Madonna richteten. Hinter der Kirche befindet sich eine Quelle mit »heiligem« Wasser. Viele Besucher nehmen sich ein Fläschchen davon mit, weil ihm eine große heilende Wirkung nachgesagt wird.

In unmittelbarer Nachbarschaft der Ruine der *Apostel-Santiago-Kirche* steht das im landestypischen Stil errichtete ehemalige Wohnhaus des Präsidenten Jesús Jiménez Zamora (1823–1897). Es ist heute ein nationales Monument und besonders in den Abendstunden ein Blickfang, wenn es dezent angeleuchtet wird. Und natürlich hat auch Cartago seinen Markt. Im ebenfalls sehr authentischen *Mercado Municipal de Cartago* geht es fast genauso quirlig zu wie im großen Bruder von Jan José.

Ein besonderer Kick: der Sprung vom mittleren Wasserfall des Río Montezuma (Grund 55 und 92).

Oben: In der Provinz Limón haben viele kleine Finca-Bauern eine bescheidene, aber auskömmliche Existenz
Unten: Eines der »Markenzeichen« Costa Ricas: Undurchdringlicher Regenwald.

Oben: Bei Pital, Provinz Alajuela: Ananas-Plantagen, so weit das Auge reicht (Grund 47). **Unten:** Der buntbemalte Ochsenkarren: das Transportfahrzeug mit langer Tradition ist heute Kult (Grund 32).

Oben: Typischer von Felsen eingerahmter Strand auf der Halbinsel Nicoya (Grund 99).
Unten: Überall plätschert Wasser: Felsenflussbett des Río Montezuma (Grund 92).

Unten: Ein schöner Ort zum Verweilen: der Río Lajas an der Südspitze von Nicoya (Grund 94).

Oben: Haupteingang des Mercado Central in San José (Grund 62). **Unten:** Teatro Nacional in San José be Nacht, der Musentempel ist der ganze Stolz der Ticos (Grund 64).

Das große Rennen der frischgeschlüpften Meeresschildkröten ist ein beeindruckendes Naturschauspiel (Grund 39).

Oben: Jeden Abend eine Sondervorstellung: der spektakuläre Sonnenuntergang am Playa Santa Teresa (Grund 96). **Unten:** Durchsetzt mit Lava-Felsen: typischer Trockenurwald auf der Halbinsel Nicoya.

Oben: Einer der vielen Traumstrände des Landes: Playa Mal País. Unten: Das Türkisblau ist fast schon rreal: der Wasserfall des Río Celeste im Nationalpark Vulkan Tenerio (Grund 89).

Oben: Brüllaffen halten sich hoch oben in den Baumkronen auf (Grund 40).
Unten: Spektakulärer Anblick: die Krokodile im Rio Tárcoles – Pazifikküste bei Jacó (Grund 101).

Dben: Dreizehen-Faultier: die Entdeckung der Langsamkeit.
Jnten: Unglaubliche Flügelschlag-Frequenz – Kolibris saugen den Blütennektar im Flug.

Der Vulkan Poás weist mit 1,7 Kilometern Durchmesser den größten Krater der Erde auf (Grund 67).

Unten: Abenddämmerung im Naturschutzgebiet Caño Negro, dem bedeutendsten Feuchtgebiet Mittelamerikas (Grund 82).

Unten: Leben auf fremden Bäumen: Aufsitzerpflanzen im Dschungel.

Oben: Strand bei Cahuita – Karibikseite. Cahuita ist immer noch eines der Zentren für Individualtourismus (Grund 76). **Unten:** Eine der unzähligen Hängebrücken, die in den Dschungel führen.

Oben: Strand bei Sámara: umsäumt von tropischer Vegetation und markanten Berghängen (Grund 98).
Links: Junge Tica. **Rechts:** Vollreife Papaya sind die Lieblingsspeise der Halsband-Assari (Grund 46).

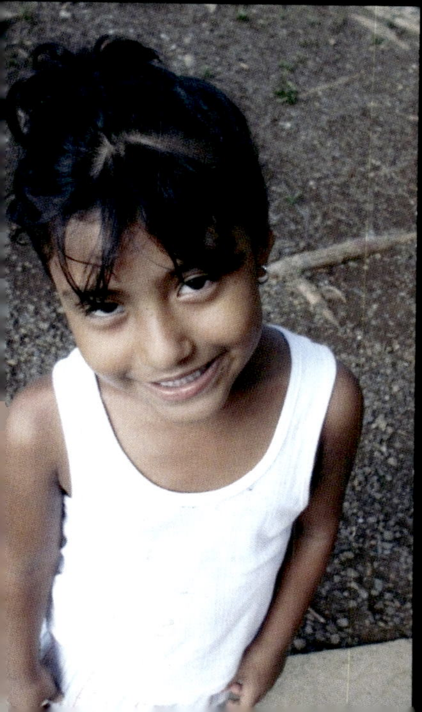

In jeder Hinsicht majestätisch: die Würgefeige bei Cabuya (Nicoya), der größte Baum der Halbinsel (Grund 94).

Außerhalb der Stadt, vier Kilometer in Richtung Paraíso, hat der britische Botaniker Charles Lankester im Stil eines japanischen Gartens eine der größten Orchideensammlungen der Welt angelegt. Der *Lankester Garden* wird nach dem Tod des Gründers heute von der *Universidad de Costa Rica* betreut. Es gibt über 800 Orchideenarten, fast 100 Baumarten und unzählige seltene Vögel zu bestaunen. Für Natur- und Orchideenliebhaber ein Muss.

Sieben Kilometer nördlich von Cartago, auf dem Weg zum Vulkan Irazú, befindet sich das *Sanatorio Carlos Durán*. Es wurde 1918 von dem Mediziner und ehemaligen Präsidenten als Tuberkulose-Heilstätte gegründet und war seinerzeit mit Spitzentechnologie ausgerüstet. Heute ist das Spital eine Ruine, und unter abergläubischen *Ticos* ranken sich immer wieder Geschichten über Geister von toten Patienten, welche nachts dort ihr Unwesen treiben. Wer ein Liebhaber von Horrorfilmen ist, könnte vielleicht in dunklen Stunden dort auf seine Kosten kommen …

69. Grund

Weil man sich auf dem Vulkan Irazú wie auf dem Mond wähnt

Der mächtige Irazú ist mit 3.432 Metern über dem Meeresspiegel der höchste Vulkan Costa Ricas und zählte in der Vergangenheit zu den gefährlichsten und unberechenbarsten Lava speienden Gipfeln des Landes. Die Indios nannten den Berg Iaratzu, was so viel wie grollender oder zitternder Berg heißt.

Die schwerste Eruption mit verheerenden Folgen datiert aus dem Jahre 1723. Dabei wurde die gesamte zentrale Hochebene mit einer mehr als halben Meter dicken Ascheschicht überzogen. Das 25 Kilometer entfernte Cartago war danach nicht mehr existent und wurde vollkommen zerstört. Die Aufzeichnungen besagen, dass der Irazú seitdem 23 Mal vulkanische Aktivitäten gezeigt hat, davon zwei bedeutende in der zweiten Hälfte des vorigen Jahrhunderts. Just am Tag des Besuches von US-Präsident Kennedy im März 1963 ging über dem Gebiet von Cartago bis San José ein starker Ascheregen nieder. Einige ältere *Ticos* erinnern sich auch heute noch an diesen denkwürdigen Tag. Die Eruption hielt mit Unterbrechungen bis 1965 an. Immer wieder wurden Lavastaub und mit Steinen angereicherte Dampfwolken bis zu 500 Meter hoch in den Himmel geschleudert. Zum letzten Mal war der Irazú 1994 aktiv. Da registrierte man mehrere kleine Ausbrüche an der Nordwand des Kraters.

Bereits 1955 wurde das Gebiet um den Vulkan zum Nationalpark erklärt. Der *Parque Nacional Volcán Irazú* ist damit der älteste des Landes und umfasst eine Fläche von 2.300 Hektar. Der Stratovulkan hat zwölf kleine Nebengipfel und besteht aus vier Kratern, von denen drei leicht zugänglich sind. Der *Cráter Principal* weist einen immensen Durchmesser von mehr als einem Kilometer auf und ist 300 Meter tief. In der Neige hat sich ein grün-gelblicher Schwefelsee gebildet. Es ist eines der beliebtesten Fotomotive für Costa-Rica-Besucher. Seine Höhe hängt vom Niederschlag ab. Im Sommer 2010 war er komplett ausgetrocknet. Auch die Farbe des Sees variiert je nach Mineralgehalt in den Kraterwänden, der vulkanischen Aktivität sowie der Algenkonzentration im Wasser. Die Grundfarbe ist Gelbgrün, jedoch zeigt er manchmal auch Nuancen von Türkis oder einem zarten Rot. Vulkanologen weisen darauf hin, dass eine latente Gefahr besteht, dass die zum Teil instabile und dünne Kraterwand abbrechen könnte. Die Folge wäre ein Bergsturz mit Millionen Tonnen von Gestein, was wiederum einen Teilabfluss des Säuresees ins Tal nach sich ziehen könnte.

Der benachbarte kleinere Krater *Diego de la Haya* hat einen Durchmesser von 600 Metern, ist jedoch für viele Besucher eine ebenso große Attraktion. Der kleine See auf dem Boden, der eine Tiefe von 80 Metern aufweist, wechselt seine Farbe zum Teil im Minutentakt. Der Grund dafür sind verschiedene Gase, die aus dem

Inneren des Vulkans aufsteigen. Dann gibt es noch zwei unbedeutende kleinere Krater, süd- und nordöstlich vom Hauptkrater gelegen. Wenn man auf den ausgewiesenen Pfaden durch das umliegende flache Lavagestein spaziert, hat man den Eindruck, man befände sich in einer Mondlandschaft. Im weiteren Umkreis sind jedoch einige seltene Sträucher und Blumen anzutreffen, die den vielen Eruptionen standgehalten haben.

Den Irazú sollte man so früh wie möglich besuchen. Im Laufe des Vormittags werden häufig die Wetterverhältnisse schlechter. Dann ziehen nicht selten Nebelschwaden und Wolken auf, die den spektakulären Blick auf die Seen versperren.

Es gibt im gesamten Gebiet mehrere Aussichtspunkte. Bei blauem Himmel, vor allem in der Trockenzeit zwischen Dezember und April, bietet sich in dieser Höhe aufgrund der zentralen Lage des Vulkans ein atemberaubender Blick bis weit ins Land hinein. Bei sehr klarem Wetter kann man gleichzeitig beide Weltmeere, den Atlantik und den Pazifik, sehen. Für den Besuch reicht in der Regel ein halber Tag, von daher ist die Fahrt gut mit einem Aufenthalt in Cartago zu kombinieren.

Auf dem Gipfel weht häufig ein kalter Wind. In der Regenzeit können die Temperaturen schon mal bis fast auf den Nullpunkt sinken, deswegen empfiehlt es sich, eine Wind- oder Regenjacke dabeizuhaben. Wie auch andere bedeutende touristische Ziele ist der Irazú bei den Einheimischen ein sehr beliebter Ausflugsort, und daher ist es ratsam, von einem Besuch am Wochenende abzusehen.

Der amerikanische Astronaut Neil Armstrong soll einmal gesagt haben, dass der Vulkan Irazú der Ort sei, der ihn auf der Erde am ehesten an die Mondoberfläche erinnere. Ich war zwar noch nicht auf dem Mond, aber schon mehrere Male auf dem Irazú. Ich kann es nur bestätigen, man fühlt sich wirklich wie auf dem Mond.

www.areasyparques.com

70. Grund

Weil ich froh bin, dass ich die Mühen für die Besteigung des Turrialba auf mich genommen habe

Der Turrialba ist mit 3.340 Metern über dem Meeresspiegel der zweithöchste Vulkan Costa Ricas. Er liegt nur etwa zwölf Kilometer nordöstlich des Irazú und weist ebenfalls vier Krater auf, von denen der älteste, im Nordosten gelegen, bereits erloschen ist. Nach einer langen Ruhephase sind seit Januar 2006 wieder mehrere starke Eruptionen registriert worden. Der Turrialba ist seitdem der aktivste Vulkan Costa Ricas.

Der Ausbruch am 12. März 2015 war so stark, dass er zur kurzzeitigen Schließung des Airports von San José führte. Nach kleineren Eruptionen in den Tagen zuvor stieg gegen Mittag eine so große Aschewolke auf, dass umliegende Dörfer evakuiert werden mussten. Zwei Monate später, am 4. Mai 2015 spuckte der Vulkan erneut Asche aus, die eine Höhe von 2.500 Metern erreichte. Das Jahr 2016 war besonders heftig. Am 21. Mai des Jahres brach der Vulkan wiederum aus und stieß bis zu drei Kilometer hohe Gas- und Aschewolken aus. Der Flugverkehr in San José wurde daraufhin erneut eingeschränkt, einige Schulen der Umgebung blieben geschlossen, und den Bewohnern wurde angeraten, Mundschutz zu tragen.

Dann erlebte Costa Rica am 19. September des gleichen Jahres den heftigsten Vulkanausbruch der letzten Jahre. Bedrohlich schleuderte der Turrialba mehrere Kilometer hoch Asche, Gase und glühende Steine in die Luft. Die Eruptionen konnte man sogar in der 50 Kilometer entfernten Hauptstadt San José beobachten. Die spektakulären Bilder waren weltweit auf allen Nachrichtenkanälen zu sehen. Da im Valle Central häufig Ostwinde vorherrschen, wurde besonders die Region Cartago – San José stark in Mitleidenschaft gezogen. Der gesamte Landstrich war mit einem grauen Aschefilm bedeckt. Ich befand mich gerade in San José. Man muss es gesehen haben, am nächsten Morgen war mein Auto aschgrau »zugeschneit«. Da auch die Start- und Landebahn mit Asche bedeckt war, musste der Hauptstadtflughafen für sechs Stunden komplett gesperrt werden. Man befürchtete, dass die Vulkanasche die Triebwerke der Jets in Mitleidenschaft ziehen könnte. Die Bevölkerung wurde erneut zum Tragen von Mundschutz aufgerufen, und die Schulen in der betroffenen Region blieben ebenfalls wieder geschlossen. Die bisher letzte bedeutende Eruption wurde am 31. Dezember 2016 registriert, die ebenfalls einen Ascheregen im Valle Central zur Folge hatte.

Natürlich ist aufgrund der Aktivitäten der letzten Jahre zurzeit ein Aufstieg bis zum Krater nicht möglich. Die Naturschutzbehörde SINAC veröffentlicht immer wieder Bilder von mutigen Zeitgenossen, die es schaffen, die Park-Ranger zu überlisten und bis an den Rand des Kraters zu gelangen. Dass das im Moment verboten ist, brauche ich wohl nicht zu erwähnen. Von daher bin ich froh, dass ich mit meinem Freund Roger den kompletten Aufstieg bewältigt habe, als das noch möglich war. Grundsätzlich ist der Turrialba nicht leicht zu erreichen. Daher haben überhaupt nur wenige *Ticos* und noch weniger Besucher den Krater aus nächster Nähe gesehen. Deshalb ist man dort – sehr angenehm – (noch) relativ allein unterwegs.

Bei recht gutem Wetter haben wir uns mit einem geländegängigen Fahrzeug von Santa Cruz aus dem Vulkan genähert. Die Fahrt war mehr als abenteuerlich. Wir passierten die *Volcán Turrialba Lodge*, wo man auch übernachten kann, und das einfache Gasthaus *Hacienda La Central Volcán Turrialba*. Je höher man kommt, desto atemberaubender wird der Blick auf die umliegenden Gipfel und Täler. Oft kommt man nicht weiter, weil abgegangene Steine und Felsmassen den einzigen Weg versperren. Den letzten Kilometer harten Anstiegs muss man dann aber zu Fuß bewältigen, was schon eine kleine Herausforderung ist.

Auch auf diesem Vulkan kann das Wetter sehr leicht umschlagen. So können die Temperaturen zwischen +15 Grad Celsius und nahe dem Nullpunkt oszillieren, was das Aufsteigen nicht gerade einfacher macht. Zudem kann es sein, dass, wenn man endlich oben angekommen ist, die Park-Ranger den Zugang zum Krater verbieten, da es bei schlechter Witterung zu gefährlich ist. Wir hatten jedoch Glück und wurden mit einem fantastischen Blick auf den Krater belohnt. Auf dem Turrialba wechselt die Witterung noch schneller als auf den anderen Vulkanen der Umgebung. Der Nebel verzog sich mehrere Male für einige Minuten, und die Mühen der Besteigung hatten sich doch noch gelohnt.

Den Turrialba haben wir im Jahr 2003 bestiegen, also vor der Zeit der häufigen Ausbrüche der letzten Jahre. Obwohl schon eine Weile her, ist es eines meiner intensivsten Erlebnisse in diesem Land geblieben und daher für mich unvergesslich. Da ein Aufstieg bis zum Krater zurzeit nicht möglich ist, bin ich darüber natürlich doppelt froh.

www.govisitcostarica.com • www.sinac.go.cr • www.areasyparques.com

71. Grund

Weil der Nationalpark Braulio Carillo die gesamte Natur bietet, die man sich unter Costa Rica vorstellt

Kurz nach dem Verlassen von San José taucht man auf der Autopista Ruta 32 in eine völlig andere Welt ein. Nach gut 20 Minuten sind die Anfänge des *Nationalparks Braulio Carillo* erreicht. Der sehr stark befahrene Highway, der bis nach Puerto Limón an die Karibikküste führt, schlängelt sich dort durch dichten Regenwald. Schon von der Autostraße aus hat man Ausblicke in beeindruckende Urwaldszenarien. Der *Parque Nacional Braulio Carillo*, benannt nach dem dritten costa-ricanischen Präsidenten, ist im wahrsten Sinne des Wortes ein Wunder der Natur mit einer unglaublichen Vielfalt an Flora und Fauna. Es heißt, er enthalte den größten Teil der im Land vorkommenden Tier- und Pflanzenarten. Als die Regierung 1977 entschied, dass die neue Verbindungsstraße von San José nach Limón mitten durch den Regenwald führen soll, wurde ein Jahr später das gesamte Urwaldgebiet zum Nationalpark erklärt, um weiteren Raubbau an diesem Riesenareal von unwiederbringlicher Natur zu unterbinden. Doch immerhin durchschneidet die extrem stark befahrene Fernstraße, die jetzt im Zuge der Errichtung des neuen Containerhafens in Moin sogar auf sechs Spuren erweitert wird, auf einer Strecke von 23 Kilometern den immergrünen Urwald.

Die Park-Schutzzone hat eine Größe von fast 50.000 Hektar, und die *Josefinos* bezeichnen sie als ihre grüne Lunge. Man wird wirklich von Natur »erschlagen«. Der Besucher kann ob dieser Fülle von paradiesischer Schönheit nur erstaunen oder erblassen. In einer teilweise extrem dichten Vegetation sind bereits erloschene Vulkane mit malerischen Kraterseen, tief einschneidende Täler und Schluchten mit reißenden Flüssen und tosenden Wasserfällen zu bestaunen.

Der Nationalpark wird durch die Autostraße in zwei Bereiche mit drei verschiedenen Zugängen geteilt. Die Eingänge zum *Sektor Quebrada Gonzáles* und zum *Sektor Zurquí* liegen an der Ruta 32. Der *Sektor Barva* ist über Heredia, Barva und das Örtchen Sacramento zu erreichen, bei schlechtem Wetter nur mit einem geländegängigen Fahrzeug. Alle Sektoren bieten dem Besucher eine Vielzahl von Pflanzen- und Tierspezies.

Der *Sektor Quebrada* ist für Besucher am einfachsten zu erkunden. Wunderschöne Wanderwege laden dazu ein, die überbordende Natur zu genießen. Man durchstreift in unterschiedlichen Höhen verschiedene Vegetationszonen, die wiederum von ungleichen Niederschlagsmengen geprägt sind, wie den tropischen Feuchtregenwald der Ebene, den Nebelwald in höheren Regionen sowie immergrünes Hochland mit einzigartiger Flora und Fauna. Mehr als 135 Säugetierarten wie Jaguar, Puma, Affen, Tapir und Ameisenbär, sowie 350 Vogelarten wie Adler, Geier, Tukane und Kolibris und 6000 verschiedene Baum- und Pflanzenarten wie Mahagoni, Kapok, Erdpalme, Baumfarne, Orchideen und Bromelien sind in dem Naturpark zu bewundern. Des Weiteren umfasst die Schutzzone die meisten in Costa Rica vorkommenden Schlangenarten sowie eine Vielzahl an Fröschen, Kröten und Schmetterlingen.

Der *Sektor Barva* weist eine Reihe von schlafenden Vulkanen wie den Cerro Chompipe, den Cerro Cacho Negro und die Cerros las Tres Marías auf und als Hauptattraktion den 2.906 Meter hohen Vulkan Barva, der ebenfalls bereits erloschen ist (spanisch *Cerro* = Erhebung). In näherer Umgebung des Vulkans liegen die drei Kaltwasser-Kraterseen Laguna Barva, Laguna Dante und Laguna Copey. Für diese Tages- und mehrtägigen Trekkingtouren benötigt man festes Schuhwerk und Regenschutz. Sie sind eher für den »aktiven«, man kann auch sagen fortgeschrittenen, Wanderer geeignet. Dafür wird man jedoch in weitgehend unberührter Natur mit einer beeindruckenden Artenvielfalt belohnt. Mit etwas Glück bekommt man den scheuen, farbenprächtigen Göttervogel Quetzal und das ebenfalls zurückgezogen lebende Dreizehenfaultier zu Gesicht.

Die Temperaturen in den einzelnen Sektoren sind sehr unterschiedlich. Im *Sektor Quebrada Gonzáles* und in der Erhebung Zurquí ist es in der Regel feucht-warm bis mäßig kühl. Wenn jedoch die Sonne einen Weg durch die dichte Vegetation und den Nebel findet, kann es auch schon mal warm werden. In dem Gebiet um den Vulkan Barva ist es eher kühl, vor allem natürlich in Gipfelhöhe. Der Besuch in dem Nationalpark ist ganzjährig möglich. Die Region ist jedoch eine der regenreichsten im ganzen Land. Durchschnittlich fallen jährlich 4.500 Millimeter Niederschlag. Relativ trocken ist es in der Zeit von Februar bis April.

Ein besonderes Naturschauspiel ist ganz ohne Aufwand zu bewundern. Auf der Ruta 27 überquert man kurz vor dem Eingang Quebrada eine Brücke. Von dort ist der Zusammenfluss des Río Sucio und des Río Hondura zu bestaunen. Der eine Fluss ist aufgrund von Mineralablagerungen an den Hängen des Irazú gelbbraun gefärbt (*sucio* = schmutzig), während der andere klares Quellwasser führt. Eine Weile fließen sie noch nebeneinanderher, bevor sie sich vereinen.

Fazit: Naturliebhaber und Öko-Freaks kommen fast nirgendwo in Costa Rica so geballt und konzentriert auf ihre Kosten wie im sehr weitläufigen Areal des *Nationalparks Braulio Carillo.*

www.sinac.go.cr • www.areasyparques.com

72. Grund

Weil einem eine Seilbahnfahrt hoch oben durch den Regenwald nur in Costa Rica geboten wird

Nachdem man auf der Ruta 32 den Bereich des *Nationalparks Braulio Carillo* Richtung Limón verlassen hat, wird nach etwa fünf Kilometern hinter der Brücke über den Río Sucio der Eingang der *Rainforest Aerial Tram* erreicht. Die Regenwald-Seilbahn befindet sich auf einem 475 Hektar großen Privatgrundstück, welches durch ein Farmland vom Nationalpark getrennt ist. Diese ungewöhnliche Urwald-Erfahrung ist längst über die Grenzen Costa Ricas bekannt geworden. Der nordamerikanische Biologe Donald Perry entwickelte die Seilbahn, um in den oberen Stockwerken des Regenwaldes Forschungen durchführen zu können.

Das große öffentliche Interesse führte 1994 zur Eröffnung der Seilbahn für Besucher. Das Ansinnen des Biologen war, auch Laien die Möglichkeit zu bieten, in dieser enormen Vegetationsdichte Tiere und Pflanzen, die sonst hoch oben in den Baumkronen nur schwer ausgemacht werden können, aus nächster Nähe zu beobachten. Beim Bau und für den Betrieb stand die größtmögliche Schonung der Natur im Vordergrund. Es wurden nur minimale Eingriffe in das Naturwaldgebiet vorgenommen, nicht einmal ein einziger Baum musste gefällt werden. So kann man schon von einem einzigartigen Projekt sprechen.

In den offenen Kabinen haben fünf bis sieben Personen plus einem Naturkundeführer Platz. Dieser erklärt, für größere Gruppen auch in ihrer Landessprache, den Gondelinsassen die verschiedenen Biosphären und Regenwaldarten, leuchtet dazu mit einem Laser-Pointer auf jede vorbeiziehende Pflanze und versucht Tiere zu lokalisieren. Die fast lautlose Fahrt geht mit einem gemächlichen Tempo vonstatten und dauert bis zum 1,3 Kilometer entfernten Wendepunkt etwa 35 bis 45 Minuten. Die Seilstrecken für Hin- und Rückfahrt liegen übereinander, sodass man sich zu Beginn nur wenige Meter über dem Urwaldboden befindet. Auf der Rückfahrt bewegt man sich dann in der Tat in Baumwipfelhöhe, das heißt bis fast 50 Meter über dem Boden, durch den Urwald. Die Schneise ist wirklich nur »Gondel-breit«, sodass nahezu hautnah der dichte Regenwald an einem vorbeizieht. Unter der Seilbahnstrecke ist ein Pfad angelegt, der zur Kontrolle des störungsfreien Betriebes dient. Denn es kommt vor, dass nachts Bäume oder starke Äste auf die Seile fallen. Auch hat schon mal ein Faultier das Tragseil mit einem Baum verwechselt, so der Guide.

Faultiere habe ich bei der eineinhalbstündigen Fahrt nicht zu Gesicht bekommen. Ich hatte auch nicht damit gerechnet. Zumindest konnte ich aus der Ferne Brüllaffen hören und einige Vögel ausmachen wie den bunten Oropendola (Montezuma-Stirnvogel), einige Kolibris und Elsterhäher. Das alles kann ich allerdings bei mir zu Hause auch haben. Na ja, vielleicht bin ich, was die Natur angeht, auch schon zu sehr verwöhnt.

Die nicht gerade billige Fahrt ist dennoch wegen ihrer Einmaligkeit ein Erlebnis. Wo sonst kann man leise schwebend an den Kronen von Riesen-Urwaldbäumen entlang aus dieser ungewöhnlichen Perspektive so einen fantastischen Einblick in die vielfältige Vegetation eines Regenwaldes erhalten? Immerhin ist die Hälfte aller Tiere in höheren Regionen zu Hause, und überwachsene Bäume und dschungelartiges Dickicht kann man vom Boden ebenfalls schwerlich ausmachen.

Für weitere Naturerkundungen sind mehrere Wanderwege angelegt worden. Außerdem kann man ein Schmetterlingshaus, ein Schlangen-Terrarium, Frösche und einen kleinen Orchideengarten besichtigen. Da sich die Tour für jedes Alter eignet und keine eigene Anstrengung erfordert, können sich in der Hochsaison (zwischen den Jahren und in der Osterwoche) schon mal Warteschlangen einstellen. Von daher empfiehlt es sich, zumindest in diesen Zeiten eine Reservierung vorzunehmen.

www.rainforestadventure.com

73. Grund

Weil einem beim Besuch des Nationalmonumentes Guayabo ein Teil der Geschichte Costa Ricas bewusst wird

Guayabo ist die wichtigste archäologische Stätte und das einzige Nationalmonument in Costa Rica. Es befindet sich an den Südhängen des Turrialba zwischen Vulkan und gleichnamiger Stadt und ist von San José aus ebenfalls über Cartago zu erreichen. In einem großen Umkreis des *Monumento Nacional Guayabo* sind die Überreste einer einstigen Hochkultur zu besichtigen. Das weitläufige Gebiet mit einer Größe von 217 Hektar wurde 1973 unter Schutz gestellt und liegt in 1.100 Metern Höhe. Der eigentliche archäologische Bereich umfasst etwa 20 Hektar, von denen bislang nur ein geringer Teil freigelegt wurde. Entdeckt hat ihn Ende des 19. Jahrhunderts der costa-ricanische Naturforscher Anastasio Alfaro, doch mit den wissenschaftlichen Ausgrabungen begann man erst 1954. Zu Tage trat ein Netz von künstlichen Erdhügeln, Steinmauern, gepflasterten Straßen, Brücken und Dämmen, offenen und verdeckten Aquädukten, Wasserauffangbecken, Treppen, Monolithen, Felszeichnungen, Grabmälern und Skulpturen.

Man vermutet, dass in dieser Region bereits ab 500 vor Christus erste Besiedlungen stattgefunden haben. Die Blütezeit der präkolumbianischen Stadt lag aber wohl zwischen dem 8. und 14. Jahrhundert unserer Zeit, also weit bevor Kolumbus seine Entdeckungsreisen auf diesen Kontinent unternahm. Wann und warum der Ort verlassen wurde, ist bis heute unbekannt.

Die Funde lassen darauf schließen, dass die damalige Gesellschaft hierarchisch strukturiert war, mit einem Stammesfürsten an der Spitze. Im Umfeld von Guayabo könnten einige Dörfer existiert haben, in denen vielleicht 1.500 bis 2000 Menschen lebten. Zur Nahrungsbeschaffung dienten Jagd, Fischfang und Landwirtschaft. Auch gab es wohl bereits in dem Bereich der handwerklichen Fähigkeiten eine Spezialisierung, und man hat herausgefunden, dass gewisse Arbeitsstrukturen bekannt waren. Die riesigen Mengen an freigelegten Steinen und Platten, die wohl zum Bau der kilometerlangen Dämme, von Kanälen und anderen Konstruktionen verwendet wurden, deuten auf eine hoch entwickelte Kenntnis in Bauwesen und der Städteplanung hin. Das bedingte eine große Menge an Arbeitskräften, die wohl hier für eine lange Zeit hinweg beschäftigt waren.

Aber eine Menge Fragen sind auch noch ungeklärt. Während die runden Steinhaufen als Grundmauern für den Hüttenbau gut vorstellbar sind, fragt man sich, warum so ein großes Filtersystem notwendig war und dazu noch für Quellwasser. Durch weitere Ausgrabungen will man zu diesen Themen schlüssige Antworten finden.

Es gibt mehrere Rundwege, die an den archäologischen Ausgrabungen, Monolithen, Erdhügeln und Gräbern vorbeiführen. Außerdem kann man auf einem Lehrpfad weitere Informationen zur archäologischen Stätte erhalten. Eine Schautafel mit Zeichnungen lässt den Umfang der versunkenen Stadt erahnen. Im Nationalmuseum von San José (Grund 65) sind einige Ausgrabungsfunde wie Skulpturen, Felszeichnungen, Skelette mit Beigaben, Stein- und Keramikbearbeitungen von Guayabo zu sehen.

Das Gebiet ist aber auch für Naturliebhaber interessant. Weitere Wanderwege führen durch eine üppige Vegetation mit den in dieser Gegend typischen immergrünen Wäldern mit Flüssen und einer prächtigen Flora und Fauna. Zu sehen sind der große Feigenbaum (Ficus Costaricana), die mexikanische Ulme und die Bitterzeder mit Bromelien und Orchideen als Aufsitzerpflanzen. Und man kann hier eher einen Tukan, Specht oder Montezuma-Stirnvogel zu Gesicht bekommen als in vielen anderen Regionen. Der üppige Wuchs in diesem Gebiet hat auch dazu geführt, dass die Natur schon wieder von Teilen der Ausgrabungen Besitz ergriffen hat.

www.sinac.go.cr

10. Kapitel

Die Karibikseite

Weil in Tortuguero ein einzigartiges Kanalsystem mit beeindruckender Flora und Fauna zu bestaunen ist

Im Sumpfgebiet des nördlichen Karibikabschnitts zwischen Puerto Limón und der nicaraguanischen Grenze liegt der *Nationalpark Tortuguero.* Er ist durchzogen von einem natürlichen System von schiffbaren Kanälen und Lagunen, die von dichtem Regenwald umgeben sind. Das macht diese Region einzigartig in Costa Rica. *Der Parque Nacional Tortuguero* wurde 1975 aber in erster Linie eingerichtet, weil hier am Strand verschiedene Schildkrötenarten ihre Eier ablegen, vor allem die grüne Meeresschildkröte. Für sie ist dieser Küstenbereich der wichtigste Brutplatz in der gesamten Karibik (Grund 39). Der Name des Parkgebietes weist schon darauf hin. Das spanische Wort für Schildkröte ist *Tortuga. Tortuguero* kann man mit »Ort der Schildkröten« übersetzen. Die Besucher kommen aber auch, um auf Bootstouren auf den Kanälen und Lagunen die einzigartige Flora und Fauna dieses Dschungelgebietes zu bewundern.

Das gesamte Gebiet ist kaum besiedelt. Es gibt ein kleines Dorf gleichen Namens, etwa 40 Kilometer von der nicaraguanischen Grenze entfernt, welches als Ausgangspunkt für die Touren dient. Es liegt sehr abgeschieden auf einem schmalen Landstrich zwischen Karibik und einem breiten Urwaldfluss, der ebenfalls Tortuguero heißt. Im Ort gibt es einige Lodges und kleine Hotels. Ungefähr 500 Dorfbewohner leben hier hauptsächlich vom Fischfang und dem immer stärker werdenden Tourismus. Besonders viele Besucher kommen natürlich in der Zeit der Eiablage der grünen Meeresschildkröten zwischen Juli und November.

Der Nationalpark und auch der Ort Tortuguero sind nicht per Fahrzeug zu erreichen. Die einzige Möglichkeit der Anreise ist mit dem Boot oder dem Flugzeug. Die Regionalgesellschaft Sansa bietet Flüge ab San José an. Günstiger sind natürlich Bootspassagen. Eine

Möglichkeit gibt es von Moin (nördlich von Puerto Limón) über das Karibische Meer. Die weitaus interessantere Anfahrt ist jedoch über den Río Tortuguero und ein teilweise nachträglich erbautes Kanalsystem zum Dorf gleichen Namens. Die Bootsfahrt ab Cariari oder vom kleinen Hafen der Finca *La Pavona* gleicht dann schon einer ersten Urwald-Erkundungstour. Überflüssig zu erwähnen, dass es natürlich auch Pauschaltouren gibt.

Im ganzen Land hat diese Region mit das höchste Niederschlagsaufkommen. Plötzlich einsetzende starke Regenfälle oder heftige, länger andauernde Wolkenbrüche sind nichts Ungewöhnliches. Das ruft dieses überbordende Wachstum der Natur hervor. Dadurch herrscht eine Vielfalt an Pflanzen und Tieren, wie man sie kaum in einem anderen Landesteil vorfindet. Ungefähr die Hälfte der in Costa Rica lebenden Vogel- und Reptilienarten leben hier, unter anderem Papageien, Tukane, Reiher, der vom Aussterben bedrohte grüne Ara, Krokodile, Kaimane, Leguane jeder Art, knallrote Pfeilgiftfrösche, mehrere Arten von Schildkröten und eine große Anzahl von Schlangen. Hier ist es wirklich möglich, ein Faultier zu Gesicht zu bekommen. Des Weiteren sind im Naturpark alle vier in Costa Rica vorkommenden Affenarten zu Hause. Durch diese große Anzahl an Tieren und Pflanzen und die hohe Menge an Niederschlag wird diese Region auch oft als »Amazonas von Costa Rica« bezeichnet.

Somit ist eine Bootsfahrt auf den Kanälen von Tortuguero eines der intensivsten Naturerlebnisse einer Reise durch Costa Rica. Je früher man aufbricht, desto größer sind die Möglichkeiten einer eingehenden Tierbeobachtung. Das ist schon ein umwerfendes Naturerlebnis. Über dem Wasser liegt noch ein Hauch von Nebel. In der Szenerie eines wilden Dschungels wird man von der vielstimmigen Geräuschkulisse gleichzeitig lärmender und rufender Tiere begrüßt. Idyllisch schlängelt sich der braune Kanal durch die grüne Vegetation. Auf beiden Seiten wird der dichte Urwald perfekt im Wasser gespiegelt, ein einmaliges Panorama. Im fast lautlosen Elektroboot geht es in relativ langsamer Fahrt vorbei an gigantischen Bäumen, riesigen Farnen, undurchdringlichem Unterholz und Mangroven. Der Lichteinfall ist zum Teil nur minimal. Der Bootsführer zeigt immer wieder mit dem Laserpointer auf von Ast zu Ast springende Affen, Faultiere, Riesenschlangen, Warane, Schildkröten, Leguane, Papageien, Tukane und Reiher. In den Lagunen tummelt sich eine Anzahl Krokodile jeder Größe. Hier findet sich wirklich fast die gesamte Tierwelt Costa Ricas ein, und die Aussichten, spektakuläre Naturfotos für die Daheimgebliebenen zu schießen, sind nirgends größer. Ab und zu verengt sich durch die überbordende Natur die Fahrrinne noch mehr. Es scheint, dass das Boot gerade noch hindurchpasst, flankiert von einem Meer an Seerosen an beiden Ufern. Ob dieser Naturkulisse wird man wirklich erschlagen.

Des Weiteren gibt es die Möglichkeit, auf eingerichteten Pfaden eigene Erkundungen des Regenwaldes zu unternehmen. Und gibt es noch einen Hügel zu besteigen. Der Cerro Tortuguero ist mit 110 Metern die höchste Erhebung zwischen Puerto Limón und nicaraguanischer Grenze und bietet einen schönen Ausblick über die gesamte Urwaldebene, die Kanäle und das Meer. Der dunkle karibische Strand, den man über mehrere kleine Stichwege vom Ort aus erreichen kann, ist eher wild und unbändig und lädt nur bedingt zum Baden ein. Wenn man hierherkommt, stehen ohnehin andere Dinge im Vordergrund.

Auf allen Touren ist das Mitführen von Regenschutz sehr ratsam. Die oft feuchten, nach Regengüssen sogar matschigen Wanderpfade sind teilweise nur mit entsprechendem Schuhwerk passierbar.

Tortuguero ist eines der Topziele eines jeden Costa-Rica-Reisenden. Das biologisch so artenreiche und vielfältige Ökosystem ist weltweit nahezu einmalig. Für dieses hautnahe Erleben von exotischer Natur nehmen viele Besucher die nicht einfache Anreise, die Abgeschiedenheit, relativ wenig Komfort und vielleicht auch mal für einige Tage weniger Schlaf gern in Kauf.

www.tortugueroinfo.com • www.sinac.go.cr • www.costarica-nationalparks.com

Weil Puerto Limón die wichtigste Hafenstadt des Landes ist

Puerto Limón ist die Hauptstadt der gleichnamigen Provinz, die sich entlang der gesamten Atlantikküste erstreckt. Dort leben überwiegend Bewohner afrikanischer Abstammung. Hier landete Kolumbus am 12. Oktober 1502 auf seiner vierten und letzten Ausfahrt. Das ist der Anlass dafür, an diesem Tag den *Carnaval de Limón* einzuläuten, der die Stadt zwölf Tage lang mit farbenfrohen Straßenumzügen, ausgelassenen Paraden und karibischer Musik in absoluter Feierlaune zeigt (Grund 29). In der übrigen Zeit macht die zweitgrößte Stadt des Landes heute einen eher etwas glanzlosen Eindruck. Puerto Limón wurde am 22. April 1991 von einem schweren Erdbeben heimgesucht. Es gab Tote und Verletzte. Seitdem brandet das Meer nicht mehr an die Uferpromenade, weil durch den Erdstoß das vorgelagerte Korallenriff angehoben wurde. Auch ist der Hafen seitdem nicht mehr für Ozeanriesen zugänglich. Deshalb wurde im sieben Kilometer entfernten Moin ein neuer See- und Containerhafen gebaut.

Die Stadt wurde 1854 gegründet. Davor waren große Teile der Region noch von dichtem Regenwald bedeckt. Durch die immer größer werdende Kaffeeproduktion benötigte man zur Verschiffung des Exportgutes eine Alternative zum weit entfernten Pazifik-Hafen von Puntarenas. Die Wahl fiel schließlich auf die Halbinsel gegenüber der Insel Uvita. Die Überlieferung besagt, der Ort habe den Namen Puerto Limón erhalten, weil an der Stelle der Grundsteinlegung, dort, wo sich heute das Rathaus befindet, ein Zitronenbaum stand. Anfangs war es ein gefürchtetes Piratennest.

Da nach und nach in der Region auch noch in starkem Maße die Kultivierung von Bananen einsetzte, baute man zum Transport eine Eisenbahnlinie von Limón nach San José, die 1890 fertiggestellt wurde. Hierfür wurden viele Schwarze aus Jamaika, Afrikaner und Chinesen angeworben, die dann anschließend im Land blieben, vornehmlich in Limón. Deshalb trifft man hier heute ein buntes Völkergemisch mit Menschen afrikanischer, asiatischer und europäischer Herkunft. Doch vor allem wird die Stadt vom karibischen Flair geprägt. Dadurch hat sich die schwarze Bevölkerung bis heute eine eigene Kultur und sogar eine eigene Sprache bewahrt, die in Teilen dem Pidgin-Englisch der anderen westindischen Länder gleicht. Von früh bis spät hört man die entsprechende Musik dazu, Calypso, Reggae und Steeldrum dringen unentwegt aus den Bars, bunten Holzhäusern und einfachen Hütten.

In Puerto Limón gibt es relativ wenig Tourismus. Die Stadt mit ihrem verschachtelten Hafen gehört zu den ärmsten Gebieten des Landes. Die Avenida 2 bietet sich für einen Stadtbummel an. Hier findet man Bars, Restaurants und Hotels. Wer etwas von der lokalen Küche kennenlernen möchte, der sollte *Pan Bon,* auch bekannt als *Pan de Negro*, probieren. Es handelt sich um eine Art Früchtebrot und schmeckt sehr lecker. Im Zentrum herrscht ständig ein buntes Treiben. Überall an den Verkaufsständen werden lautstark Waren aller Art angeboten; frische Früchte und bunte Stoffe, aber natürlich auch viel Krimskrams. Ein schöner Ort zum Verweilen ist der *Parque Vargas.* Hier sieht man auf den hohen Palmen sogar Faultiere, und exotische Blumen verströmen betörende Düfte. Gegenüber blicken in Form einer Bronzestatue Christoph Kolumbus und sein Sohn seewärts. Das dahinter stehende Rathaus ist ein schönes Beispiel tropischer Architektur mit offenen hölzernen Arkaden und Balkonen.

In der Stadt herrscht eine entspannte Laissez-faire-Stimmung. Durch die Armut gibt es jedoch mehr Kriminalität als in anderen costa-ricanischen Städten. Die ging sogar so weit, dass Touristen der Kreuzfahrtschiffe, die hier fast täglich anlegen, auf ihrem Landgang überfallen wurden. Deshalb zeigt die Polizei neuerdings auch hier in der Innenstadt verstärkte Präsenz. Trotzdem sollten Reisende in Limón vermehrt auf ihre Sicherheit achten.

Wer Costa Rica wirklich kennenlernen will, sollte die Stadt trotz der geschilderten Bedenken besuchen. Idealerweise natürlich zur Zeit des *Carnaval* Mitte Oktober. Außerdem bietet sich Limón als guter Ausgangspunkt für Touren entlang der Karibikküste an.

76. Grund

Weil Cahuita immer noch eines der Zentren für Individualtourismus und Aussteiger ist

Auf der Fahrt von Puerto Limón Richtung Süden wird das karibische Flair immer intensiver. Die Häuser sind noch bunter, und aus jeder kleinen Bar am Wegesrand dringen Reggae und Calypso-Musik nach draußen.

Nach knapp einer Stunde Fahrt durch ein landschaftlich äußerst reizvolles Gebiet erreicht man Cahuita, einen der Hotspots im Land für Individualtourismus. Hier scheint die Zeit noch ein wenig stehen geblieben zu sein. Man taucht ein in eine fröhliche, entspannte Atmosphäre, ganz so, wie man sich die Karibik vorstellt. An unbefestigten Straßen wechseln sich bunt bemalte Häuser, Hotels mit tropischem Ambiente und originell gestaltete Bars und Restaurants ab. Überall herrscht eine »coole« Atmosphäre, die ein karibisches Rasta- und Hippie-Fluidum ausstrahlt. Das kleine Dorf mit etwa 3000 Einwohnern eignet sich gut, um einfach mal die Seele baumeln zu lassen. Hier kann man wunderbar nach vielleicht ein wenig anstrengenden Touren in der costa-ricanischen Natur den Akku wieder aufladen.

Doch nicht nur das macht den lebenslustigen Ort so attraktiv. Cahuita selbst ragt in einer Art Felsenausbuchtung etwa 200 Meter ins Meer hinein und verfügt somit nicht über einen Strand »vor der Haustür«. Das ist aber auch nicht notwendig, denn sowohl nördlich und auch südlich vom Dorf liegen zwei völlig unterschiedliche, sehr reizvolle Strände. Und so hat man die Auswahl: zum schwarzen oder zum weißen Strand?

Nur zehn Gehminuten Richtung Norden erreicht man den *Playa Negra*, einen langen schwarzen Sandstrand. Die Schwarzfärbung wird vermutlich durch winzige Kohlepartikel verursacht, die im felsigen Gestein in dieser Region vorkommen. So etwas sieht man auch nicht alle Tage. Der Strand eignet sich hervorragend, um mit den anlandenden Wellen »zu kämpfen«, oder zum Schwimmen. Diejenigen, die doch lieber einen weißen Strand bevorzugen, können in der entgegengesetzten Richtung, südöstlich vom Ort am Eingang zum benachbarten Nationalpark (Grund 77), den *Playa Blanca* genießen, einen Traumstrand, der sich bis weit bis in das angrenzende Naturschutzgebiet erstreckt. Wer dann noch ein bisschen »Natur-Sightseeing« haben will, der kann sich ein *Mariposario* (Schmetterlingsgarten) im Ort oder einen kleinen botanischen Garten am nördlichen Ortsrand anschauen, in dem auch zu Schaden gekommene Wildtiere wieder gesund gepflegt werden.

Cahuita war von jeher eines der Zentren für Individualtourismus und hat sich diesen Charme bis heute bewahrt. Die Drogen rauchenden »Alt-Freaks«, die früher das Bild des Dorfes stark geprägt und dadurch ein zum Teil negatives Image erzeugt haben, sieht man kaum noch.

Es ist ein idealer Ort, um einfach mal in dieser lockeren Karibik-Atmosphäre eine Weile auszuspannen. Die kleine Siedlung ist sehr gut erschlossen. Es gibt eine große Auswahl an ganz unterschiedlichen Restaurants und Cafés und jede Menge Unterkünfte in einem fast immer tropischen Ambiente und für jeden Geldbeutel. Einige Herbergen werden von Europäern, vornehmlich Schweizern, geführt, sodass es auch sprachlich keine Probleme geben dürfte.

www.cahuita.cr

Weil man im Nationalpark Cahuita mit seinem Korallenriff, der artenreichen Vegetation und den Traumstränden Impressionen erhält, die man nicht verpassen sollte

Der *Parque Nacional Cahuita* zählt zu den beliebtesten Naturschutzgebieten Costa Ricas. Der zweitälteste Nationalpark des Landes hat die Form einer rechteckigen Landzunge und ist vergleichsweise klein. Die beiden links und rechts seewärts ins Meer ragenden Spitzen heißen Punta Cahuita und Punta Vargas. Der Park wurde vor allem zum Schutz des letzten intakten Korallenriffs an der costaricanischen Karibikküste eingerichtet. Das der Halbinsel vorgelagerte 600 Hektar große Riff ist aber ebenso wie sein wesentlich kleinerer Bruder vor Puerto Limón durch das Erdbeben im Mai 1994 schwer geschädigt worden und wurde um einen Meter angehoben. Zudem schwindet nach und nach der Bewuchs auf den Korallen und wird durch Algen ersetzt. Das verursacht eine schleichende, kaum wahrnehmbare Zersetzung des Riffs. Der Grund hierfür sind im Wesentlichen mit Chemikalien angereicherte Abwässer, vornehmlich aus der Bananenproduktion, die durch die Flüsse ins Meer gelangen. Das Landwirtschaftsministerium unternimmt aber einige Anstrengungen, um dem entgegenzuwirken.

Die Besucher kommen aber hauptsächlich, um im tropischen Regenwald die äußerst artenreiche Vegetation zu bewundern und um das türkisblaue Meer mit kilometerlangem weißen Sandstrand zu genießen. Diese Kombination von Naturerlebnis und Traumstrand macht den Park so einzigartig.

Ein wunderschön breit angelegter Wanderpfad führt zu Beginn über Holzstege von dem einen Parkeingang am südlichen Ortsrand von Cahuita zum anderen, der Rangerstation Puerto Vargas, die an der Küstenstraße liegt. Die Strecke verläuft um die gesamte Halbinsel fast immer in Ufernähe und bietet trotzdem viel Schatten. Im Osten schlagen die sanften Wellen des Karibischen Meeres gegen den etwa vier Kilometer langen weißen Sandstrand wie aus dem Bilderbuch, den man nach der Urwald-Tour durch den Park vielleicht am nächsten Tag umso mehr genießen kann. Die Wanderung durch den Dschungel ist sehr abwechselungsreich. Schön eingerichtete Rastplätze laden zwischendurch zu einem Picknick ein, und dann geht der Weg wieder an malerischen Stränden vorbei, an denen große Einsiedlerkrebse das Weite suchen.

Auf diesem etwa sieben Kilometer langen Weg durch dichten Regenwald bekommt man eine äußerst vielfältige Landschaft zu Gesicht. Uralte Baumriesen, Mangrovendickichte, kleine Lagunen und nahezu mystische Sumpflandschaften wechseln einander ab. Zweimal ist ein Fluss zu durchqueren, von denen der Río Perezoso, der Faultierfluss, am Punta Cahuita der größere ist. Doch die normal nur knietiefen Gewässer stellen nur in der Regenzeit ein Problem dar. Die kleinen Kapuzineräffchen begleiten einen praktisch auf Schritt und Tritt. Das laute Imponiergehabe der Brüllaffen ist schon lange, bevor man sie zu Gesicht bekommt, zu hören. Außerdem sind jede Menge Vögel wie Eulen, Spechte, und Tukane zu erblicken. Um Faultiere zu entdecken, benötigt man ein geübtes Auge. Waschbären, verschiedene Arten von Leguanen und andere Riesenechsen, bunte, große Schmetterlinge, Insekten und sich mit schweren Lasten abplagende Blattschneideameisen sind da schon leichter zu erspähen.

Nach dem Fluss wird der Pfad schmaler. Auf diesem Abschnitt sind weniger Naturliebhaber unterwegs, dafür wird aber hier noch mehr Natur geboten. Die meisten Besucher scheuen offenbar die Flussdurchquerung und kehren an dieser Stelle um. Der Reiz, sich an dem Traumstrand vom Playa Blanca zu vergnügen, ist dann wohl doch zu groß. Wer den gesamten, sehr schönen Wanderweg zurücklegt, muss auf der Küstenstraße ein Stück zurücklaufen, um wieder nach Cahuita zu gelangen. Es gibt aber auch einen Bus.

Ein weiteres Highlight ist das Schnorcheln. Da das Korallenriff durch unachtsame Touristen schon einigen Schaden davongetragen hat, ist das Schwimmen und Schnorcheln auf eigene Faust an diesem Meeresabschnitt des Parks seit einigen Jahren verboten und wird auch dementsprechend überwacht. Möglich ist es aber in Begleitung eines Guides, am besten in der Trockenzeit. Dieser bringt die Unterwasserwelt-Interessierten mit dem Boot an die schönsten Stellen des Riffs und erklärt dann auch, worauf zu achten ist. Es ist strengstens untersagt, auf den Korallen herumzutreten oder sie nur zu berühren, da dieses empfindliche Ökosystem dadurch geschädigt wird, gegebenenfalls sogar Teile abbrechen können.

Die farbenfrohe Unterwasservielfalt, die unzähligen Arten an farbenprächtigen tropischen Fischen zum Greifen nah, das alles löst schon eine große Faszination aus. Einige Exemplare verdienen in der Tat den Ausdruck »exotisch«. Man sieht Fische, die man weder vorher jemals zu Gesicht bekommen, noch von denen man irgendetwas gewusst hat. Des Weiteren kann man jede Menge Seeigel und mit etwas Glück sogar große Wasserschildkröten erspähen. Einfach nur auf dem klaren, warmen Wasser treiben lassen und dabei diese einmalige Unterwasserflora und -fauna zu bewundern, ist ebenfalls ein unvergessliches Erlebnis einer Costa-Rica-Reise.

www.areasyparques.com · www.sinac.go.cr · www.cahuita.cr

78. Grund

Weil der Aussteigerort Puerto Viejo ein Surfparadies ist und mit Traumstränden punktet

Von Cahuita weiter gen Süden am Meer entlang erreicht man nach 16 Kilometern Puerto Viejo. Diesen Ortsnamen gibt es in Costa Rica (mindestens) zehn Mal. Ein bekannter Ort mit diesem Namen liegt am Río Sarapiquí, nördlich vom *Nationalpark Braulio Carillo* gelegen. Deshalb heißt die Ortschaft an der südlichen Karibikküste exakt Puerto Viejo de Talamanca. Die idyllisch gelegene Siedlung war mal ein verschlafenes Fischerdorf und wird auch in älteren Costa-Rica-Führern noch so dargestellt. Doch davon ist nicht mehr viel übrig geblieben. Heute ist der Ort wohl der angesagteste Szenetreff an der gesamten costa-ricanischen Karibikküste, auch deshalb, weil viele Backpacker, Aussteiger und Lebenskünstler von Cahuita nach Puerto Viejo weitergezogen sind. Und so ist aus dem kleinen ruhigen Dorf ein bunter und schriller Partyort mit lauter Musik, hippen Bars, deliziösen Restaurants und jeder Menge Herbergen im tropischen Ambiente geworden, Multi-Kulti im wahrsten Sinne des Wortes. Mit seiner entspannten Atmosphäre und der einzigartigen bunten Mischung indigener Kulturen hat sich Puerto Viejo aber dennoch seinen lässigen Charme mit karibischem Flair bewahrt.

Wer diesen Trubel nicht mag, dem sei geraten, dem Ort zwischen Mai bis Oktober einen Besuch abzustatten, obwohl dann an der Karibikseite Regenzeit vorherrscht. In diesen Monaten sind jedoch der Partyrummel und der Touristenauflauf deutlich reduziert. Irgendwie muss es sich herumgesprochen haben, dass Puerto Viejo in dieser Zeit besonders familienfreundlich ist. Dann sieht man jede Menge Besuchergruppen mit Kindern, auch Einheimische an den Stränden und auf Ausflügen mit dem Pferd oder sogar auf Fahrrädern (!) den karibischen Life-Style genießen.

Die Infrastruktur ist vergleichbar mit Cahuita. Auch Puerto Viejo ragt mit einer kleinen Felsausbuchtung ins Meer, und es gibt ebenfalls einen westlich vom Ort gelegenen Playa Negra, wieder mit dem Phänomen des mit feinen Kohlepartikeln durchsetzten Sandes. Weiter östlich reiht sich ein weißer Traumstrand an den anderen, die Playa Cocles und Playa Chiquita und Playa Punta Uva heißen. An diesen Stränden sind dann auch Palmenidyll, Hängematte und türkisblaues Meer angesagt. Die Hippie-Gesellschaft von Puerto Viejo lässt sich hier weniger blicken. Kilometerweite, einsame Strandabschnitte laden zu Entspannung pur ein.

Den in den letzten Jahren immer mehr angesagten Status verdankt Puerto Viejo aber nicht zuletzt auch dem großen Zulauf von Surfern aus aller Welt. Der Surfstrand, der bei Wellenreitern wahres Entzücken hervorruft, heißt Salsa Brava und liegt unmittelbar neben dem Ort. Dort ist ein seltenes Phänomen zu beobachten. Die Welle bricht über dem vorgelagerten Korallenriff. Dadurch wird die größte Surf-Ola der gesamten Karibikküste erzeugt (Grund 51). Deshalb sind die Urgewalten der Salsa Brava wirklich nur etwas für absolute Profis. Im schlimmsten Fall, so ein Surf-Experte zu mir, kann man gegen das Riff geschleudert werden, und so manchen »Brettsalat« hat es auch schon gegeben. Ein Wellen-Artist sagte mir mal, den Salsa Brava erfolgreich zu reiten, wäre schöner als im Paradies zu sein. Ich glaube, besser kann man das Feeling nicht ausdrücken. Natürlich ist das alles für Besucher spektakulär anzuschauen.

Aber auch Surfanfänger und -fortgeschrittene kommen in Puerto Viejo auf ihre Kosten. Nur zwei Kilometer weiter östlich sind die Wellen am Playa Cocles fast genauso beeindruckend. Das Surfen ist dort aber längst nicht so gefährlich. Die Surfsaison beginnt im November und endet im März, aber auch in den Monaten Juni und Juli ist noch einmal eine gute Zeit für schöne Wellen.

Des Weiteren kann man hier mit dem Schnorchel eine beeindruckende Unterwasserwelt bestaunen, mit dem Kajak an der tropischen Meeresküste entlangpaddeln und mit örtlichen Führern atemberaubende Tauchgänge unternehmen. Besondern für Kinder, aber auch für alle Tierfreunde ist der Besuch des *Jaguar Rescue Center*, unmittelbar am Playa Cocles gelegen, ein Erlebnis. Der Name ist eigentlich irreführend, denn Jaguare sind dort recht selten zu bestaunen. Man widmet sich hier schwerpunktmäßig Faultieren, der Aufzucht verwaister Babys, der Pflege von verletzt aufgefundenen Tieren und deren Wiederauswilderung. Doch nicht nur Faultiere kann man hier aus nächster Nähe bestaunen. Nahezu alle Arten von verletzten und verwaisten Wildtieren werden hier gesund gepflegt und möglichst wieder ausgesetzt.

Seit 2018 findet in Puerto Viejo am letzten Samstag in Oktober das *Festival Gastronómico y Cultural* statt, eine Art »tropisches Kneipen-Festival« mit viel Musik und einem reichhaltigen gastronomischen Angebot, bei dem der Ort bis frühmorgens einer einzigen Partymeile gleicht. Wer karibische Musik, exotisch zubereitete Gerichte und Feiern bei tropischen Temperaturen bis zum Morgengrauen mag, sollte sich auf seiner Costa-Rica-Reise diesen Termin vormerken.

www.govisitcostarica.com • www.jaguarrescue.foundation

79. Grund

Weil das Tierschutzgebiet Gandoca-Manzanillo eine der schönsten Küstengegenden der Karibik ist

Abgelegen und exotisch, eingebettet in eine der schönsten Küstengegenden der Karibik, liegt das Nationale Tierschutzgebiet Gandoca-Manzanillo. *Das Refugio Nacional de la Vida Silvestre Gandoca-Manzanillo*, das sich über eine Fläche von nahezu 5000 Hektar auf dem Festland und gut 4000 auf dem Wasser erstreckt, beginnt knapp zehn Kilometer östlich von Puerto Viejo in Punta Uvita, schließt die kleinen Strandorte Gandoca und Manzanillo ein und reicht bis zur panamesischen Grenze. Es sind nicht viele Besucher, die ihre Reise bis hierher ausdehnen. Es lohnt sich aber trotzdem.

Das Schutzgebiet wurde 1985 eingerichtet und umfasst völlig verschiedenartige Biotope und Natur-Lebensräume. Neben seltenen Feucht- und Niedrigwäldern sind in dem zehn Kilometer langen Strandstreifen verschiedene Sumpf- und Feuchtgebiete, ein kleiner See, Lagunen sowie mehrere Riffe eingebettet, darunter auch ein fünf Quadratkilometer großes Korallenriff. So kann das Reservat hier im Gezeitenbereich der Atlantikküste mit dem einzigen voll lebensfähigen Ökosystem von verschiedenen Salzpflanzen und Roten Sumpf-Mangroven aufwarten, die nur noch selten anzutreffen sind und durch die Schutzzone weitestgehend vor Kontamination bewahrt werden.

Dem sumpfigen Mangrovendickicht der Küste vorgelagert, wachsen entlang des gesamten Korallenriffs die einzigen natürlichen Austernbänke an der costa-ricanischen Karibikseite, die ebenfalls höchsten Schutzes bedürfen. In der zauberhaften Welt der Riffe kann man ein einzigartiges marines Leben beobachten. Bunte Fische in allen Farben und Formen, exotische Seeigel, vielfarbige Seesterne, Hummer, Langusten und verschiedenen Schwammarten kommen dort vor.

Die diversen anderen Lebensräume des Refugiums sind die Heimat vieler Tierarten wie Tapire, Affen, Leguane und Schlangen und vor allem einer großen Artenvielfalt an Vögeln wie Adler, Fregattvögel, Tukane, Papageien und Spechte.

Im Flussbereich trifft man Kaimane und Tarpune an, einer Unterart der Knochenfische. Auch die weitere Küste ist sehr tierreich. So sind in der Gandoca-Lagune niedlich anzuschauende Seekühe zu Hause. Dort kommt auch die größte Meeresschildkröte der Welt, die Lederschildkröte, zur Eiablage an Land, und zwar in der Zeit von März bis Mai. Überall bevölkert eine Vielzahl von Einsiedlerkrebsen den Strand, und weiter südlich, in der Nähe der Grenze zu Panama, tauchen ab und an Delfine auf.

Eine schöne Möglichkeit, der Schutzzone einen Besuch abzustatten, ist eine Radtour von Puerto Viejo de Talamanca aus. Immer wieder geben kleine Hügel eine fantastische Aussicht auf wunderschöne, palmengesäumte Buchten frei. Die Straße endet in dem idyllischen Küstenstädtchen Manzanillo, denn der Weg zur panamesischen Grenze führt ab Puerto Viejo landeinwärts um die Schutzzone herum (Grund 80). Zuerst erreicht man Manzanillo. Der Ort wirkt beschaulich und entspannend. Hier, praktisch am südöstlichen Ende Costa Ricas, gibt es keine großen Geschäfte und keinen Rummel mehr. Das Leben der Einheimischen nimmt einen gemächlichen

Lauf, für die Naturparkbesucher gibt es einige Unterkünfte und Restaurants.

Einer der Wanderpfade durch das Refugium beginnt am Flüsschen, der sich am Playa Punta Uva ins Meer ergießt. Da er nur knietiefes Wasser führt, ist er leicht barfuß zu durchwaten. Im Vergleich zum Nationalpark Cahuita begegnet man hier weniger gleichgesinnten Naturliebhabern, deshalb ist die Tour eine hautnahe, intensive Begegnung mit der einzigartigen Flora und Fauna des Refugiums. Auf der hügeligen Strecke erreicht man nach etwa drei Kilometern das *Nature Observatorio*, in dem die Möglichkeit besteht, in einem Baumhaus in Gipfelhöhe zu übernachten, mit einem nahezu schon spektakulären Blick über den Dschungel. Wer den Fußweg fortsetzt, erreicht nach weiteren zwei Kilometern wieder den Strandort Manzanillo. Eine andere Route führt weitestgehend in Ufernähe bis zum Dschungelcamp *Punta Mona*, wo ebenfalls eine Übernachtung möglich ist. Dort werden auch Bootsfahrten zu den Korallenriffen angeboten.

Da es in der Region fast ganzjährig regnet, sind die besten Zeiten, diesem biologischen Schutzgebiet einen Besuch abzustatten, die Monate März, April, September und Oktober.

Fazit: Das *Refugio Nacional de la Vida Silvestre Gandoca-Manzanillo* bietet eine sehr intensive Begegnung mit verschiedenen, dazu noch seltenen Ökosystemen Costa Ricas. Für »fortgeschrittene« Naturliebhaber und -freaks sicherlich ein außergewöhnliches Highlight der Reise. Aber auch »normale« Naturfreunde werden den Besuch nicht bereuen. Ich habe fast die gesamte Karibikseite durch eine unvergessliche Motorradtour mit meinem Freund Jürgen kennengelernt. Danke, Jürgen, war schon ein Erlebnis!

www.govisitcostarica.com • www.areasyparques.com • www.natureobservatorio.com • www.puntamona.org

80. Grund

Weil ein Abstecher nach Panama leicht möglich ist

Costa Rica hat im Gegensatz zu fast allen europäischen Staaten nur zwei Nachbarländer. Ganz im Unterschied zum autokratischen System des Ortega-Familienclans in Nicaragua sind die Beziehungen zu Panama freundschaftlich. Es gibt ein spürbares Preisgefälle. Deshalb fahren nicht wenige *Ticos* mit dem Bus zur panamaischen Grenze, um dort in den großen zum Teil auch inoffiziellen Freihandelszonen billig Waren einzukaufen, die sie dann im eigenen Land gewinnbringend veräußern.

Zum südöstlichen Nachbarland gibt es zwei (große) Grenzübergänge. Die Interamericana, also der Pan American Highway, führt über den Grenzort Paso Canoas weiter nach Süden. Der andere Übergang befindet sich an der Karibikseite über den Río Sixaola, an dem der Ort gleichen Namens liegt (Grund 79). Eine neuere und eine alte Stahlbrücke führen dort ins Nachbarland zu den Orten Guabito und Changuinola. Zu beiden Grenzübergängen gibt es von San José aus täglich mehrmals verkehrende Bustransporte. Für die Einreise nach Panama ist ebenso wie für Costa Rica nur ein Reisepass erforderlich. Die panamaischen Grenzbeamten verlangen aber bei der Wiedereinreise nach Costa Rica den Nachweis für die Ausreise aus Costa Rica. Daher sollte man unbedingt sein Flugticket dabeihaben.

Relativ grenznah, das heißt in überschaubarer Zeit, sind zwei interessante touristische Ziele in Panama zu erreichen. Von der südlichen Karibikküste aus ist ein Abstecher zu den Koralleninseln von Bocas del Toro zu empfehlen. Die Inselgruppe ist eine absolute Perle in der Karibik. Traumhafte Korallenriffe, Mangrovenwälder, schöne Strände und ein günstiges Preis-Leistungs-Verhältnis sind gute Gründe dafür, dass immer mehr Costa-Rica-Reisende die Inselwelt von Boca del Toro erkunden. In Puerto Viejo werden Touren angeboten, man kann aber auch ohne Probleme selbst anreisen, von Sixaloa mit dem Bus über Changuinola und Almirante und dann mit dem Wassertaxi zur Isla Colón. Wer sich an der Pazifikküste in Grenznähe zu Panama aufhält, kann dem Nationalpark Barú mit dem höchsten Berg des Landes einen Besuch abstatten. Der erloschene Vulkan gleichen Namens ist 3.474 Meter hoch und bietet einen atemberaubenden Blick weit in das umliegende Hochland.

Zum Schluss noch ein Reisetipp. Einer der schönsten Landeanflüge weltweit, zumindest was ich bisher erlebt habe, wird einem auf dem Flug von San José nach Panama City geboten. Der Flieger schwebt in bereits geringer Höhe in den Golf von Panama ein und passiert als Erstes die vorgelagerten Inseln Taboga und Taboguilla. Dann sieht man Dutzende große Schiffe jeder Art vor dem Eingang des Panamakanals in Parkposition liegen, die auf den Einlass in den Kanal warten. Direkt über dem Kanaleingang verläuft die große Hängebrücke *Bridge of the Americas*, die die Stadt mit den westlichen Landesteilen verbindet. Und wenige Hundert Meter kanaleinwärts ist die erste große Schleuse zu erkennen, in der Schiffe, die den Kanal passieren wollen, das erste Mal auf ein höheres Niveau gebracht werden. Wie »im Flug« geht es weiter. Es kommt die Halbinsel Isla Flamenco mit ihrer einzigartigen Form in den Blick, die aus zwei fast kreisrunden Anhöhen besteht, die miteinander und insgesamt über einen Damm mit dem Festland verbunden sind. In der kleinen Ausbuchtung zwischen den »Tellern« der Halbinsel befindet sich der große Jachthafen der Hauptstadt mit Hunderten von Segelbooten. Und schließlich kommt die atemberaubende Skyline von Panama-City näher. Da die Flughöhe immer geringer wird, ist bereits jeder Wolkenkratzer genau zu erkennen. Bevor der Landeanflug in die Endphase geht, wird einem noch ein spektakulärer Blick auf den Casco Viejo, auf das alte Stadtzentrum Panamas, geboten. Eine bessere und aufregendere Sightseeing-Tour kann keine Stadtrundfahrt bieten.

Wer mit Iberia reist, kann dieses einmalige und wunderschöne Panorama erleben. Denn die spanische Airline fliegt jede lateinamerikanische Hauptstadt an. Und Costa-Rica-Reisende können bei der Buchung, sowohl im Internet als auch im Reisebüro, den Rückflug nach Madrid über Panama wählen, sogar ganz ohne Aufpreis. Um diesen wirklich atemberaubenden Blick auf die Bucht, den Kanal und die Stadt genießen zu können, sollte man beim Einchecken in San José einen Fensterplatz auf der linken Seite erbitten. Es lohnt sich wirklich.

www.visitpanama.com • www.iberia.com

11. Kapitel

Richtung Norden und Nordwesten

81. Grund

Weil sich auch die Fahrt ganz in den Norden zum Río San Carlos lohnt

Ein unvergessliches Erlebnis einer Costa-Rica-Reise ist eine Begegnung mit dem unberührten Tiefenregenwald, also ich meine, für einige Tage darin zu leben. Dazu muss man aber ein wenig Fahrt in Kauf nehmen. Eine sehr gute Möglichkeit hierzu wird einem in der Region des Río San Carlos geboten, der an der nicaraguanischen Grenze in den Río San Juan mündet. Die Anfahrt geht über Agua Zarcas, etwa 70 Kilometer nördlich von Alajuela gelegen, und Pital, eines der Zentren der Ananaskultivierung. Später fährt man an Zuckerrohrfeldern entlang und sieht auch die für das Land typischen Brahman-Zeburinder, die sich besonders dem heißen Klima anpassen können. Sie schöpfen in dieser regenreichen Region aus dem Vollen und sehen allesamt gut genährt aus. Hinter Pital endet die Asphaltstraße, und es geht über eine Schotterpiste weiter zum Río San Carlos. Nach etwa 35 Kilometern erreicht man Boca Tapada. Das ist kein Ort, sondern eine Ansammlung von einigen Gebäuden, zu der zwei kleine Lodges, eine Bar, ein Restaurant und eine kleine Kirche gehören. Noch weiter Richtung Norden kommt man dann schon dem »Ende der Welt« recht nah, zumindest gibt es kaum noch Zivilisation, sondern nur noch wilde Natur pur.

Dort findet man mitten in der Wildnis in Flussnähe drei Urwaldunterkünfte, sogenannte Lodges, jede mit einem zugehörigen Privat-Reservat umgeben. Die *Laguna del Lagarto Lodge* kann ein 500 Hektar großes Regenwaldreservat sein Eigen nennen, mehr Dschungel geht nicht. Man ist auf Du und Du mit einer Vielzahl von Vögeln wie Tukanen, Papageien, Spechten, Kuckucksvögeln und Kolibris, ein wahres Paradies für alle Ornithologen. Schmetterlinge jeder Größe und Farbe schwirren durch die Luft, und Affen und Nasenbären sagen praktisch Guten Tag. Während meiner Anwesenheit vor zwei Jahren kam täglich bis zur Einfahrt des Gebäudekomplexes ein Krokodil und holte sich dort seine tägliche Mahlzeit ab. Auf den vielen Wanderwegen fühlt man sich nach wenigen Minuten mitten im tiefsten Urwald. Man hat das Gefühl, als wäre außer mir noch niemand vorher hier gewesen. Faultiere sitzen regungslos in den Bäumen, und Pfeilgiftfrösche in verschiedenen Farben nehmen hüpfend Reißaus. Ein weiteres Highlight ist eine Paddelboottour auf dem Fluss und in den angrenzenden Lagunen. Ganz allein (!) passiert man das Schilfdickicht und fährt durch ein Meer an Seerosen und erspäht dann plötzlich auf der Sandbank Kaimane, die dort ein Sonnenbad nehmen.

Auf der anderen Seite des Flusses befindet sich die ebenfalls malerisch unmittelbar am Fluss gelegene *Maquenque Eco Lodge* mit einer Reihe von frei stehenden Bungalows. Die angebotenen Aktivitäten wie Urwald-Trails, Kanufahrten und Reiten sind ähnlich. Um aber auf die an der rechten Seite des Flusses verlaufende Schotterstraße zu gelangen, muss man jedes Mal die kleine Privatfähre bemühen.

Noch ein bisschen weiter nördlich stößt man auf die *Pedacito de Cielo Lodge*, was für ein Name! Dieses »Kleine Stückchen des Himmels« wird seinem Namen voll gerecht. Ebenfalls am Fluss gelegen und umgeben vom tiefem Regenwald ist die mit einer Reihe Bungalows ausgestattete Lodge ein weiteres Paradies am Río San Carlos mit den schon genannten fantastischen Möglichkeiten.

Die gesamte Gegend ist der Hauptnistplatz des grünen Ara-Papageis, von denen es in Costa Rica nur noch 200 Exemplare gibt. Auf den Wanderungen sieht man auch den seltenen Marmorreiher und hört schon von Weitem den markanten Ruf des Montezuma-Stirnvogels, erkennbar an dem leuchtend gelben Schwanz.

Ein besonders intensives Erlebnis ist eine Nachtwanderung durch den dichten Regenwald. Ein plötzlich einsetzender heftiger tropischer Regenguss verstärkt das Feeling der absoluten Wildnis noch. Nach 20 Minuten war dieses besondere Natur-Nachtschauspiel dann aber wieder vorbei.

Neben den Privatreservaten gibt es in der Region seit einiger Zeit auch ein staatliches Schutzgebiet. Das *Refugio Nacional de Vida Silvestre Mixto Maquenque* bietet ebenfalls Gelegenheit, auf Wanderpfaden den hautnahen Kontakt mit dem urwüchsigen, unberührten Regenwald aufzunehmen. In dem nationalen Schutzgebiet kann man noch die Auswüchse des Hurrikans »Otto« in Augenschein nehmen, der im Februar 2017 sogar Costa Rica heimsuchte. Karibische Wirbelstürme ziehen äußerst selten so weit nach Süden. Zahlreiche umgefallene Baumriesen zeugen noch von dem Unwetter. Der Nationalpark ist strengstens geschützt, nichts darf entnommen werden, alles bleibt unberührt.

Wer möchte, kann dann noch die Fahrt bis zur nicaraguanischen Grenze fortsetzen. Dort mündet der Río San Carlos in den Río San Juan, der über weite Strecken die Grenze zum Nachbarland bildet und immer wieder Anlass zu Grenzstreitigkeiten gibt, da Nicaragua Gebiete der costa-ricanischen Uferregion für sich beansprucht. Deswegen hat Costa Rica schon mehrfach den Internationalen Gerichtshof in Den Haag bemüht und eigentlich immer gewonnen.

Noch einmal: Wer mitten im tiefen Urwald nächtigt und morgens durch einen vielstimmigen »Begrüßungsgesang« aller exotischen Urwaldtiere geweckt wird, macht eine außergewöhnliche Erfahrung, die einem nicht so oft im Leben geboten wird. Da kann man schon ins Grübeln kommen. Ist das das Paradies? Ich habe dieses einmalige Dschungelerlebnis bis heute nicht vergessen.

www.lagarto-lodge-costa-rica.com • www.maquenqueecolodge.com • www.pedacitodecielo.com • www.caminoasanjuan-naturereserve.com

82. Grund

Weil das Naturschutzgebiet Caño Negro eines der bedeutendsten Feuchtgebiete Mittelamerikas ist

Noch eine Fahrt in den Norden, wieder bis fast an die nicaraguanische Grenze, dieses Mal nur ein wenig mehr in die westliche Richtung. Dort windet sich durch die flache Ebene der Río Frío (der natürlich überhaupt nicht kalt ist) und mündet exakt an gleicher Stelle wie der Río San Juan in den Nicaraguasee. Auf costa-ricanischem Gebiet ist der Fluss das Herzstück des wichtigsten Feucht- und Sumpfgebietes des Landes. Das 10.000 Quadratkilometer große Naturschutzgebiet *Caño Negro* ist in mehrerlei Hinsicht eine Ausnahme und deshalb einen Besuch wert. Auf dem gesamten Weg Richtung Norden mäandert der Fluss in Schlangenlinien und bildet dabei eine Vielzahl von Seitenarmen und Lagunen. In der Regenzeit jedoch wachsen die Gewässer zu einem riesigen See von mehr als 500 Hektar zusammen. Es bildet sich ein temporärer Flachsee, die Wassertiefe beträgt nur drei Meter, und in dieser Zeit dient der Río Frio als Überlauf. In der Trockenzeit verschwindet dann der Caño-Negro-See wieder nahezu vollständig. Das ist schon ein seltenes Phänomen.

Das *Refugio Nacional de la Vida Silvestre Caño Negro* bietet vielen zum Teil seltenen Tier- und Pflanzenarten einen Lebensraum, die genau auf dieses wasserreiche Biotop angewiesen sind. Einige Spezies sind im Land nur hier anzutreffen. So ist das Gebiet ein wahres Vogelparadies. Über 300 verschiedene Vogelarten sind hier beheimatet, man kann sie gar nicht alle aufzählen: diverse Spechtarten, Kuckucksvögel, Löffel-, Kuh- und Silberreiher, Weißer Ibis, Schlangenhalsvogel, Afrikanischer Nimmersatt – eine Storchart –, Gelbstirn-Wasserhuhn, Fliegenfänger, Kingfischer, Pfeifgans und verschiedene Kolibriarten. Ebenfalls zu Hause ist hier eine Kormoran-Spezies, die Biguascharbe. Zudem dient das bedeutendste Feuchtgebiet Mittelamerikas vielen Zuvögeln auf dem Weg zu ihren

Brutgebieten im Frühling und ebenso auf der Rückkehr im Herbst als Rastplatz und natürlich auch, um bei der Gelegenheit durch das reichhaltige Angebot ihre körpereigenen Fettreserven wieder aufzufüllen. Auf der anderen Seite müssen aber die gesamte Flora und Fauna mit diesen jahreszeitlich bedingten starken Veränderungen in ihrer Umgebung zurechtkommen.

Aus diesen Natur-Wechselspielen resultieren fünf verschiedene Vegetationszonen. Das Uferrandgebiet ist vorwiegend mit Gräsern, Sträuchern und kleinen Bäumen bewachsen. Im regelmäßig überschwemmten Primärwald sind Klammeraffen, Faultiere, Tapire und der grüne Leguan, aber auch kleinere Raubkatzen wie Puma, Jaguar und Ozelot anzutreffen. Die zahlreichen Fluss-Seitenarme, Kanäle und Lagunen sind das perfekte Zuhause für Fischotter und bieten aber auch einen idealen Lebensraum für die in großer Zahl anzutreffenden Krokodilkaimane.

Das Caño-Negro-Schutzgebiet mit dem Río Frío und dem See gleichen Namens ist aufgrund der enormen Artenvielfalt und der malerischen Landschaft in den letzten Jahren zu einem beliebten Ausflugsziel des Landes avanciert. Die beste Möglichkeit, diese artenreiche Naturlandschaft zu erkunden, bieten Bootstouren auf dem mit Mangroven bewachsenen Río Frío mit seinen zahlreichen Wasserarmen, die am See oder in den Hotels angeboten werden. Es gibt auch größere Fahrten, die enden dann kurz vor der nicaraguanischen Grenze in Los Chile. So kann man wunderbar die einzigartige Tier- und Pflanzenwelt auf und im Wasser und die ufernahen Spezies bewundern. Die Kaimane schwimmen fast so um die Boote herum, wie man es in heimischen Gefilden von den Karpfen kennt. In der Trockenzeit von Januar bis April ist der See meistens nahezu vollständig ausgetrocknet. In dieser Zeit bietet sich eine Tierbeobachtung vom Ufer aus an, da sich dann sehr viele Vögel auf der schrumpfenden Wasseroberfläche versammeln. Weil aufgrund des Riesenareals schlicht und einfach das Personal und die Einrichtungen fehlen, ist in der Regel der Eintritt in das Schutzgebiet frei.

Da ich einen Teil des Jahres in dem Land lebe, habe ich die Gelegenheit wahrgenommen, den Caño Negro-See zweimal in Augenschein zu nehmen, einmal in der Trockenzeit im Februar und ein anderes Mal im Oktober. Man erkennt dann die Region in der Tat nicht mehr wieder. In welcher Zeit ist ein Besuch interessanter? Nun, das sollte jeder für sich selbst herausfinden.

www.conozcacostarica.com • www.canonegrolodge.com • www.hoteldecampo.com

83. Grund

Weil das biologische Nebelwaldreservat Monteverde das bekannteste und meistbesuchte Naturreservat Costa Ricas ist

1951 wanderte eine Gruppe nordamerikanischer Quäker nach Costa Rica ein und ließ sich in der Nebelwaldregion Monteverde nieder. Das Land ohne Militär schien ihnen der geeignete Ort zu sein, um der Wehrpflicht in den Vereinigten Staaten zu entkommen. Zum Lebensunterhalt versuchte man sich in der Herstellung von Käse und anderen Milcherzeugnissen.

Heute gilt der Monteverde-Käse als einer der besten Sorten des Landes, und natürlich ist die Herstellung vor Ort zu besichtigen. 1972 führte dann die einmalige Nebelwaldkulisse zur Gründung eines Tierschutzgebietes, welches später in das *Reserva Biológica Bosque Nuboso Monteverde* überführt wurde. Das Reservat ist klimatisch hochinteressant, liegt es doch genau auf der kontinentalen Wasserscheide. So sind auf der Pazifik-Seite in der Trockenzeit, also von Dezember bis April, die Niederschlagsmengen gering, während in dem östlichen, dem Atlantik zugewandten Gebiet durch den Nordost-Passat ganzjährig tropischer Regen fällt. Plötzliche Wetterumschwünge sind keine Seltenheit. In der schroffen Gebirgsregion entspringen viele Flüsse, deren Wasser sich in Kaskaden spektakulär in die Tiefe stürzen.

Der immergrüne, dichte Nebelwald in dieser interessanten Lage blieb natürlich auch dem Tourismus nicht verborgen, und so ist das biologische Regenwaldreservat Monteverde heute eines der meistbesuchten Naturschutzgebiete Costa Ricas. Nahezu ausnahmslos alle Agenturen bieten auf ihren Rundreisen standardmäßig einen mehrtägigen Aufenthalt in Monteverde an. Zeitweilig nimmt der Besucherstrom solche Ausmaße an, dass der Einlass begrenzt oder der Park sogar stundenweise ganz geschlossen wird. Die Besucherzahl im Reservat ist auf 120 limitiert.

Für Individualreisende ist die Anfahrt relativ beschwerlich. Die letzten 25 Kilometer Wegstrecke führen über nicht asphaltierte Pisten, sodass in der Regenzeit ein Allradfahrzeug zu empfehlen ist. Dafür wird man jedoch mit in der Tat atemberaubenden Ausblicken und einmaligen Naturerlebnissen belohnt. Ausgangspunkt aller Touren ist das Bergdorf Santa Elena. Hier und an der Straße zum zweiten Örtchen mit Namen Monteverde findet man nicht nur eine große Auswahl an Herbergen jeder Preisklasse, sondern auch alle anderen lebensnotwendigen Einrichtungen.

Monteverde heißt »grüner Berg«, und das faszinierende Naturparadies macht seinem Namen alle Ehre. Das Schutzgebiet ist eine der biologisch ursprünglichsten und vielfältigsten Regionen des Landes. Aufgrund der intensiven Niederschläge und der ständig hohen Luftfeuchtigkeit findet man dort eine beeindruckende Flora und eine selten dichte tropische Fauna vor. Bemooste Bäume, bewachsen mit Orchideen, Kletterpflanzen und Farnen, endlos lange Lianen und dichtes, undurchdringliches Blattwerk erzeugen eine einzigartige, nahezu mystische Stimmung und versetzen eigentlich jeden Besucher in die Urzeit zurück. In geschützten Lagen erreichen Bäume enorme Höhen, und die Baumfarne sind ebenfalls größer als anderswo. Die Diversität der Tierwelt ist genauso unvergleichlich. In der Region sind Raubkatzen wie Jaguar, Puma und Ozelot zu Hause, mehrere Affenarten, Faultiere, Tapir, Opossum und viele andere Spezies leben gleichfalls in der Schutzzone. Zu Gesicht bekommt man diese Tiere jedoch eher selten. Ihr Habitat ist vielfach der unzugängliche Teil des Reservates. Dafür kann man von den Wanderpfaden aus eine Vielzahl von Vögeln beobachten wie Kolibris, Tukane, verschiedene Spechtarten und Baumhühner. Mit ein wenig Glück ist es hier wirklich möglich, den sagenumwobenen Quetzal zu erspähen. Der scheue, selten anzutreffende »Göttervogel« mit seiner grünlich schillernden Hals- und Rückenpartie, dem grellroten Bauchkleid und den bis zu einem Meter langen weiß-grünen Schwanzfedern ist der Paradiesvogel schlechthin. Guatemala hat ihn zu seinem Nationalvogel auserkoren.

Durch das Nebelwaldreservat verlaufen mehrere schöne, gut markierte Rundwanderwege. Man passiert Aussichtspunkte, die einen fantastischen Blick über den Dschungel bieten, hohe Hängebrücken, auf denen der Besucher über dem Kronendach des Urwaldes schwebt, und tosende Wasserfälle, die ebenfalls umgeben sind von dichtem, undurchdringlichem Naturwald. Zu den absoluten Highlights zählen auch hier geführte Nachttouren. Die Kulisse einer zur Nachtzeit bizarr anmutenden Wildnis ist wirklich ein unvergessliches Erlebnis und bietet zudem noch die Möglichkeit, nachtaktive Tiere wie Eulen, Nasenbären und Fledermäuse zu Gesicht zu bekommen.

Mittlerweile wird im Monteverde-Gebiet eine Vielzahl von anderen Attraktionen angeboten, eine heißt »Kletterbaum«. In dieser üppigen Wildnis, wo jeder Baum und jede Pflanze ständig um die Existenz kämpfen muss, gibt es ein seltenes biologisches Phänomen zu bestaunen. Sogenannte Baumwürger (Matapalos), das sind Kletterbäume oder- sträucher – vornehmlich Würgefeigen (Grund 94) – winden sich derart um einen Baum, dass ihm die weitere Lebensgrundlage entzogen wird. Er wird von dem Baum oder Strauch letztendlich »erwürgt«, ähnlich wie es eine Würgeschlange mit ihrem Opfer macht. Zurück bleibt ein »Baumskelett«. Dieses »Gerüst« dient dann als Treppe für Besteigungen. Eine viel nachgefragte Attraktion für jüngere und jung gebliebene Abenteurer.

Das gesamte Nebelwaldreservat liegt auf Höhen zwischen 1.300 und 1.550 Meter. Hier herrschen ganzjährig »nur« Temperaturen zwischen 14 und 24 Grad Celsius. Dementsprechend sollte man seine Kleidung anpassen.

Eigentlich ist für jeden Costa-Rica-Besucher das Privatreservat Monteverde ein »Muss«, wer es insgesamt etwas ruhiger mag, dem sei das »Nachbar«-Reservat Santa Elena (Grund 84) empfohlen.

www.reservamonteverde.com · www.cct.or.cr

84. Grund

Weil das Nebelwaldreservat Santa Elena eine gute Alternative zu Monteverde ist

Wem der Trubel im Nebelwaldreservat Monteverde zu viel ist, der hat mit dem deutlich weniger besuchten Nachbarreservat Santa Elena eine echte Alternative. Es ist deutlich kleiner, doch es bietet die gleichen unvergesslichen Eindrücke, und nur hier kann man bei entsprechender Wetterlage einen schönen Blick auf den Vulkan Arenal (Grund 85) und die nördlichen Ebenen erhaschen. Inspiriert durch den Erfolg des Privatreservates Monteverde ging die Initiative des Projektes von einer Gruppe kanadischer Studenten aus, die sich für den Naturschutz dieses Gebietes stark machten. Anfang der 90er-Jahre wurde eine Stiftung ins Leben gerufen, mit dem Ziel, den angrenzenden Nebelwald ebenfalls zu schützen und zu erhalten. Das Eigentum des neuen Reservates Santa Elena wurde dem örtlichen Gymnasium übertragen. Alle Einnahmen sollten der Pflege und Erhaltung des Schutzgebietes und der Bildungseinrichtung zugutekommen.

La Reserva Bosque Nuboso Santa Elena ist deutlich weniger touristisch erschlossen. Aufgrund von geringeren Besucherzahlen sind hier die Chancen auf Tierbeobachtungen wesentlich größer. Das Reservat liegt insgesamt höher, es gibt einige Aussichtspunkte, von denen man bei gutem Wetter bis zum Meer schauen kann. Die Pfade sind nicht so breit und mehr naturbelassen, und somit ist die Erkundung ein wenig anspruchsvoller. Die vier verschiedenen Wanderwege sollen genau für einen Tagesbesuch ausgelegt sein. Und wieder nimmt man die eindrucksvolle Geräuschkulisse des Nebelwaldparadieses wahr. Für das klangvolle Naturkonzert sorgen ein weiteres Mal zahlreiche gefiederte exotische Darsteller des Dschungels. Die Naturerlebnisse und das Empfinden dieses Urwaldpanoramas sind ähnlich spektakulär wie im Reservat Monteverde, durch weniger Besucher aber noch intensiver. Und auch hier werden Nachttouren angeboten, die ebenfalls eine besondere Naturerfahrung liefern.

Im Laufe der Zeit hat sich in der gesamten Region eine Vielzahl von Einrichtungen etabliert, die neben dem Besuch des Reservates um die Gunst der Touristen buhlen. So gibt es mittlerweile diverse Hängebrücken-Systeme und *Canopy*-Linien, die man werbewirksam »Sky Walk« und »Sky Trek« nennt. Zwei dieser Einrichtungen findet man auf dem Weg zum Eingang des *Santa-Elena-Reservates*. Das macht es möglich, beides in einem Ausflug miteinander zu kombinieren.

Der *Selvatura-Adventure-Park* bietet die Begehung von acht Hängebrücken, einige haben eine Länge von über 150 Metern, und über 19 Plattformen verläuft eine *Canopy*-Tour durch beziehungsweise über dem Nebelwald. Im *Sky-Adventure-Park* sind die Brückendimensionen sogar noch größer. Der Spaziergang über dem Baumkronendach auf acht verschiedenen Brücken ist schon ein Riesenerlebnis. Und auch die *Canopy*-Tour mit Linien bis zu einem Kilometer (!) ist ein wahrer Adrenalinkick. In Batman-Manier an den Baumkronen entlang oder in großer Höhe über ein Dschungeltal zu schweben ist schon atemberaubend. Dann gibt es noch eine »Tarzan«-Schaukel (aber ohne hu-hu). Hier springt man von einer Plattform hinunter und endet nach ein paar Metern freiem Fall in einer

Art Schaukel. Die größte Attraktion nennt man »Superman«-Flug. Über eine Distanz von fast 1,5 Kilometer »fliegt« man auf dem Bauch liegend in recht ansehnlicher Geschwindigkeit über das Tal. Mehr Adrenalin geht nicht. Natürlich hat das alles seinen Preis.

In der Touristenhochburg Monteverde sind mittlerweile viele andere Sehenswürdigkeiten entstanden, die die vielfältige Flora und Fauna der Region unterstreichen sollen. Man kann sich wirklich tagelang dort aufhalten. Die Auswahl ist groß, sie reicht von Schmetterlings- über Orchideen- und Kolibrigarten bis zu Frosch-Terrarien und Insektenausstellungen. In einem Serpentarium sind viele in Costa Rica beheimatete Schlangen zu bestaunen, und es gibt weitere Outdoor-Aktivitäten wie das Abseilen an einem Wasserfall.

Interessant zu erwähnen ist noch das Projekt »Der ewige Wald der Kinder«. 1987 begannen schwedische Kinder Geld für den Erhalt des Regenwaldes zu sammeln. Bald schlossen sich junge Menschen in den USA, in Japan, England und Deutschland diesem Vorhaben an. Durch eine in Monteverde gegründete Naturschutzgesellschaft wurde die Idee umgesetzt. Der *Bosque Eterno del los Niños* schließt sich im Osten an das Reservat Santa Elena an und ist ein weltweit beachtetes Projekt. Mittlerweile können dort in einer biologischen Station Wissenschaftler und Studenten Naturforschungen durchführen. Das Kennenlernen des Reservates ist nach Anmeldung möglich, doch recht beschwerlich, da keine entsprechende Infrastruktur vorhanden ist.

Ein Besuch in den Nebelwaldreservaten Monteverde und / oder Santa Elena ist wild, abenteuerlich und prägend. Ein Erlebnis, das für lange Zeit in Erinnerung bleiben wird.

www.reservasantaelena.org · www.selvatura.com · www.skytrek.com · www.acmcr.org

85. Grund

Weil der Arenal einer der aktivsten Vulkane der Erde ist

Der Arenal liegt im Nordwesten des Landes an der Ostseite des gleichnamigen Sees (Grund 86) und ist von einem artenreichen Nationalpark umgeben. Er ist einer der aktivsten Vulkane der Erde, in Costa Rica jedoch gehört er zu den Feuer speienden Gipfeln mit relativ kurzer Vergangenheit. Jahrhundertelang zeigte er keine Aktivität, sodass man den fast kegelförmigen Koloss als einen »normalen« Berg ansah, zumal er auch noch mit Pflanzen völlig überwachsen war.

Mit dem 29. Juli 1968 änderte sich alles. Nach mehr als 400 Jahren erwachte der Vulkan mit einem gewaltigen Ausbruch. Dabei zerstörte er zwei Bergdörfer und bedeckte große Teile des Gipfelbereiches und den westlichen Part des Kegels mit Lava. Vermutlich verloren 87 Menschen dabei ihr Leben. Die vormals grüne Bergidylle verwandelte sich in kurzer Zeit in eine Mondlandschaft, die man noch heute bestaunen kann. Allerdings sind Teile davon im Laufe der Zeit wieder durch die üppige Vegetation überwuchert worden. Bis zum Jahr 2010 blieb der Arenal einer der aktivsten Vulkane der Erde. Glühende Lava floss regelmäßig an den Hängen hinunter bis zur Talsohle, atemberaubend anzusehen, vor allem bei Nacht. Die bis heute letzte bedeutende Aktivität zeigte der Vulkan am 24. Mai 2010. Acht verschiedene Lavaströme ergossen sich spektakulär ins Tal, und durch Explosionen wurde dermaßen viel Schlacke und Asche in die Luft geschleudert, dass der 1991 eingerichtete Nationalpark evakuiert werden musste.

Schon von Weitem ist der 1.633 Meter hohe Kegel zu sehen. Dem Berg entweichen auch heute noch kleinere Rauchwolken, die bei klarem Himmel am besten wahrnehmbar sind. In den Jahren der Aktivität ist er jährlich um mehrere Meter gewachsen. Das gesamte

Gebiet um den Vulkan ist durch schöne Wanderwege erschlossen. Einer führt durch eine üppige tropische Vegetation vorbei an mehreren vergleichsweise jungen Lavafeldern, die nach einem Vulkanausbruch im Jahr 1992 entstanden sind. Das flüssige Gestein hat sich mit dem Erkalten zu skurrilen Säulen aufgetürmt und bizarre Formen erschaffen. Wer möchte, kann fast in Bergsteigermanier über die mächtigen Gesteinsbrocken Hunderte von Metern emporklettern und auf dem Wanderpfad seine Tour fortsetzen. Von Zeit zu Zeit hört man von oben ein bedrohliches Grollen, Schilder mit dem Hinweis »Erhöhte vulkanische Aktivität« verstärken noch das mulmige Gefühl. Überflüssig zu erwähnen, dass die unmittelbare Gipfelregion aus Sicherheitsgründen für den Besucherverkehr gesperrt wurde. Es gibt zwar einen Weg hoch zum Krater, doch die Besteigung könnte von einem Moment auf den anderen lebensgefährlich werden, wenn der Vulkan plötzlich und ohne Vorwarnung wieder Gesteinsbrocken in die Luft schleuderte.

Auf einer anderen Bergtour kann man auf dem feuchten Boden Pfotenabdrücke von Raubkatzen entdecken. Doch die im Nationalpark vorkommenden Wildkatzen, zu denen auch der Jaguar zählt, sind nachtaktiv und somit schwer zu Gesicht zu bekommen. Hier wird die Vegetation langsam spärlicher, und bald ist die Baumgrenze erreicht. Weiter oben ist erneut die Spitze des Vulkans zu sehen, nur noch umgeben von schwarzer Erde, dicken Steinen und ein paar kleineren Pflanzen. Beim Abstieg passiert man eine schöne Lagune, die nach den Anstrengungen der »Besteigung« zu einem erfrischenden Bad einlädt. Für Junggebliebene gibt es eine »Tarzanschaukel«. Ein Seil hängt an einem starken Ast und dient nach einigen »Luftschaukeln« als Absprung in das kühle Nass. Macht Spaß!

Die Ausgangsbasis für diese Expeditionen in die Vulkanregion ist La Fortuna, ein 5000-Seelen-Städtchen, einige Kilometer östlich vom Bergfuß entfernt gelegen. Der Ort hieß früher mal El Burío. Dem Vernehmen nach soll er nach dem ersten schweren Vulkanausbruch in den heutigen Ortsnamen umbenannt worden sein (La Fortuna =

das Glück), da seine Bewohner von den katastrophalen Folgen verschont blieben. In jener Zeit spielten sich die Vulkanaktivitäten im Wesentlichen in den der Stadt zugewandten Kraterbereichen ab. Dadurch avancierte der Ort zu einem Touristenschwerpunkt. Konnte man doch bequem, quasi vom Hotelzimmer aus, ständig die glühenden Gesteinsbrocken beobachten, die vom Berg herunterrollten, ein einzigartiges Schauspiel, besonders in der Dunkelheit. Doch die launische Natur änderte ihr Ansinnen, in diesem Fall zum Nachteil von La Fortuna. In den folgenden Jahren »verlegte« sie die zu diesem Zeitpunkt bereits abnehmenden Vulkanaktivitäten auf die entgegengesetzte Seite. Und das bis dahin erste Werbeargument einiger Hotels in der Stadt »con vista al volcán« – mit Vulkanblick – wurde damit hinfällig.

Einige Aussichtsplattformen im Westen bieten einen schönen Panoramablick über den Arenalsee, inklusive eines farbenfrohen, malerischen Sonnenuntergangs. Von anderen Punkten aus hat man wiederum eine spektakuläre Aussicht auf den Vulkankegel. Generell sollte man frühzeitig aufbrechen, denn im Laufe des Vormittags ziehen häufig Wolken auf, die dann im Gipfelbereich festhängen und eines der bekanntesten und eindrucksvollsten Fotomotive Costa Ricas vereiteln.

www.sinac.go.cr • www.govisitcostarica.co.cr • www.arenal.net

86. Grund

Weil der Arenal-Stausee der größte See Costa Ricas und ein Eldorado für Wassersportler ist

1973 begann die staatliche Energiebehörde *Instituto Costarricense de Electricidad* (ICE) mit der Projektion eines Stausees, und 1978 war das größte künstliche Gewässer Costa Ricas, der *Lago Arenal,* fertiggestellt. Der See liegt westlich vom Vulkan und hat beträchtliche

Ausmaße. Er ist etwa 30 Kilometer lang, und die größte Breite beträgt fünf Kilometer. In erster Linie wurde er geschaffen, um elektrische Energie durch Wasserkraft zu erzeugen. Unweit des Eingangs zum Nationlpark in der Nähe des kleinen aufgeschütteten Staudamms wurde durch unterirdische Wasserzuführung zur Generatorstation das erste Mal im Land durch Wasserkraft Energie erzeugt. Später taucht der Río Arenal wieder auf, als wäre er eine Quelle (Grund 12). Des Weiteren dient der See zur Bewässerung von Reisfeldern östlich vom Golf von Nicoya, die in der Trockenzeit auf künstliche Wasserzufuhr angewiesen sind.

Die Region ist aber auch ein interessantes Windgebiet. Das ganze Jahr über sind auf dem See durch den immerfeuchten Karibik-Einfluss die Ausläufer des Nordostpassats spürbar. In der Trockenzeit von November bis April werden diese noch von den starken nordöstlichen Windströmen verstärkt, die ihren Ursprung im Golf von Mexiko haben. Mit diesen ganzjährig konstanten Passatwinden ist der Arenal-See zu einem der weltbesten Binnensurfreviere avanciert. Der unter Stehseglern exzellente Ruf wird noch erhöht durch das ganze Jahr über angenehme Wassertemperaturen von 19 bis 22 Grad Celsius. Und so sind mittlerweile auf dem Arenal-See Windsurfer aus allen Ecken der Welt anzutreffen.

Die besten Konditionen herrschen von November bis April. Dann wehen Winde mit großer Stärke und Beständigkeit, und es werden Windgeschwindigkeiten von bis zu 120 (!) Kilometer pro Stunde erreicht. Die extremen Winde lassen die Wasseroberfläche noch unruhiger werden, so ein Experte zu mir, und bei dieser Kombination von starkem Wind und rauer See geraten die weltbesten Top-Windsurfer regelrecht ins Schwärmen. Auch für Zuschauer sind die artistischen Vorstellungen der Profis höchst interessant anzuschauen. In der aufgewühlten See mit bis zu zwei Meter hohen Wellen sieht man masthohe Sprünge und atemberaubende Ritte.

Dadurch angesteckt, haben in den letzten Jahren auch Kitesurfer das Gewässer als perfekten Ort für ihren Sport entdeckt. Für Windsurfnovizen ist es da besser, die ersten Schritte auf dem nordwestlich angrenzenden kleinen Lago Cote zu versuchen, zumindest sollte man sich nur in der Regenzeit auf den großen See wagen, wenn die Winde weniger intensiv sind, so der Ratschlag des Experten. Zentrum der Windsurfszene ist der Ort Tilarán, obwohl er nicht unmittelbar am See liegt. Mehrere dort beheimatete Unternehmen unterhalten Surfstationen direkt am See, die Materialverleih, Surfschulen und sonstigen Service umfassen.

Wer es weniger aufregend mag, der kann auf dem See eine Paddel- oder Kajak-Tour unternehmen und so eine weitere fantastische Blick-Perspektive auf den Vulkan erhalten. Sehr empfehlenswert ist auch eine komplette Fahrt um den Stausee herum. Dabei kann man eine der landschaftlich schönsten Gegenden Costa Ricas genießen. Immer wieder bieten sich zauberhafte Ausblicke auf den See oder den Vulkan. In den Baumwipfeln entlang des Weges verstecken sich zahlreiche Affenfamilien, und wiederholt laufen Nasenbären durch das Straßengestrüpp oder überqueren die Fahrbahn. Ornithologen kommen auch hier voll auf ihre Kosten. Auf dem Wasser und in Ufernähe sind mehr als 300 verschiedene Vogelarten beheimatet. Das äußerst fischreiche Gewässer ist ein Eldorado für Angler. Und es gibt überdies einen Hängebrücken-Regenwald-Park. Der 250 Hektar große *Mistico-Arenal-Hanging-Bridges-Park* besteht überwiegend aus Primärregenwald und befindet sich östlich der Staumauer. Zahlreiche Brücken, sechs Hängebrücken und ein Tunnel vermitteln ebenfalls ein beeindruckendes Urwald-Feeling und nochmals atemberaubende Blicke auf den Vulkan.

Wer dann noch ein bisschen Heimatverbundenheit haben möchte, der kann am Nordufer der Schweizer Siedlung *Pequeña Helvecia* einen Besuch abstatten. Appenzell in Costa Rica! Der nette Gasthofbesitzer erklärte mir, dass Schweizer Auswanderer diesen Ort gründeten, der heute Hotel, Restaurant, Bauernhof, Wohnhäuser und eine Kirche umfasst. So ist die Welt: Die Einheimischen lieben das »exotische« Ambiente, feiern dort Hochzeiten und bestellen

Rösti mit Bratwurst. So wird das unerfüllbare Fernweh der *Ticos* wenigstens teilweise befriedigt.

www.ticowind.com · www.costa-rica-windsurf.com · www.kitecostarica.net · www.pequenahelvecia.com · www.misticopark.com

87. Grund

Weil die Thermalbäder am Arenal ein tropisches Flair haben

Vulkanisches Gestein hat die natürliche Gabe, die große innewohnende Wärme an die Umgebung abzugeben. Costa Rica nutzt diese Möglichkeit, um am Vulkan Miravalles durch Geothermie elektrische Energie zu erzeugen (Grund 12). In der Region Arenal – La Fortuna sind durch die Erderwärmung des Vulkans eine Reihe von wunderschönen tropischen Thermalbädern entstanden. Regenwasser sickert in das poröse, heiße Vulkangestein ein, wird von diesem erwärmt und zusätzlich mit wertvollen Mineralien »versorgt« und tritt dann irgendwann in heißen Quellen wieder zu Tage.

Das Entspannen im vulkanischen Thermalwasser, dazu noch in einem tropischen Ambiente, umgeben von Regenwaldkulisse und exotischen Tieren, kann ich jedem Costa-Rica-Besucher nur sehr empfehlen. Es gibt völlig verschiedene Einrichtungen. Einige sind in Hotels integriert, andere sind Teil von Spa- oder Wellness-Anlagen, und wieder andere sind halböffentliche Bäder. Dementsprechend unterschiedlich sind auch die Eintrittspreise. Fast alle liegen wenige Kilometer westlich von La Fortuna, an oder in der Nähe der Straße, die zum Arenal-See führt. Das heißt, in fast allen Bädern hat man einen fantastischen, atemberaubenden Blick auf den Vulkan. Noch ein Hinweis: In einigen Thermen wird man vielleicht einen leichten Schwefelgeruch wahrnehmen. Das ist natürlich »normal«, denn sonst wäre es ja kein Wasser vulkanischen Ursprungs.

Ich habe nahezu alle *Aguas Termales* in der Region besucht und möchte gerne meine Eindrücke und Erfahrungen weitergeben. Natürlich ist das alles subjektiv, jeder hat andere Vorstellungen und Ansprüche an ein mineralisches Heißwasserbad. Aber vielleicht dient es ein wenig zur Orientierung. Also noch einmal: ohne Gewähr!

Ecotermales Fortuna – eine sehr schön in ein tropisches Regenwäldchen eingefügte Anlage mit vulkanischem Thermalwasser. Überall säumen Felsen den Weg, und es gibt auch einen Wasserfall. Mit etwas Glück bekommt man Affen, Nasenbären und Schmetterlinge zu Gesicht. Die sieben naturbelassenen Pools haben eine Temperatur von 36 bis 42 Grad Celsius. Ich habe mich temperaturmäßig »vorgearbeitet« und anschließend im Abkühlungsbecken versucht, wieder auf »Normaltemperatur« zu kommen. (Frage: Ist 28 Grad warmes Wasser zum Abkühlen geeignet?). Einlass ist um 10 Uhr und um 17 Uhr. Es werden maximal 150 Besucher hereingelassen, aber dadurch ist es nie überfüllt. Eine Reservierung ist deshalb notwendig. Das hat natürlich seinen Preis.

Baldi Hot Springs – eine idyllisch im Regenwald-Ambiente eingelassene Badelandschaft mit über 20 Pools. Palmen, das stetige Plätschern in den Kaskaden und Vogelgezwitscher erzeugen ein wahres tropisches Flair. Das kristallklare Wasser kommt aus der Umgebung des Vulkans. Ab und zu gibt es Gruppenfeiern oder Partys. Nicht billig, sogar für Schließfächer wird eine extra Gebühr verlangt.

Agua Termales Titokú – eine kleinere im Hotel Arenal Kioro integrierte Anlage mit Naturbecken in sehr schöner Ausgestaltung. Das Wasser fließt in Kaskaden durch mehrere Pools und erzeugt ebenfalls ein wahres Tropenfeeling. Es ist ratsam, die Therme in den Abendstunden aufzusuchen, da dann der Besuch nachlässt.

Termales Los Laureles – eine Mischung aus Freibad und Therme, die auch von vielen Einheimischen besucht wird. Die Badelandschaft besteht aus großen Wasserrutschen und Schwimmbecken, aber auch aus bis zu 41 Grad Celsius warmen Pools. Schönes Ambiente mit viel Natur und Picknickplätzen; familienfreundlich; moderater Eintritt.

Los Lagos – eine im Hotel gleichen Namens eingebettete, sehr schöne Anlage mit natürlichen heißen Quellen, luxuriösem Spa & Resort, therapeutischen Massagen, Fango und Abenteueraktivitäten im Freien; gutes Preis-Leistungs-Verhältnis.

Termales del Bosque – auf der Strecke von Ciudad Quesada nach Agua Zarcas; die Therme liegt in einem schönen Naturambiente an einem Fluss, den man über einen Waldweg erreicht. Wie der Name schon sagt, schattiges, sehr zum Entspannen geeignetes »Waldbad«.

Bio Termales Hot Springs – nördlich von Aguas Zarcas gelegen, sehr schöner, ruhiger Ort zum Relaxen. Es gibt viele kleine Thermalbecken mit verschiedenen Temperaturen und zwei Pools mit Wasserrutschen. Durch Picknickplätze und Aktivitäten für Kinder sehr familienfreundlich gestaltet; moderate Preise.

Termales Estrella – in Nachbarschaft zum vorigen; sehr angenehmer, schöner Ort, es gibt Becken mit Thermalwasser und eine Auswahl an Pools für jedes Alter. Einige überdachte Picknickplätze und Aktivitäten für Kinder lassen die Anlage ebenfalls sehr familienfreundlich erscheinen; moderate Preise.

Termales Agua Hermosa – in Nachbarschaft zum vorigen; eine schöne in die natürliche Landschaft integrierte Anlage. Die Therme wird direkt aus heißen Quellen gespeist, zudem gibt es noch weitere Pools. Picknickmöglichkeiten und Aktivitäten für Kinder sich ebenfalls vorhanden,; moderate Preise.

Termales del Valle – östlich von Ciudad Quesada gelegen; die Therme umfasst mehrere Pools mit unterschiedlichen Temperaturen und ist umgeben von schöner Natur. Sie wird auch gern von Einheimischen besucht.

www.ecotermaleslafortuna.com · www.biothermales.com · www.termalesloslaureles.com · www.baldihotsprings.cr · www.hotelloslagos.com · www.termalesdelbosque.com · www.hotelarenalkioro.com · www.termalesestrella.com · www.termales-del-valle.negicio.site

88. Grund

Weil der Nationalpark Rincón de la Vieja eine der vielfältigsten Regionen Costa Ricas ist

Der Nationalpark *Rincón de la Vieja*, zwischen Liberia und der nicaraguanischen Grenze in den Kordilleren von Guanacaste gelegen, bietet von feuchtem Regenwald im Nordosten über Trockenwald im Süden, durchsetzt mit Vulkangestein, köchelnden Schlammlöchern, blubbernden Teichen mit schwefelhaltigen Gasgemischen, heißen Quellen, bezaubernden Bach- und Flussläufen mit malerischen Wasserfällen bis zu pittoresken Schluchten eine der vielfältigsten Landschaften Costa Ricas und macht einen Besuch ebenfalls zu einem unvergesslichen Erlebnis. Zentrum ist der 1.806 Meter hohe Vulkan gleichen Namens, der einen Krater mit einem Durchmesser von fast einem Kilometer aufweist und auf dessen Grund ein kleiner blau schimmernder See leuchtet. Umgeben ist der Vulkan von neun kleineren Kratern, die jedoch im Laufe der Zeit erodiert und kaum mehr zu erkennen sind, und einem weiteren großen Vulkan, dem 1.916 Meter hohen Santa María.

Der Hauptvulkan hatte mehrere aktive Phasen, vornehmlich in den Zeiten von 1966 bis 1970 und 1983 bis 1984, in denen es zur Eruption von Asche und kleineren Erdstößen kam. Zuletzt spuckte er in den Jahren 1991, 1998 und 2011 mehr oder weniger kleine Dampfwolken aus. Der Santa María zeigt schon seit Langem keine Aktivitäten mehr. Jedoch sind bis heute in einem Gebiet an der Südseite des Vulkans auf einer Höhe von 800 Metern immer noch vulkanische Aktivitäten zu bestaunen. Dort kommt es in Erdöffnungen zum Ausstoß von schwefelhaltigen, nach faulen Eiern stinkenden Gasen, und Schlammtümpel blubbern vor sich hin. Ein Bad in einem der über 40 Grad Celsius heißen Schwefellöcher soll bei diversen körperlichen Beschwerden sehr heilende Wirkung zeigen. Erfahrungen belegen, dass das stark schwefelhaltige Wasser bei

Hautproblemen, Arthrose, Muskelkater und Verspannungen jeder Art Linderung verschafft. An anderen Stellen sieht man Thermalquellen mit nahezu kochendem Wasser, die sich in Bäche ergießen, die dadurch heißes Wasser führen.

Durch den Nationalpark verlaufen einige gut markierte Rundwanderwege, auf denen man wunderbar das biologisch vielseitige Gebiet durchstreifen kann. Hier im Nordwesten des Landes ist es viel ruhiger als in den touristisch stärker beanspruchten Regionen. Wer die große Diversität ungestört genießen will, ist an diesem Ort genau richtig. Da ab und zu einige Höhenunterschiede zu bewältigen sind, benötigt man ein bisschen Kondition, ausreichend Flüssigkeit, Sonnenschutz und gutes Schuhwerk.

Ein sehr schöner Rundkurs führt vom Parkeingang Las Pailas auf etwas mehr als drei Kilometern sowohl durch den tropischen Trockenwald als auch durch savannenähnliche Landschaften. Immer wieder laden schöne Badegelegenheiten an Flüssen, in Teichen und unter malerischen Wasserfällen zu einer Rast ein. Eindrucksvolle Waldgebiete mit riesigen Bäumen, die oft aus gewaltigen Würgefeigen bestehen, werden unterbrochen von schönen Aussichtspunkten, von denen man weit ins Land blicken kann. Affen springen von Ast zu Ast, Leguane suchen das Weite, und Tukane fliegen fort. Höhepunkt dieser Wanderung sind sicherlich die sogenannten Fumarolen, zahlreiche kleine Erdlöcher mit heißem Schlamm oder Wasser, »Minivulkane«, die monoton vor sich hinblubbern und ständig heißen Dampf ausstoßen. Das Ganze erweckt den Eindruck, als wäre man in graue Vorzeit zurückversetzt. Auf dem Weg müssen ein ums andere Mal ein wenig abenteuerlich wackelige Holzbrücken passiert, umgestürzte Bäume überwunden oder kleinere Flussläufe durchwatet werden.

Beim Aufstieg zum Hauptkrater werden über 1000 Höhenmeter überwunden. Die Tagestour erfordert ein gutes Stehvermögen, eine entsprechende Ausrüstung und ausreichend Proviant. Die gut durch Steinpyramiden markierte Strecke führt an mehreren schönen Aussichtspunkten vorbei und wird am Ende noch steiler. Schließlich erreicht man die vegetationslose Zone, und vor dem Gipfel sind dann noch abenteuerlich Steine und Geröll zu überwinden. Begleitet wird man auf der gesamten Strecke von einer artenreichen Tierwelt. Neben Raubkatzen leben im Park Nasen- und Ameisenbären, Spießhirsche, Faul- und Gürteltiere sowie mehrere Affenarten und eine exotisch bunte Vogelwelt. Auf dem Gipfel bietet sich bei klarem Wetter ein fantastischer Blick in den Krater und über die weite Landschaft. Beim Abstieg ist eine Rast an der großen Jilgueros-Lagune empfehlenswert, an der sich häufig Tapire aufhalten.

Wer es weniger anstrengend mag, der kann es sich in der Nähe des Parkeingangs im mehr als malerischen Ambiente des Las-Chorreras-Wasserfalls gut gehen lassen, inklusive einem erfrischenden Bad oder in den Rio Negro Hot Springs noch einmal ein Thermalbad-Feeling genießen.

Der Rincón de la Vieja steht für unberührte, vielfältige Natur in Urzeit-Umgebung, vielstimmige Konzerte einer bunten Vogelwelt, einmalige Ausblicke und malerische Sonnenuntergänge. Und an vielen Orten regiert die Stille, absolute Stille – sehr schön.

www.govisitcostarica.com • www.sinac.go.cr • www.areasyparques.com

89. Grund

Weil im Nationalpark Tenorio ein beeindruckendes Farbschauspiel zu bewundern ist

Vor zwei Jahren lud mich mein Teilzeitnachbar Jorge ein, das blaue Wunder zu erleben. Er wohnt eigentlich in San José, hat aber für sich und seine Familie ein sehr schönes Häuschen gebaut, um am Wochenende der Großstadt zu entfliehen. Ich wusste natürlich sofort, was er meinte. In dem wenig besuchten Nationalpark Tenorio, nördlich vom Arenal-See gelegen, ist am Fuße des Vulkans gleichen

Namens das wohl imposanteste Naturfarbschauspiel Costa Ricas zu bewundern. Der Río Celeste (welch ein Name! Aber er ist wirklich »himmlisch«) ergießt sich mit seiner nahezu schon unwirklich türkisblauen Farbe über 30 Meter tief in einen der schönsten Wasserfälle des Landes. Der Legende nach hat der Río Celeste seine Farbe vom Pinsel Gottes erhalten, der ihn in diesem Fluss auswusch, nachdem er den Himmel gemalt hatte. Betrachtet man das Farbwunder, kann die Sage es wirklich nicht schöner beschreiben.

Jorge erklärte mir, dass unsere Bergwanderung durch den tiefgrünen Regenwald vom Wasserfall flussaufwärts bis zum Zusammenfluß der beiden Quellflüsse gehen würde, also bis dorthin, wo die leuchtend blaue Farbe entsteht. Die Tour sei nicht »unanstrengend«, da es fast nur bergauf und teilweise über Stock und Stein geht, sprich über dicke Baumwurzeln und durch Steine und Geröll.

Die Anfahrt in seinem Geländewagen führte über Bijagua zum Parkeingang *El Pilón*. Durch die Regenzeit war das ganze Land in ein sattes Grün eingedeckt, und immer wieder boten sich schöne Ausblicke. Wie schon am Vulkan Poás, so sprach uns auch hier ein Parkranger an, das Fahrzeug doch bitte in Richtung Ausfahrt zu parken, denn der Nationalpark Tenorio sei aktives Vulkangebiet. Na ja, wenn's hilft … ich habe da meine Zweifel. Die fünf Sekunden werden im Ernstfall auch nicht mehr viel retten können.

Am Beginn des Weges ist ein großes Schild postiert, auf dem zu lesen ist, welche Tiere in diesem Park zu Hause sind. Neben Tukanen, diversen anderen Vogel- und Papageienarten, Fröschen und Schlangen war sogar der Jaguar mit aufgeführt. Wir nahmen unsere Wanderung auf, und bereits nach wenigen Hundert Metern ging der Weg aufgrund der Regenzeit in einen matschigen, steinigen und mit Wurzeln übersäten Urwaldpfad über. Die Geräuschkulisse des Regenwalds ist stets aufs Neue beeindruckend, überall ruft, zirpt und raschelt es.

Immer weiter ging es bergauf, und irgendwann vernahmen wir aus der Ferne das gewaltige Tosen des Wasserfalls. Und nach einem steilen Abstieg waren wir endlich am ersten Etappenziel angekommen, schweißgebadet und ein wenig außer Atem. Aber der fantastische Anblick entschädigt wirklich für jede Anstrengung. Über 30 Meter stürzen sich ununterbrochen die Wassermassen in die Tiefe. Die Farbe ist nahezu irreal, so ein himmlisch türkisblaues Wasser kann man sich gar nicht vorstellen, wenn man es nicht selbst mit eigenen Augen gesehen hat.

Nur schwerlich konnte ich mich von dem außergewöhnlichen Ort trennen, aber Jorge wies darauf hin, dass wir bis zur Quelle noch einen weiteren »Kraftakt« zu bewältigen hätten. Wir kraxelten wieder den Hang hinauf und erreichten nach einiger Zeit weiter oben eine Aussichtsplattform, von der man einen wunderschönen Ausblick auf den Regenwald und den Vulkangipfel bekam. Der stetig ansteigende Pfad folgte nun dem Fluss, mal direkt am Ufer entlang und mal in einiger Entfernung vom Río Celeste.

Auch der Vulkan Tenorio zeigt unterhalb des Kraters noch Vulkanaktivitäten, ähnlich wie der Rincón de la Vieja. Denn plötzlich zog ein penetranter Geruch in die Nase, und dann sahen wir auch schon die vor sich hinblubbernden Schlammlöcher, aus denen Schwefelgase entweichen. Deshalb der Gestank nach faulen Eiern. Und noch ein weiteres mir schon bekanntes Phänomen. Das kochend heiße Wasser ergießt sich in den Fluss, der hier Temperaturen von über 40 Grad annimmt. Schilder weisen darauf hin, dass man dort nicht baden soll. Ich musste ein wenig grinsen und sagte mir, man wird schon früh genug merken, wenn's einem unter dem Hintern zu warm wird!

Weiter bergauf erreichten wir eine Hängebrücke mit einem kleinen Hinweisschild *»solamente una persona«*. Also folgten wir der Empfehlung, obwohl wir beide Leichtgewichte sind. Ich passierte sie als Erster, dann folgte mir Jorge. Na ja, die Brücke machte nicht mehr den allersichersten Eindruck. Ein Tragseil war bereits gerissen, und deshalb wackelte sie noch umso mehr. Wir erreichten eine zweite Hängebrücke, die wieder über den Fluss führte, wieder mit der gleichen Empfehlung. Doch auf dieser Brücke stach durch Lichtspiegelung die betörende himmelblaue Farbe des Río Celeste besonders hervor, ein absolutes Naturwunder! Nach Überwinden von weiteren Steigungen hatten wir es dann endlich geschafft: Wir waren am Ursprung des Río Celeste angekommen. An dieser Stelle »küssen« sich der Río Ácido und der Río Buenavista, und dabei kommt es zu der einmaligen chemischen Reaktion, die dem Wasser diese unwirkliche Farbe gibt. Die Quellflüsse entspringen in vollkommen mineralisch verschiedenen Gesteinsformationen und weisen deshalb stark unterschiedliche ph-Werte auf. Während der Río Ácido (*Ácido* = Säure) mit einer Temperatur von 24 Grad Celsius einen beträchtlichen Schwefelanteil enthält und deshalb einen stark sauren ph-Wert von 3,9 aufweist, führt der nur 18 Grad Celsius warme Río Buenavista Kalziumkarbonat mit sich und ist nahezu ph-neutral. So ein Naturschauspiel beobachten zu können, in dem die Wasser zweier Flüsse durch Zusammenfließen nahezu chemisch reagieren wie in einem Reagenzglas, welches dann diese einmalige Farbe hervorbringt, ist schon ziemlich einzigartig und gibt es wahrscheinlich nur in Costa Rica.

Na ja, war schon ein ziemlich schweißtreibendes Abenteuer. So eine außergewöhnliche Geschichte zeigt am Ende immer mehrere Ergebnisse. Eine derartige Tour, weil ungewöhnlich, erzeugt ein Glücksgefühl und bleibt für lange Zeit in Erinnerung. Und sie »schweißt« zusammen, im wahrsten Sinne des Wortes. Und obwohl ich meine, bei guter Kondition zu sein, wurde einem schon einiges abverlangt. Danke, Jorge, war schon ein Erlebnis!

www.govisitcostarica.com · www.sinac.go.cr · www.areasyparques.com

90. Grund

Weil Nicaragua trotz der Nähe zu Costa Rica eine andere Welt ist

Für Besucher, die sich länger im Land aufhalten, ist ein Abstecher in das nördliche Nachbarland Nicaragua sehr zu empfehlen. Ticabus bietet mehrmals täglich für kostengünstige 23 Dollar die Route San José – Managua an. Für diejenigen, die sich schon im Norden aufhalten, gibt es von nahezu allen Orten Busverbindungen zum Grenzort Peñas Blancas. In Nicaragua kann man zur Weiterfahrt günstig Sammeltaxis oder Busse benutzen. Zur Einreise genügt wie nach Costa Rica ein Reisepass. Zuzüglich wird zurzeit eine Gebühr von fünf Dollar erhoben.

Ein Aufenthalt in Nicaragua ist deutlich günstiger als in Costa Rica, auch das könnte ein Argument sein. Allerdings entsprechen viele einfache Herbergen für Backpacker und Jugendliche nicht den europäischen Standards.

Da kann es schon mal vorkommen, dass eine Steckdose durch eine »Freileitung« mit Strom versorgt wird oder die Dusche nur tröpfelnd Wasser spendet. Da das Land bei Weitem noch nicht von so vielen Touristen besucht wird wie Costa Rica, ist die ausreichend touristische Infrastruktur noch nicht überall gegeben. Also, ingesamt ist mehr Improvisation gefragt. Das macht eine Reise aber auch abenteuerlicher. Das Land ist schön, sehr schön sogar. Das waren auch meine Eindrücke auf den Reisen in das Nachbarland. In Nicaragua gibt es, ähnlich wie in Costa Rica, verschiedene Klimazonen, vielfältige Landschaften, wunderschöne Seen mit einer beeindruckenden Inselwelt, auf denen zum Teil noch aktive Vulkane einen atemberaubenden Blickfang hergeben, und herrliche Strände. Für einen Kurzbesuch bietet sich die Insel Ometepe im Nicaragua-See oder die schöne Kolonialstadt Granada an.

Die Überfahrt vom kleinen Hafen San Jorge nach Moyogalpa auf die Insel Ometepe kann schon zum ersten Abenteuer ausarten. Als ich das letzte Mal übersetzte, herrschte ein mittelprächtiger Wellengang, und der kleine Seelenverkäufer kam ganz schön ins Schaukeln. Man saß auf offenem Deck ohne Reling. Ich musste ständig mein Gepäck festhalten, damit es nicht über Bord ging. Der Blick von meinem kleinen Hotel auf den Vulkan Concepción war allerdings atemberaubend.

Die Landbevölkerung ist gegenüber Besuchern sehr freundlich eingestellt. Wie sie jedoch teilweise heute noch lebt, ist für uns kaum vorstellbar. Großfamilien mit drei oder vier Generationen »wohnen« in kleinen Häuschen oder Hütten von der Größe einer Gartenlaube. Es gibt einen Raum, in dem sich das ganze Leben abspielt. Natürlich ist die 15-jährige Tochter auch schon wieder schwanger. Man lebt so wie wahrscheinlich unsere Urgroßeltern vor 100 Jahren in ländlichen Regionen, als reine Selbstversorger. Da das Land reich an Früchten und Gemüse ist, muss niemand hungern. Draußen laufen zehn Hühner und ein kleines Schwein herum, welches sich von den vielen von den Bäumen herabfallenden Mangos ernährt. Viele Einheimische können sich überhaupt nicht vorstellen, wie die Menschen zu Hause leben, die ihr Land besuchen. Am Sonntag spielte die Dorfjugend auf dem Sportplatz Fußball. Die drei Schweine, die sich auf dem Platz suhlten, konnten jedoch trotz mehrerer »Platzverweise« nicht zum Verlassen bewegt werden.

Das grenznahe Granada ist neben León die am besten erhaltene Kolonialstadt Nicaraguas. Vor dem Zentralpark kann man eine der schönsten Kathedralen Mittelamerikas bewundern. Die Kirche, deren erste Konstruktion auf das Jahr 1583 zurückgeht, mit den drei rot eingedeckten Türmen und einer neoklassizistischen Fassade ist ein wahrer Blickfang. Die Stadt liegt unmittelbar am Nicaragua-See und ist insgesamt ein Juwel, da sie im Gegensatz zu anderen Städten im Land sehr schön erhalten ist beziehungsweise restauriert wurde. Lohnenswert ist auch ein Besuch der vielen bunten Märkte und des aktiven Vulkans Masaya, der 2008 das letzte Mal glühende Asche auswarf und bis heute immer noch kleinere Aktivitäten in Form von Dampfwolken zeigt.

Es ist sehr schwer, wenn überhaupt, mit der Bevölkerung ein Gespräch über die politische oder gesellschaftliche Situation im Lande zu führen. Seit April 2018 hat Nicaragua mehrfach am Rande eines Bürgerkrieges gestanden. Auslöser der gewaltigen Demonstrationen, die von der Armee, der Polizei und regierungstreuen Schlägertrupps niedergeknüppelt wurden, war die diktatorisch vollzogene »Reform« des Sozialsystems, die staatliche Kürzungen an allen Ecken und Enden vorsah, unter anderem eine über fünfprozentige Reduzierung der ohnehin spärlichen Renten. Es folgten die größten Protestaktionen seit den 70er-Jahren. Während der mehrmonatigen Auseinandersetzungen starben Hunderte von Bürgern, die ihre Meinung dagegen kundtun wollten, Tausende wurden ohne Gerichtsverfahren inhaftiert. In der Zeit danach wurden Demonstrationen rigoros und gewaltsam schon im Kein erstickt. Dass die deutsche Linkspartei den autoritär-diktatorischen Familienclan von Daniel Ortega weiterhin hofiert, in Schutz nimmt und sogar unterstützt, ist völlig unverständlich.

Auch die Sicherheitslage ist eine andere als in Costa Rica. Ein erhöhtes Diebstahlrisiko ist naturgemäß vor allem an von Touristen frequentierten Orten gegeben. Dazu zählen besonders Busbahnhöfe, Märkte und die Innenstadt von Managua. Gepäck sollte man nie aus den Augen lassen. Schon billiger Modeschmuck kann zu Diebstahl animieren. In der Vergangenheit wurden sogar in Überlandbussen vereinzelt Wertsachen entwendet, zum Teil durch Trickdiebstahl. Es versteht sich von selbst, dass einsame Straßen gemieden und bei Dunkelheit möglichst keine selbstständigen Erkundungen unternommen werden sollten. Die Sicherheitslage an der touristisch erschlossenen Pazifikküste ist jedoch mehr oder weniger gut.

Mir ist auf meinen Reisen durch Nicaragua nie etwas passiert, und ich liebe das Land fast genauso wie Costa Rica. Wenn eines Tages die politische Situation eine andere ist, wird das Land auch touristisch aufblühen. Es hat es verdient, weil es wunderschön ist.

www.visitanicaragua.com • www.visit-nicaragua.com

12. Kapitel

Die Halbinsel Nicoya

Weil sich ein Besuch Montezumas immer noch lohnt

Nachdem ich vorher einige lateinamerikanische Länder besucht hatte, vor allem Mexiko, kam ich 1992 zum ersten Mal nach Costa Rica. Natürlich wollte ich auch Montezuma kennenlernen, den Ort, von dem ich schon einiges gehört hatte. Er galt damals unter Insidern schlechthin als der Spot für Aussteiger, Backpacker, Individualtouristen, Freaks und Raucher. In der Tat, die Lage ist schon ziemlich einmalig. 15 Kilometer von der Südspitze der Halbinsel Nicoya entfernt gelegen, im Osten unmittelbar angrenzend der endlose, menschenleere Playa Grande und vor der Haustür die schöne Bucht, in der es bis heute keinen Landungssteg gibt. Landeinwärts ist der Ort von hohen Bergen umgeben. Nur zwei steile, kurvenreiche Strecken führen ins wesentlich höher gelegene Landesinnere.

Anfang der 90er-Jahre war die gesamte Strecke vom Fährort Paquera über Tambor bis nach Cóbano noch Schotterpiste, die kleinen Wege in Montezuma natürlich auch. Die Dorfbewohner lebten vom Fischfang, und plötzlich kamen immer mehr junge Leute in den Ort. Die Anzahl der jungen Besucher überstieg bei Weitem die zur Verfügung stehenden Herbergen. Bis zum Jahre 2000 konnte man in Montezuma noch bequem mit zehn Dollar pro Tag auskommen. Das ist längst vorbei.

Dann ging es stetig Schlag auf Schlag. Denn logisch, die Einheimischen – aber auch ausländische Gäste, die sich niederließen – hatten bald erkannt, dass der Ort junge Leute magisch anzieht. Besonders immer mehr Amerikaner, Kanadier und Europäer, die alternativ, das heißt nicht bürgerlich, leben wollten, statteten Montezuma einen Besuch ab oder richteten sich für länger dort ein. Es entstanden *Cabinas* und Hostels, es öffnete der erste kleine Supermarkt, und irgendwann wurden auch die beiden Sträßchen des Dorfes geteert, und, noch viel wichtiger, auch der kleine, sehr steile Teil des Weges, der aus dem Dorf herausführt. Denn in der Regenzeit blieben dort die Busse regelmäßig stecken.

Ich habe mich oft gefragt: Was macht den Ort aus, warum ist er für viele Leute so interessant? Sogar derart magisch anziehend, dass nicht wenige, die Montezuma nur einen Besuch abstatten wollten, für immer geblieben sind. Ich weiß es nicht. Alles liegt sehr nah und sehr kompakt beieinander. Man ist in zwei Minuten an einem endlosen Strand, und natürlich hat nicht unwesentlich auch der fantastische dreistöckige Wasserfall dazu beigetragen (Grund 92), dass der Ort unter Individualreisenden auf diese außergewöhnliche Weise eine anziehende Wirkung ausstrahlte.

Auch ich bin Montezuma erlegen. Ich hatte zuvor schon einiges von der Welt gesehen. Als 20-Jähriger bin ich mit 180 Mark in der Tasche bis nach Istanbul getrampt, nach dem ersten Studium mit meinem Studenten-Opel viereinhalb Monate allein bis Indien und zurück gefahren und habe danach mehrfach die USA und etliche lateinamerikanische Länder besucht. Doch seit 1992 bin ich jedes Jahr nach Montezuma zurückgekehrt. Die Aufenthalte wurden länger, und als es mir 2010 im Dorf zu laut wurde, habe ich oberhalb in den Bergen ein kleines Grundstück gekauft und ein Häuschen gebaut.

Heute ist Montezuma mit der Anfangszeit überhaupt nicht mehr zu vergleichen. Mittlerweile gibt es teure Yoga-Hotels und esoterisch angehauchte Luxusherbergen direkt am Meer oder hoch oben auf dem Berg mit fantastischem Ausblick, Supermärkte, jede Menge Restaurants, Cafés, eine *Canopy*-Linie und verschiedene Agenturen, die Fahrten zur Isla Tortuga, Tauchen, Fischen und Ausritte anbieten. Heutzutage trifft man im Ort wirklich Leute aus der ganzen Welt an: Junge, Alte, »Normale«, Lebenskünstler und auch immer noch Ausgeflippte. Neben den schon genannten Nationen viele Lateinamerikaner, mittlerweile aber auch Israelis, Russen, Bulgaren und Inder. Die Rasta-Fraktion verkauft tagsüber auf improvisierten Verkaufsständen ihren selbst gemachten Modeschmuck, und abends treten sie als Feuerschlucker und Jongleure auf der Dorfstraße in Aktion. Und selbst Einheimische beehren den Ort für einige Tage zwischen den Jahren und in der Osterwoche. Dann ist es wirklich voll in Montezuma.

Dieser Zulauf hat sich natürlich auch in den Preisen für Unterkunft, in den vielen Läden und den Restaurants niedergeschlagen. Und es wird immer noch weiter gebaut, jetzt mehr in der Umgebung. An der zweiten steilen Straße kann man mittlerweile sogar eine »Golden Gate Bridge« bestaunen. Nur ist sie nicht rot, sondern gelb.

Nur eines hat sich der Ort bis heute bewahrt: seine Individualität. Es gibt kein Hochhaus, keine Bettenburgen, kein TUI und auch kein Alltours. Jeder muss individuell anreisen. Ein bisschen von dem alten Flair ist immer noch in Montezuma spürbar, und deshalb ist es auch heute noch eine Reise wert.

www.playamontezuma.net • www.montezumabeach.com • www.nicoyapeninsula.com

92. Grund

Weil der dreistöckige Wasserfall den Ort mit bekannt gemacht hat

Nicht jeder, der Montezuma einen Besuch abstattet, weiß von der Existenz dieses außergewöhnlichen, ja in seiner Form einmaligen und imposanten Wasserschauspiels. Das Wunderwerk der Natur hat sicherlich wesentlich dazu beigetragen, dass der Ort eine derart magische Anziehungskraft auf individuelle Besucher ausstrahlte. Denn auch der bizarr in die Felsstruktur eingefasste dreistöckige Wasserfall drückt etwas »Ungewöhnliches« aus, etwas, was sich außerhalb der »Norm« befindet.

Las Cascadas, wie die Einheimischen ihn nennen, besteht aus drei unmittelbar hintereinander folgenden unterschiedlich hohen Wasserfällen, die sich, eingebettet im Montezuma-Fluss, im angrenzenden bergigen Trockenwald von Montezuma befinden. An der Brücke kurz vor der Mündung in den Pazifik führt ein Pfad in den Wald, der jedoch schon bald in sehr unebenes Felsengestein und dickes Wurzelwerk übergeht. Es wird angenehm ruhiger. Überall plätschert das Wasser in zig kleinen Rinnsalen vor sich hin und sucht sich seinen felsigen Weg Richtung Meer. Mehrfach muss man kleine Flussarme überqueren, das heißt überspringen. Deshalb sollte man unbedingt festes Schuhwerk tragen. Irgendwann vor der letzten kleinen Biegung ist schon das gewaltige Tosen des unteren Wasserfalls wahrnehmbar. Dieser ist der größte. Der erste Blick ist schon umwerfend. Über eine Höhe von 18 Metern stürzt sich das Wasser über mehrere Felsvorsprünge in einen Felsenteich. Weil diese Kaskade mit dem Teich am »leichtesten« zu erreichen ist, halten sich dort immer relativ viele Leute auf. Natürlich kann man ein erfrischendes Bad nehmen. Es herrscht immer viel »Aktion«. Junge Leute springen »abenteuerlich« von kleineren Felsvorsprüngen laut jauchzend vor Freude ins Wasser.

Der untere und die beiden oberen Fälle sind jedoch räumlich voneinander getrennt. Um die beiden oberen Kaskaden zu erreichen, muss man einen steilen, 25 Meter hohen Hügel hochkraxeln und dabei wieder Wurzelwerk und Felsvorsprünge überwinden. Oben angekommen, folgt man auf einem Waldpfad dem Bergkamm und erhält später an zwei Stellen aus großer Höhe noch wunderschöne Fotomotive von dem unteren Fall mit dem Felsenteich. Nach einer weiteren Steigung wird ein Punkt erreicht, an dem man sich recht abenteuerlich an befestigten dicken Tauen über zehn Meter tief abseilen muss. Dann ist man am Ziel und gelangt auf den schmalen, unebenen Felsenstreifen, der den ersten vom zweiten Wasserfall trennt. Ein Bad unter dem dicken Schwall der ersten, vier Meter hohen Kaskade ist ebenfalls ein Vergnügen, das einem nicht jeden Tag geboten wird.

Bis vor einigen Jahren war man an den oberen beiden Wasserfällen mit den zugehörigen Felsenteichen oft allein, weil es nur diesen abenteuerlichen, nicht für jedermann geeigneten Weg gab. In den ersten Zeiten in Montezuma bin ich fast jeden zweiten Tag hoch bis zu den obereren Wasserfällen gelaufen. Stundenlang habe ich diese einmalige Atmosphäre genossen: das gleichzeitige Hinabstürzen des Wassers an mehreren Stellen, das unaufhörliche, endlose Rauschen. Sonst nur Urwaldstille, vielleicht mal unterbrochen durch Vogelgezwitscher und lautes Machogehabe der Brüllaffen. Da kommt man schon ins Grübeln. Ist das das Paradies? Man ist geneigt zu beten, so schön, so lieblich, so eindruckvoll ist das. Diese Szenerie hat mich jedes Mal aufs Neue ergriffen.

Heute ist die Situation eine andere. Mein entfernter Nachbar William hat vor einigen Jahren oberhalb der Wasserfälle eine *Canopy*-Linie errichtet (Grund 54). Eine Plattform befindet sich unweit der oberen Kaskaden. Um den »*Canopy*-Leuten« eine weitere Attraktion bieten zu können, hat er einen steilen Abstieg in den Berg legen lassen, jedoch versehen mit bequemen Naturstufen. Jetzt gibt es einen zweiten, viel leichteren Zugang zu den oberen Fällen, mit dem Ergebnis, dass sich nun oben genauso viele Besucher aufhalten wie unten. Es ist immer noch schön, aber diese einmalige, nahezu unberührte, paradiesische Atmosphäre von damals, die gibt es nicht mehr. Ich bin natürlich immer noch ab und zu dort oben, auch, um mein »Alter Ego« wieder aufzufrischen, indem ich ein wenig wagemutig von der mittleren Klippe zwölf Meter tief in den darunter liegenden Felsenteich springe (Grund 55).

Daher ist heute ein Besuch der Wasserfälle in einigen Teilen leichter zu bewerkstelligen als früher. Wer nur die oberen Fälle besuchen will, wählt den relativ bequemen Hin- und Rückweg über die neue Naturtreppe. Wer aber alle drei Kaskaden genießen will, kann einen Rundkurs absolvieren. Man beginnt unten, erreicht über Felsen und Wurzelwerk den ersten Wasserfall, kraxelt dann den Hang hoch und steigt ein wenig abenteuerlich mit der »Seilhilfe« zu den oberen Kaskaden ab. Über die schon erwähnte Bergtreppe verlässt man die oberen Fälle und gelangt so auf die Landstraße, die wieder ans Meer führt.

Der dreistöckige Wasserfall mit den jeweils zugehörigen Naturteichen, eingebettet in diese einmalige Umgebung, ist immer noch ein absolutes Muss für jeden Montezuma-Besucher.

www.nicoyapeninsula.com • www.nadaincluido.com

93. Grund

Weil man im Playa de los Artistas bisher noch nicht gekannte Aromen genießen kann

Auf dem Weg von Montezuma Richtung Wasserfall kommt man hinter einem kleinen Hügel an einem unscheinbaren roten Holztürchen vorbei. Auf einem einfachen Schildchen steht »Playa de los Artistas – Cocina Mediterránea«. Es ist der Eingang zu einem der besten und interessantesten Restaurants in Costa Rica. Geführt wird es von Nicola und Daniela. Auch die Vita des römischen Ehepaares kann man als einen klassischen »Fall« bezeichnen: irgendwann in den 90er-Jahren Montezuma besucht und für immer geblieben. Nicola hatte in seinem Heimatland in verschiedenen gastronomischen Einrichtungen schon reichlich Erfahrung gesammelt und fand es überaus spannend, hier mit relativ leicht zu erhaltenden frischen Zutaten eine neue innovative Küche zu kreieren, mit mediterranem Schwerpunkt, aber offen für viele andere Einflüsse. Und natürlich sollte auch die neue Heimat in seiner Küchenkunst Eingang finden.

Nicola sagt, dass es stets sein Ansinnen ist, seine authentische, unverwechselbare Handschrift als Koch erkennbar werden zu lassen, und ich kann bestätigen, dass ihm das immer wieder aufs Neue großartig gelingt. Natürlich arbeitet er nur mit frischen Produkten. Bei Fisch und Meeresfrüchten ist das relativ einfach, tagsüber gefangen und abends von ihm deliziös zubereitet auf den Tisch. Aber auch für Fleisch, Gemüse, Kräuter, Gewürze und andere Zutaten hat er seine ausgesuchten Lieferanten aus der Region. Vermisst er denn keine cuisinen Komponenten aus seinem Heimatland? Ja, aber nur ganz wenige. Immer, wenn italienische Freunde zu Besuch kommen, haben sie den besonderen römischen Schafskäse Pecorino im Gepäck oder bringen ihm einige Flaschen eines ganz speziellen Weinessigs mit. Eine Mikrowelle gibt es in seiner Küche nicht, und der Gefrierschrank ist nur für die Herstellung von Eiswürfeln da.

Der schöne Garten unter Palmen erzeugt eine liebliche romantische Atmosphäre. Unmittelbar davor plätschern sanft die Wellen des Pazifiks den leicht ansteigenden Sandstrand hoch. Man sitzt an handgefertigten Tischen und Stühlen und ist umgeben von geschmackvoller Kunst, die die beiden von ihren Reisen aus vielen lateinamerikanischen Ländern und Italien mitgebracht haben. Ein dezentes, zum gesamten Ambiente passendes Licht gibt dem tropischen Flair noch eine besondere Note. So sind es nicht nur die außergewöhnlichen Gerichte, die Gaumen und Zunge verwöhnen, sondern auch die schöne tropische Umgebung, die eine coole Atmosphäre und einen besonderen »Vibe« erzeugen.

Es gibt täglich eine neue, liebevoll kalligrafisch aufgesetzte zweiseitige Karte. Warum? Um erst gar nicht in die Versuchung zu kommen, Zutaten von gestern zu verwenden, so die Antwort. Eine Seite enthält *Entradas*, also Vorspeisen, obwohl ich meine, dass die aufgeführten Gerichte weit über den Begriff *Appetizer* hinausgehen. Auf der zweiten Seite kann man aus maximal sieben Hauptgerichten seine Auswahl treffen. Jeder Gast wird persönlich begrüßt und die Karte, da jeden Tag neu, eingehend auf Spanisch oder Englisch erläutert.

Ich habe im Playa de los Artistas schon Aromen, Texturen und Geschmacksbilder genossen, von denen ich vorher nicht wusste, dass es sie gibt. Besonders kommen natürlich Freunde von Meeresfrüchten und Fisch voll auf ihre Kosten. Ob *Octopus* (Tintenfisch), *Langosta* (Hummer), *Atún* (Thunfisch) oder *Pargo* (Meerbrasse), immer schmeckt man die perfekte Abstimmung aller Zutaten heraus, stets mit außergewöhnlichen Soßen und Dressings verfeinert. Auch

Carpaccio oder geräucherter Lachs sind absolute Gaumenfreuden und mit einer Komplexität angerichtet, die ihresgleichen sucht. Bei *Res* (Rindfleisch), *Cerdo* (Schwein) und *Pollo* (Huhn) ist es ähnlich, immer gewinnt das Gericht durch außergewöhnliche Geschmacksnoten an Substanz. Ich könnte unendlich viele Menüs aufzählen, die mich im Playa de los Artistas kulinarisch von den Socken gehauen haben: *Ceviche de Camarones* (Marinierte Garnelen), *Torta de Zucchini con Queso, Palmito y Albahaca* (Soufflé aus Zucchini, Frischkäse, Palmherzen und Basilikum), *Pulpo en verde de Rucola y Papas* (Tintenfisch an ganze geröstete Kartoffeln mit Rucola) und, und, und. Manchmal bedauere ich, dass ich ein Gericht, das mich besonders umgehauen hat, beim nächsten Mal nicht noch einmal bestellen kann …

Wer auf seiner Reise Montezuma beehrt, der sollte die Gelegenheit wahrnehmen, im Playa de los Artistas in einem sehr beeindruckenden tropischen Ambiente außergewöhnlich zubereitete Gerichte zu genießen. Natürlich wird man abends vom ganzen Flair noch intensiver berührt. Für mich ist das Playa de los Artistas eines der besten Restaurants im Lande, zumindest von denen, die ich bisher kennengelernt habe, und das waren nicht wenige. Dafür von mir einen Stern, zumindest für Costa Rica.

www.montezumabeach.com

94. Grund

Weil der größte Baum der Halbinsel in jeder Hinsicht majestätisch ist

Als ich noch in Montezuma wohnte, bin ich jeden zweiten Tag die parallel zum Meer verlaufende Schotterstraße mit den kurzen, harten Steigungen bis zum schattigen Río Lajas gejoggt. Dort sind immer Brüllaffen anzutreffen, und in der breiten Flussmündung, die durch das oft stehende Wasser in eine große Lagune übergeht, sind häufig viele Watvögel und Pelikane zu beobachten. 200 Meter weiter Richtung Cabuya steht in dem Waldstück rechts am Wegesrand der größte Baum der Halbinsel, welcher gleichzeitig einer der ältesten Baumriesen in ganz Costa Rica ist. Dieses majestätische Exemplar des Dschungels war immer mein eigentliches Laufziel. Es ist ein Würgefeigenbaum, der in ganz Europa nicht vorkommt und den deshalb viele Europäer noch nie zu Gesicht bekommen haben. Wie soll man so einen tropischen Baum, das Entstehen, das Wachstum, die Bestäubung und die Fortpflanzung beschreiben? Ich will es versuchen, weil es hochinteressant ist.

Die Würgefeige beginnt ihr Leben als Epiphyt, als Aufsitzerpflanze. Vögel oder Affen, für die die Früchte eine begehrte Nahrung sind, scheiden mit dem Kot den unverdauten Samen aus, der dann mit seiner schleimigen Hülle an dem Ast hängen bleibt, auf dem die »Notdurft« verrichtet wurde. Der Samen beginnt zu keimen, und der immer länger werdende Urtrieb erreicht irgendwann den Boden und fasst Fuß. Die bis dahin sehr dünne Wurzel, nicht viel dicker als eine Packschnur, kann nun mit eigener Nahrungsaufnahme viel schneller wachsen. Sie wird rasch dicker und verbindet sich zudem noch mit anderen Wurzeln. Diese Art Wachstum, von oben nach unten, nennt man Luftwurzeln. Immer mehr dieser Nebenstämme entstehen. Schließlich sind sie so zahlreich, dass sie den Wirts- beziehungsweise Tragbaum derart umschließen, dass diesem buchstäblich die »Luft zum Atmen« genommen wird und er abstirbt. Deshalb nennen die Einheimischen die Würgefeige auch *Matapalo*, was man mit »Stammtöter« übersetzen kann. Durch das Absterben des Wirtsbaumes bildet sich im Inneren der Würgefeige ein Hohlraum, der die Zersetzung des Tragbaumes noch beschleunigt. Dadurch profitiert die Würgefeige noch einmal. Sie nimmt die freiwerdenden Nährstoffe auf und beschleunigt nochmals ihr Wachstum.

Die Bestäubung und die Fruchtbildung sind ebenfalls eine Besonderheit der Tropen. Die Blüte ist niemals zu sehen. Sie befindet sich in der Hülle des Fruchtkörpers. Eine winzige Wespenart, nur zwei Millimeter groß, die sich auf das Bestäuben von Würgefeigen spezialisiert hat, dringt durch eine kleine, kreisrunde Öffnung ein, um die Blüte zu bestäuben. Gleichzeitig legt sie dabei ihre Eier ab, denn der Fruchtkörper der Würgefeige ist auch ihr Lebensraum. Dort erfolgt auch die Begattung zwischen männlichem und weiblichem Insekt.

Noch ein großer Unterschied zu Europa. Auf vielen tropischen Fruchtbäumen wie Mango, Sternfrucht, Mandel, Guanábano und anderen kann man über einen langen Zeitraum verschiedene Fruchtstände sehen, also gleichzeitig Blüten als auch reife Früchte. So kann ich bei mir monatelang Mangos und Sternfrüchte ernten. Die Würgefeige treibt es auf die Spitze. Sie produziert das ganze Jahr über immer wieder neue Fruchtstände, auch aus dem Grunde, weil sie »weiß«, dass ihre Bestäuberin, die Wespe, die ausschließlich von ihr lebt, nach getaner Arbeit schon nach wenigen Tagen stirbt. So sichert die Würgefeige auch ihr eigenes Überleben. Die geschlüpften Larven verlassen ihr Geburtshaus und werden von dem Duft der noch grünen, das heißt in Blüte stehenden, Feigen angelockt, die sie wiederum bestäuben. Was für unglaubliche Geheimnisse die Natur in sich verbirgt.

El Higuerón oder Ficus, wie der Baum offiziell auf Spanisch heißt, der kurz vor Cabuya am Wegesrand steht, hat außergewöhnliche Ausmaße. Ich habe in ganz Costa Rica bisher nirgends ein Exemplar mit ähnlichen Dimensionen gesehen. Das *Instituto Nacional de Bioversidad* ernennt jedes Jahr am 15. Juni, am Tag des Baumes, ein »ethno-botanisch und historisch« einmaliges Holzgewächs im Land als »Baum des Jahres«. 2009 fiel die Wahl auf die Würgefeige von Cabuya. Eine in Stein eingelassene große Bronzeplakette am Fuße des Riesenbaumes erinnert daran.

Einer weiteren Informationstafel entnimmt man, dass der Baum Generationen alt ist. Und immer noch treibt er Luftwurzeln aus, die auf dem harten Boden Fuß fassen. Mittlerweile bedecken sie ein riesiges Areal und erzeugen auch heute noch fortwährend neue Stämme.

Nur einige, die über der Fahrbahn hängen, werden immer wieder von den vorbeifahrenden Autos »abrasiert« und haben keine Chance, ihre Wurzeln in den Boden zu graben. Auch ich habe kleine Exemplare von Würgefeigen in meinem Wäldchen. Aber jedes Mal, wenn ich nach Cabuya fahre, halte ich heute noch an, um das einmalige, majestätische Exemplar zu bestaunen. Ein wahres Wunder der Natur.

www.nicoyapeninsula.com

95. Grund

Weil man auf der Insel vor Cabuya wirklich seine letzte Ruhe findet

Cabuya, kurz vor der Südspitze der Halbinsel Nicoya gelegen, kann man wirklich als das »Ende der Welt« bezeichnen. Nur wenige Einheimische und Zugezogene leben dort. Es gibt keinen Sandstrand, sondern nur Steine und Felsen, die Straßen sind mehr als holprige, mit Schlaglöchern übersäte Schotterpisten, und immer noch verdienen die meisten Einheimischen sich ihren Lebensunterhalt als Fischer oder mit kärglicher Landwirtschaft, wie eh und je. Und neuerdings gibt es auch ein paar Herbergen, für diejenigen, die nun wirklich mehr oder weniger als Aussteiger oder Einsiedler leben wollen. Und da fragt man sich, wie kommt ein so verschlafenes Nest wie Cabuya zu einem so ungewöhnlichen Gottesacker, der in dieser Art weltweit einzigartig ist?

Draußen im Meer, keine 400 Meter vom Festland entfernt, liegt ein von Vulkangestein, Felsen und einigen kleinen Korallenriffen umsäumtes dreieinhalb Hektar großes Eiland. Die Insel selbst ist wunderbar grün, mit einem schönen Baumbestand. Meist sind es Palmen, dicht umsäumt von vielen Agaven.

Aber was um alles in der Welt hat die Einwohner bewogen, dort ihre Toten zu begraben, an einem Ort, der nur zwei Mal pro Tag für kurze Zeit halbwegs trockenen Fußes erreichbar ist? Der »Weg« zur Insel ist mehr als halsbrecherisch. Er verläuft über das meist noch feuchte und somit glitschige Vulkangestein, welches nur bei fast vollständiger Ebbe für zwei Stunden zum Vorschein kommt. Also, von einem Weg kann man nicht sprechen, eher von einem holprigen Untergrund, auf dem man sich leicht die Knochen brechen kann. Ich konnte alle meine Fragen dem ältesten Bewohner von Cabuya stellen. Guadalupe Avilés, heute 87 Jahre alt und noch sehr rüstig, erzählte mir bereitwillig, wie es zu diesem ungewöhnlichen Gottesacker kam.

Als er sechs Jahre alt war, seien seine Eltern mit ihm nach Cabuya in die absolute Einöde gezogen. Dort wohnten damals gerade mal zwei Familien. Einen Weg dorthin gab es nicht. Man hätte mühsam am Ufer über Stock und Stein laufen müssen oder sein Glück mit einem nicht meerestauglichen kleinen Kahn versuchen können.

Die Ureinwohner von Cabuya erzählten ihm später, dass irgendwann ein toter Schiffbrüchiger an Land geschwemmt worden sei. Da die Leiche sich schon im fortgeschrittenen Verwesungszustand befunden hätte, wollte man sie nicht auf dem Festland begraben. Einen Friedhof gab es da noch nicht. Verstorbene Angehörige wurden in der Nähe der eigenen Wohnhütte bestattet. Die wenigen Bewohner entschieden, dem Fremden seine letzte Ruhe auf der Insel zu gewähren, auch, weil man befürchtete, dass ein Grab mit einer fremden, schon leicht verwesten Leiche in ihrer unmittelbaren Nähe nichts Gutes bedeuten und Unglück bringen könnte.

Das alles ist schon mehr als 100 Jahre her. Anfangs hätte es nur ein bis zwei Beerdigungen im Jahr gegeben. Die Dahingeschiedenen wären ohne Grabstein oder Kreuze bestattet worden.

So ist es bei der Insel als Gottesacker geblieben. Grundsätzlich wird in Costa Rica ein Verstorbener am folgenden Tag zu Grabe getragen, da man die Leiche nicht mehrere Tage der Wärme aussetzen will. Wenn es in Cabuya einen Toten zu beklagen gibt, wird der Sarg sofort am nächsten Tag vom Trauerhause oder der kleinen Kirche aus von Trägern bei Ebbe bis zur Insel getragen, gefolgt von Angehörigen und Freunden. Weil der Weg insgesamt ein, zwei Kilometer betragen kann, werden die Träger von Zeit zu Zeit abgelöst. Für die letzte Teilstrecke auf dem glitschigen, holprigen Felsengeläuf werden nur erfahrene, »trittfeste« Einheimische ausgewählt. Auf Wunsch der Angehörigen kommt ein Geistlicher aus dem fast 20 Kilometer entfernten Cóbano dazu.

Auch heute gibt es in dem 600-Seelen-Dorf jährlich kaum ein Dutzend Beerdigungen, doch die Anfragen von auswärts nehmen zu. Vor allem Zugezogene aus allen Herren Länder bekunden zu Lebzeiten den Wunsch, auf der Friedhofsinsel von Cabuya bestattet zu werden. Mittlerweile organisiert ein Bürgerkomitee die Bestattungen.

So hat es schon außergewöhnliche Beerdigungen gegeben. Ein angeblich recht betuchter Amerikaner wollte bei Nacht zu Grabe getragen werden. Auf dem gesamten Felsenweg zur Insel waren an beiden Seiten alle 20 Meter Windlichter aufgestellt worden, und ein Referent hätte Gospellieder singend die Trauergemeinde angeführt. Als einmal eine tagelang sehr unruhige See einen Fußmarsch zur Insel nicht zuließ, musste der Sarg bei kräftigem Wellengang mit dem Boot zum Eiland gebracht werden.

Bei Besuch der Insel wird man von einer besonderen Stimmung erfasst. Welch ein himmlischer Ort, eingefasst in diese paradiesische Natur. Die schrägstehende Sonne erzeugt unbeschreibliche, magische Lichtreflexionen, und es regiert eine absolute Stille. Am Eingang gibt es seit einigen Jahren einen schönen weißen Torbogen mit der Aufschrift *Cementerio* (Friedhof). Mit einer traditionellen Grabstätte hat die Insel jedoch so gut wie nichts gemein. Es gibt keine »Grabordnung«, kein Reih' und Glied. Es ist ein wirklicher Dschungelfriedhof. Die Gräber liegen hier und da verstreut, und auch in der Aufmachung sind gleich die unterschiedlichen Traditionen zu erkennen. Die verstorbenen Einheimischen ruhen in gemauerten schweren Grabverliesen, wie sie auch sonst im Land üblich sind. Einige Gräber von Toten, die zu Lebzeiten aus anderen Ländern ins Land gekommen sind, weisen dagegen einen originellen persönlichen Bezug auf. Einen Grabstein ziert eine Schiffsschraube, einen anderen eine Tauscherausrüstung, wieder andere lassen durch kunstvoll angehäufte Steine oder Muschelverzierungen erkennen, dass sich der Verstorbene in seinem Leben vielleicht mit esoterischen oder metaphysischen Weltanschauungen befasst hat.

Beim erstmaligen Besuch vor Jahren kam mir in den Sinn: Diese letzte Heimstätte kann nicht allzu weit vom Paradies entfernt sein. Hier kann man wirklich seinen inneren Frieden finden. Manchmal überkommen mich Gedanken, ob es nicht auch für mich der geeignete Ort wäre, meine letzte, ewige Ruhe zu finden. Ich hoffe, ich habe für diese Überlegungen noch ein wenig Zeit.

www.nicoyapeninsula.com

96. Grund

Weil Santa Teresa das Mekka der Surfer schlechthin ist

Santa Teresa mit seinen endlosen Sandstränden an der Westseite der Halbinsel Nicoya gelegen, hat eine ähnlich rasante Entwicklung genommen wie Montezuma. Anfang der 90er-Jahre noch ein kleines Fischerdorf, ist es heute einer der Hotspots der Surferszene in Costa Rica. Die anlandenden Wellen, die sich an der besonderen Unterwasserstruktur aus Felsen und leicht ansteigenden Sandbereichen brechen, dazu ein beständiger Wind, sorgen für ganzjährig ideale Bedingungen für Wellenreiter.

Der selten schöne Strand, mal weiß, mal etwas dunkler und immer wieder eingerahmt vom üppigen Dschungel, ist ungefähr fünf Kilometer lang und besteht aus den Bereichen Playa Carmen, Playa Santa Teresa und Playa Hermosa. Der gesamte Uferbereich ist nahezu perfekt, in weiten Teilen immer noch unberührt, wild und naturbelassen. Er ist derart weitläufig, dass man an vielen Stellen, wenn man möchte, leicht allein sein kann. Nur der Bereich vor der Kreuzung von Santa Teresa ist aufgrund der Lage mit den Strandbars immer gut besucht. Ständig lauern dort 20 bis 30 auf ihren Brettern liegende Surfer auf die perfekte Welle, immer wieder schön anzusehen.

Santa Teresa hat eine völlige andere Struktur als Montezuma. Ein sogenanntes Zentrum gibt es nicht. Der Ort besteht aus einer vier Kilometer langen, in der Trockenzeit staubigen, mit vielen Schlaglöchern übersäten Parallelstraße zum Strand, an der unregelmäßig aufgereiht Hotels, *Cabinas*, Restaurants, Cafés und Supermärkte liegen. Das Wichtigste sind natürlich mehrere große Surfshops, in denen kein Wunsch der großen Schar der Wellenbezwinger unerfüllt bleibt. Aufgrund der zum Teil tiefen Schlaglöcher sieht man hier relativ viele junge Leute mit Quads, Mopeds oder Fahrrädern herumfahren, auf denen dann irgendwie abenteuerlich das Surfbrett auch noch mitfährt. Vielleicht sind die schlechten Straßen der Grund dafür, dass der Massentourismus Santa Teresa bisher noch nicht erfasst hat, denn die Anfahrt von Cóbano ist ja auch nicht besser. Und leider passieren auf der fast geraden Schlaglochpiste relativ viele Unfälle, ungewöhnlich für Stranddörfer in Costa Rica, deshalb bitte aufpassen.

Santa Teresa bietet alles, was das Surferherz begehrt. Anfänger-freundliche strandnahe Wellen, die zu jeder Tageszeit surfbar sind, und weiter draußen steile, mächtige »Breaks« für Fortgeschrittene und Profis. Surf-Insider sagten mir, dass in der Zeit der Flut die Wellen sehr schnell werden können. Deshalb sollten Brettnovizen lieber nur bei Ebbe versuchen, die Wellen zu bezwingen. Die absoluten Profis bevorzugen die Regenzeit, da dann das Surfparadies weit weniger frequentiert wird. Und neuerdings haben auch immer mehr Kitesurfer die idealen Bedingungen dieses lang gestreckten Strandes entdeckt. In der Trockenzeit von Dezember bis April ticken die Uhren in Santa Teresa ein wenig anders. Dann ist es so warm, dass die leicht bekleideten Surfer-Boys und -Girls gemächlicher durch die Gegend schlurfen. In der Zeit ist mehr Sehen und Gesehenwerden angesagt.

Und sonst? Chillen! So nennen neu-deutsch junge Leute Aktivitäten der absoluten Entspannung. Der Strand bietet das perfekte Ambiente für ein Bad im kristallklaren Wasser. Aber auch hier sollten weniger geübte Schwimmer im weitläufigen Flachwasser bleiben. Und bitte genügend Abstand von den Felsen halten, die bei Ebbe sichtbar werden. Ein Buch lesen, endlose Spaziergänge an menschenleeren Stränden unternehmen und Wildpferde beobachten, die sich ein ungezügeltes Rennen im seichten Wasser von Playa Hermosa liefern, macht in dieser traumhaften Kulisse doppelt Spaß. Und schwer angesagt ist in Santa Teresa Yoga.

Und dann der Sonnenuntergang: Jeden Abend versammeln sich Einheimische und nahezu sämtliche Touristen aus nah und fern am Strand, um das atemberaubende Naturspektakel zu verfolgen. Die Feuerkugel nähert sich fast senkrecht dem Wasser, und das mit einer »Geschwindigkeit«, die ich noch nirgendwo sonst so beobachtet habe. Schaut man nach drei Minuten wieder hin, so ist die Sonne bereits dem Meer wieder ein beträchtliches Stück näher gekommen. Dann kommt der große Moment, in dem der untere Rand des Feuerballs die imaginäre Oberfläche des Wassers erreicht. Alle zücken ihre Kameras und Handys. Insider wissen längst oder haben gelesen, dass man die Videofunktion aktivieren kann, ohne dass die Batterie den Geist aufgibt. Denn in sage und schreibe viereinhalb Minuten ist dann auch der obere Rand der Sonne »hinter« dem Meer verschwunden. Zu sehen ist am Himmel noch für einige Zeit ein gewaltiges feuerrotes Nachglühen. Jeden Abend gibt die Sonne an der Westküste von Nicoya eine derart exklusive Vorstellung, wie ich sie sonst noch nirgends auf der Welt gesehen habe.

Pura Vida! Dieses Lebensgefühl kann man in Costa Rica kaum an einem anderen Ort besser genießen als in Santa Teresa.

www.nicoyapeninsula.com

97. Grund

Weil man die Naturbadewannen von Mal País oft ganz allein genießen kann

Heute ist man nirgends auf der Welt mehr allein. Globetrotter-Agenturen offerieren Entdeckungsreisen ins ewige Eis oder mehrwöchige Wüstentrips, und man kann sogar schon auf Expeditionsschiffen anheuern, die einen Tausende von Kilometern von den Falklandinseln bis zum Südpol mitnehmen. Jede noch so große Abenteuerlust wird befriedigt. Doch es gibt nach wie vor interessante Flecken auf der Erde, die in Reiseführern wenig oder gar nicht berücksichtigt werden, und das ist auch gut so. Dadurch kann man heute immer noch einige außergewöhnliche Orte oft ganz allein genießen.

Costa Rica ist ein Land vulkanischen Ursprungs. Das erkaltete Lavagestein ist aber nicht nur in und an den Kratern der Vulkane zu bestaunen, sondern es hat auch immer wieder große Eruptionen im Meer oder an den Küsten gegeben. Eine Region, die davon besonders betroffen war, ist die Halbinsel Nicoya. Gerade an der Süd- und der Westseite kann man jede Menge bizarre Formen von erkalteter Lava bewundern. Unzählige kleine Buchten sind eingerahmt von vulkanischem Felsgestein. Einige »Felsengebirge« ragen als Inseln aus dem küstennahen Meer heraus. Der Strand von Montezuma ist voll davon. In schmalen Felsspalten, dort, wo das Meerwasser hochschwappt, kann man Hunderte von kleinen schwarzen Krabben beobachten. Das im ewigen Spiel der Gezeiten am Fels haften gebliebene Plankton bietet ihnen reichlich Nahrung.

Nun gibt es aber einige Bereiche am Meer, in denen sich die glühende Lava offensichtlich gleichmäßig verteilt hat. Dort sind flache, fast glatte Felsstrukturen entstanden, in denen sich kleine oder größere Löcher befinden. So eine Besonderheit ist am Strand von Mal País zu bewundern. Ich hatte schon erwähnt, dass es an den Küsten einen beträchtlichen Tiden-Hub gibt. Bei Ebbe, wenn das Meer zurückgeht, verbleibt das Wasser in den Löchern, und es bilden sich in den Felsen natürliche Pools. Die kleineren haben nach zwei, drei Stunden nahezu Badewannentemperatur. Traumhaft!

Eine Anhäufung von kleineren und großen Naturbadewannen findet man in der Bucht vor dem Restaurant »Mar Azul«. Früher war es ein beliebtes Ausflugslokal. Dann kam ein neuer Besitzer, und heute ist es zu einer heruntergekommenen Spielhölle mutiert, in der besonders an den Wochenenden bei Poker bis tief in die Nacht hohe Geldbeträge den Besitzer wechseln. Aber tagsüber wird man als Gast zumindest noch bedient.

Mit einem frisch gepressten Orangensaft in eine der kleinen Naturbadewannen eintauchen, die Augen schließen und träumen ... Das ist für mich schon den langen Flug wert. Und die Pointe kommt noch. Dort warten keine fünf Touristenbusse, sondern man ist häufig ganz allein. Mein Lieblingsort, den ich allen Freunden und Bekannten zeige, die mich besuchen, befindet sich einige Hundert Meter weiter südlich. Man läuft am Strand um das kleine Wäldchen herum und gelangt zu einer weiteren Felsstruktur mit Löchern, in denen das Wasser bei Ebbe zurückbleibt. Ein größerer Meerespool wird durch eine kleine »Staumauer« gebildet. Und dahinter branden weiterhin die hohen Wellen gegen den Strand, ein Wahnsinnsfotomotiv. Einmal habe ich ein Pärchen gesehen, das diese fantastische Szenerie für sein Hochzeitsfoto ausgewählt hatte. Mit Anzug und Schleier durchnässt auf der »Staumauer« des Naturpools sitzend und im Hintergrund das tosende Meer ... so ein Hochzeitsfoto hat auch nicht jeder.

Mal País wird eingerahmt von einem lang gestreckten, grün bewaldeten Bergkamm. Und natürlich muss man von dort einen atemberaubenden Ausblick aufs Meer haben.

Das hat einige Hollywoodgrößen dazu bewogen, dort oben ein Zweitdomizil aufzuschlagen. Vom Meer aus, dort wo sich die große Naturbadewanne befindet, kann man in den Bergen mehrere großzügig angelegte Anwesen erblicken, drei davon ragen in Größe und Aufmachung heraus. Sie sollen Will Smith, Mel Gibson und

Gisele Bündchen gehören. Will Smith habe ich vor Jahren mal in Cóbano gesehen, als er aus seinem getönten SUV ausstieg und in den Supermarkt ging. Gisele Bündchen hat dort oben in den Bergen ihre Hochzeit gefeiert. Trotz Security wollten Paparazzi unbedingt von der illustren Gästeschar Fotos schießen. Am nächsten Tag stand in der Zeitung, dass in der Nacht auf dem Anwesen geschossen worden sei. In Deutschland sage ich immer flapsig, das sind meine Nachbarn.

Ich hatte gesagt, dass man dort allein ist. Na ja, dass stimmt nicht so ganz. Ich habe schon Kapuzineräffchen gesehen, die sich an Rucksäcken zu schaffen machten, während die Besitzer ein traumhaftes Bad im Naturpool genossen. Des Weiteren erzählten mir Einheimische, man hätte schon Autoschlüssel in einem der vielen Sandlöcher gefunden, die die Krebse buddeln. Fast unglaublich, aber wahr.

Also, pssst!!! Nicht weitererzählen!!! Auf dass man auch in Zukunft die traumhaften Naturbadewannen in Mal País noch für sich allein genießen kann.

www.malpais.net · www.malpaisbeach.com

98. Grund

Weil Sámara immer einen Besuch wert ist

Sámara, etwa in der Mitte an der Westküste der Halbinsel Nicoya gelegen, hat eine ähnliche Entwicklung genommen wie Santa Teresa oder Montezuma. Da der Ort jedoch nicht ganz so leicht zu erreichen ist wie die beiden Strandorte an der Südspitze, geht es hier etwas ruhiger zu. Irgendwie merkt man dem Dörfchen an, dass auch hier mal Flower-Power und Hippie-Kultur zu Hause war. Heute trifft man jedoch in Sámara Menschen jeden Alters und jeder Coleur: Junge, Alte, sportliche Surfer, Rastas mit dicht gelocktem Haar, bunt bis schrill gekleidete junge Frauen und einen Dorfsheriff, der sein Büro direkt am Strand hat. Idyllisches Fischerdorf war mal, Playa Sámara lebt jetzt vom Tourismus, und die Menschen, die hier zu Hause sind, ob Einheimische, zugezogene Auswanderer oder Besucher, leben den Tourismus, aber in einer ruhigen, beschaulichen Weise. Ab und zu sieht man Kühe auf der Straße, die aus ihrer Koppel ausgebüxt sind. Eichhörnchen oder Affen benutzen auch schon mal Strom- oder Telefonleitungen als Abkürzung, um den nächsten Baum zu erreichen, und laut krächzend fliegen die Gelbnackenamazonen mit schnellem Flügelschlag davon.

So kann man in Sámara preisgünstiger eine schöne Herberge finden als in den oben genannten Orten, und auch ein Besuch in den vielen Restaurants mit einheimischer oder internationaler Küche, den hippen Strandbars, den schmucken Cafés und den kleinen bunten Läden, von denen sich die meisten in der parallel zum Strand verlaufenden Straße befinden, macht sich nicht so stark im Geldbeutel bemerkbar.

Sámara verdankt seinen Ruf der ungewöhnlich schönen und günstigen Lage. Der malerisch seicht abfallende weiße Sandstrand, gesäumt von tropischer Vegetation, aus der pittoresk die hohen Kokospalmen herausragen, erzeugt ein beschaulich paradiesisches Flair. Durch die weit geschwungene idyllische Bucht mit dem vorgelagerten Korallenriff und einer kleinen dicht bewaldeten, unbewohnten Insel wird dieser Strandabschnitt vor starken Wellen und kräftigen Strömungen gut geschützt. Das macht Playa Sámara zu einem der schönsten und sichersten Badeorte in ganz Costa Rica. In der weit und flach auslaufenden Brandung können auch Kinder sorglos in den Tag hineinplanschen. Deshalb wird das ehemals kleine Fischerdorf in den Ferienzeiten um Weihnachten und die Osterwoche auch gern von einheimischen Familien besucht.

Einen interessanten Blick bekommt man auf den Ort vom Meer aus. Aus dem üppigen Dschungel und den markanten Berghängen ragen dann nur wenige Gebäude heraus. Spaziert man durch die Sträßchen, hat man den Eindruck, dass die Strandsiedlung immer von gleich vielen Menschen besucht wird, egal wie voll die Touristenherbergen tatsächlich sind.

Insgesamt ist der Strand etwa sieben Kilometer lang und besteht aus drei Buchten. Sie heißen Playa Buena Vista, Playa Sámara und Playa Carillo. So kann man auch hier endlos am Meer spazieren gehen, den Strand entlangjoggen, die Sonne genießen und wenn man will allein sein. Es bieten sich viele schöne, malerische Fotomotive. Ab und zu bleibt vom Strand nur ein schmaler Streifen übrig, weil schroffe Felsklippen steil bis fast ins Meer hineinragen. Dann folgen wieder Bereiche, die von tropisch dichtem Bewuchs umsäumt werden, und auch hier kann man Lavafelder mit bizarren Formen im seichten Meer bewundern.

In Sámara sind touristische und sportliche Aktivitäten nicht nur in einem Bereich konzentriert. Neben Baden, Schwimmen und Surfen kann man schöne Fahrradtouren zu den Trockenwäldern des Umlandes unternehmen. Zu bestimmten Zeiten sind im nahe gelegenen Tierreservat Ostional die Eiablage der Schildkröten und das große Rennen der frisch geschlüpften keinen Panzerträger zu bestaunen (Grund 39). Wer möchte, kann beim Schnorcheln die bunte Korallen-Unterwasserwelt erkunden oder eine Tour im Paddelboot zur unbewohnten Insel Chora unternehmen. Und natürlich gibt es auch eine *Canopy Line*, um in 30 Metern Höhe an den Baumwipfeln vorbeizufliegen. Yoga ist auch in Sámara angesagt. Die magischen Sonnenuntergänge unterscheiden sich geringfügig von denen in Santa Teresa. Die Sonne bildet während ihres Sinkfluges, quasi als Vorhof, häufig einzigartige Schattierungen in den Farben Lila und Rosa. Dieses kunstvolle Naturschauspiel lässt die paradiesische Landschaft wie aus einem Märchen erscheinen.

Sámara ist es gelungen, dass Besucher sich auch heute noch wie in einem versteckten tropischen Abenteuerort fühlen. Es gibt weder Hochhäuser noch Vertragshotels und auch kein billiges Fast Food. Die unnachahmliche Schönheit des endlosen Strandes zieht jeden Ankommenden sofort in ihren Bann. Wer keinen Rummel mag, die fantastische Natur genießen, sportlich aktiv sein oder die Seele baumeln lassen möchte, für den ist Sámara wirklich einen Besuch wert.

www.samarabeach.com · www.nicoyapeninsula.com

99. Grund

Weil die Halbinsel unzählige schöne Strände und Buchten hat

Costa Rica ist von 1.200 Kilometern Küste umgeben. Da wundert es nicht, dass immer wieder Touristen den Eindruck mit nach Hause nehmen, in dem so von der Natur gesegnetem Land hätten sie die schönsten Strände der Welt gesehen. Und? Welche Küste ist schöner, die pazifische oder die karibische? Natürlich lässt sich das nicht beantworten, zumal auch jeder Besucher seine eigene Vorstellung vom Traumstrand hat. Beide Küsten haben ihren eigenen Charme. Da ich aber an der Pazifik-Seite auf der Halbinsel Nicoya zu Hause bin, möchte ich auf einige außergewöhnliche Strände und Buchten aufmerksam machen, die bisher noch keine Erwähnung gefunden haben.

Die Halbinsel ist einer der Beach-Hotspots Costa Ricas, das lässt sich auch schon daran erkennen, dass die meisten großen Touristikunternehmen für ihre All-inclusive-Tempel oder Resorts eine paradiesische Strandbucht auf der Halbinsel Nicoya ausgewählt haben. Bietet doch gerade dieses Halb-Eiland, im Nordwesten des Landes gelegen, unzählige relativ leicht zugängliche Strände in allen Farben und Formen.

Da kann man schon mal leicht den Überblick verlieren: Wo ist Baden und Schwimmen am schönsten? Wo kann man ungestört endlos am Strand spazieren gehen, umgeben von paradiesischer Natur? Wo gibt es die besten Wellen, die ich mit meinem Surfbrett bezwingen kann? Und wo finde ich die schönsten Schnorchel- und Tauchgründe?

Einige besonders interessante Orte am Meer habe ich schon ausführlich beschrieben, und in Costa Rica gibt es eben zig Strände und zig Buchten für die gerade aufgezählten Aktivitäten im und am Wasser, das ist das Besondere an dem Land.

Ich war schon an ziemlich vielen Ecken auf der Halbinsel, auch am Meer. Aber alle Strände kennenzulernen ist unmöglich. Deshalb möchte ich zumindest noch einen Überblick über die Küstenorte geben, die mir im nördlichen Teil von Nicoya gefallen (oder weniger zugesagt) haben.

Westlich von Liberia liegt an einer schönen Bucht Playa Hermosa. Es ist einer der beliebtesten Strandorte der amerikanischen und kanadischen Touristen, da die Ansiedlung in weniger als einer halben Stunde vom internationalen Flughafen der Stadt erreichbar ist. In der ruhigen Bucht sind deshalb die Freizeitangebote dementsprechend ausgerichtet: Schwimmen, Schnorcheln, Tauchen, Kajak, Stehpaddeln, Sportfischen und Segeln. Eine Anmerkung: *hermoso/a* heißt »schön«; einen Playa Hermosa gibt es in Costa Rica mindestens fünf Mal.

30 Kilometer weiter südlich schließt sich der Nobelort Playa Flamingo an. Eine gezackte Landzunge, an der sehr schöne Buchten aufgereiht sind, reicht weit ins Meer hinein. Das ist der Grund dafür, dass man dort eine Reihe von Ferien-Resorts und Nobelherbergen errichtet hat. Die vorgelagerten Inseln Santa Catalina sind eines der angesagtesten Tauchgebiete Costa Ricas (Grund 52).

Playa Brasilito südlich angrenzend ist dagegen viel beschaulicher. Das ehemalige Fischerdorf punktet mit einem wunderschönen, weißen, von Palmen gesäumten Sandstrand. Eine attraktive und ruhige Alternative zu den genannten mehr oder weniger touristisch geprägten Orten.

Gut einen Kilometer weiter südlich kann man eine Ausnahme bestaunen: Playa Conchal. Dieser kleinere Küstenstreifen wird von manchen Besuchern als der interessanteste Strand des Landes bezeichnet. Der Grund? Am Playa Conchal sucht man Sand (fast) vergeblich, denn der Strand ist mit unzähligen abgeschliffenen Muschelschalen (*Conchas*) übersät. Das ist erstens wunderschön anzuschauen, und zweitens bekommt man beim Darüberlaufen ein anderes »Barfußgefühl«. Dabei erzeugen die Muschelschalen sanft knirschende, tolle Reibungsgeräusche. Und so ein türkisblaues Meer findet man am Pazifik eher selten. Zudem ist es ein perfekter Ort zum Schnorcheln.

Weiter in Richtung Süden erreicht man Tamarindo, von den *Ticos* »Tamagringo« genannt. Das sagt schon alles. Der Ort ist mittlerweile fest in amerikanischer Hand. Es ist einer der größten Badeorte auf der Halbinsel mit einer Vielzahl von Hotels in jeder Preisklasse und touristischen Einrichtungen jeder Art. Der Sandstrand ist schön. Für den, der es ruhiger mag, sind die benachbarten Strände Playa Langosta und Playa Avelana zu empfehlen, die auch gern von Surfern frequentiert werden.

Noch mal zu der Region, in der ich zu Hause bin. Die Einheimischen vergnügen sich gern an Strandbereichen, an denen sich ein Fluss oder Flüsschen ins Meer ergießt. Dort bilden sich häufig Lagunen, und man kann sowohl im Meer als auch im Flusswasser baden, was besonders Kindern großen Spaß bereitet. Ein beliebter »zweiteiliger« Strand dieser Art heißt Los Cedros und liegt auf halbem Wege von Montezuma nach Cabuya. Mein Lieblingsstrand heißt Las Manchas und befindet sich gut einen Kilometer westlich von Montezuma. Der kleine bildhübsche Traumstrand wird von Palmen umsäumt, und ein lang gestrecktes Lavagebirge im Wasser verhindert eine Querströmung. Das macht es möglich, ein wenig hinauszuschwimmen. In Deutschland sage ich immer flapsig, das ist mein Privatstrand, weil man da ab und zu allein ist.

Also, dass es an wunderschönen, malerischen tropischen Stränden gemangelt hat, darüber wird sich kein Costa-Rica-Besucher nach der Rückkehr beklagen können. Und bis heute gibt es eine Vielzahl von einsamen Traumständen, die noch entdeckt werden wollen.

www.entercostarica.com • www.tamarindo.com

Weil sich im Nationalpark Barra Honda das größte Höhlensystem Costa Ricas befindet

Wer nicht eine der Puntarenas-Fähren benutzt, um auf die Halbinsel Nicoya zu gelangen (Grund 25), sondern stattdessen den gesamten Golf von Nicoya mit dem Auto oder dem Motorrad umfährt, der passiert am nördlichsten Punkt der Bucht, dort wo der Río Tempisque in einem breiten Delta in den Golf mündet, die *Puente de La Amistad*, die »Brücke der Freundschaft«. Sie ist nach der *Bridge of the Americas*, die Panama-City mit den westlichen Landesteilen verbindet (Grund 80), die größte Hängebrücke Mittelamerikas. Die 780 Meter lange Brücke ist ein Geschenk von Nationalchina an Costa Rica und wurde 2003 eingeweiht. Ein Gedenkstein mit der Inschrift *Puente de la Amistad de Taiwán* erinnert daran. Inzwischen haben sich jedoch die politischen Winde gedreht. Weil Rotchina 2011 Costa Rica das neue Nationalstadion »geschenkt« hat, brach der damalige Präsident Oscar Arias die diplomatischen Beziehungen zu Nationalchina ab (Grund 23). Deshalb heißt die Brücke heute im Volksmund *Puente de la Apuñalada*, also Dolchstoß-Brücke.

Nach Fortsetzung der Fahrt auf der Ruta 18 erreicht man nach etwa 20 Kilometern rechts den Abzweig zum *Nationalpark Barra Honda*. Er wurde 1974 zum Schutz eines der größten Höhlensysteme Costa Ricas gegründet. Im Parkgebiet befinden sich 42 Karsthöhlen, die nicht miteinander verbunden sind. Durch fortwährende Erosionen über einen Zeitraum von 70 Millionen Jahren hat sich die heutige Form ausgeprägt. Nur etwa die Hälfte der Höhlen ist bisher erschlossen. Die mit 200 Metern tiefste Karsthöhle ist die *Cueva Santa Ana*, in der sich die sogenannte »Perlenhalle« mit Stalaktiten und Stalagmiten befindet, deren Formen die Besucher zu Namen wie »Löwenkopf«, »Spiegeleier« und »Haifischzähne« angeregt haben. Hier und in der Höhle *Pozo Hediondo* (deutsch: Stinkgrube) leben große Populationen von Fledermäusen. Den stechenden Geruch verursachen die über lange Zeit angehäuften Tierexkremente.

Die einzige derzeit für Besucher zugängliche Höhle ist die *Cueva La Terciopelo*, benannt nach der Terciopelo-Lanzenotter. Sie liegt in 62 Metern Tiefe und besteht aus fünf Räumen und gilt als die schönste Höhle mit der größten Strukturvielfalt. Zu sehen sind unzählige Stalagmiten, also Tropfsteine, die vom Boden aus in die Höhe wachsen, und Stalaktiten, die an der Höhlendecke hängen und sich nach unten weiter ausdehnen.

Hier zeigt sich Costa Rica von einer völlig anderen Seite. Der Abstieg in die Höhle ist »sportlich«, aber mit ein bisschen Kondition und durch die hervorragende Unterstützung der Guides ist die Tour eigentlich von jedermann zu bewältigen. Gefordert wird ein wenig Trittsicherheit, und mit Höhen- oder Platzangst sollte man ebenfalls keine größeren Probleme haben. Zuerst wird der Exkursionsteilnehmer umgurtet, das heißt, mit Seilzeug versehen. Derart gesichert steigt man senkrecht eine etwa 25 Meter lange Metall-Leiter hinab. Dann gelangt man in eine völlige andere Welt. Es ist feucht-warm, aber dem Besucher bleibt auch genügend Zeit für Pausen – und zum Staunen.

Die Erläuterungen der Führer zur Entwicklung der Höhle sind sehr interessant und aufschlussreich, alles hört sich an wie eine spannende Geschichte der Erdentstehung. Einer der Höhepunkte ist sicherlich die Betrachtung des vielleicht schönsten Teils der Karsthöhle bei ausgeschaltetem Licht. In der Finsternis verwandeln sich vor dem Auge die riesigen, manchmal bizarren Tropfstein-Elemente in alle möglichen Fantasieformen wie Geister, Kobolde, Zwerge, Wichtel und Riesen.

Wer einmal etwas Abwechslung vom Traumstrand und den anderen spektakulären Naturerlebnissen sucht, für den ist der Besuch des *Nationalparks Barra Honda* mit seiner gewaltigen Tropfsteinhöhle sehr empfehlenswert, wirklich ein tolles Erlebnis!

www.quebuenlugar.com

13. Kapitel

Südlich von Puntarenas

Weil die Brücke über den Río Tárcoles einen spektakulären Blick auf Krokodile bietet

Krokodile kann man in Costa Rica immer dort bewundern, wo es an Ufergestaden Mangroven gibt. Drei solcher Gebiete habe ich schon genannt: den *Nationalpark Tortuguero* (Grund 74), das *Tierschutzgebiet Gandoca-Manzanillo* (Grund 79) und das *Feuchtgebiet Caño Negro* (Grund 82). Eine spektakuläre und zudem noch leicht zugängliche Sicht auf Dutzende von größeren Panzerechsen bietet sich auf einer Brücke des Río Tárcoles. Auf der Ruta 27, die von San José über Caldera nach Puntarenas führt, zweigt man hinter Orotina auf die Ruta 34 ab. Es ist die Küstenstraße zu den südlicher gelegenen Städten Jacó und Quepos. Nach gut zehn Kilometern erreicht man den Río Tárcoles, der zu den längsten Flüssen in Costa Rica gehört.

Von Weitem sieht man schon etliche Besucher, die vom Straßenrand oder von der Brücke auf den Fluss starren. Denn dort im Uferbereich und auf den angrenzenden Sandbänken sind stets Dutzende von Krokodilen anzutreffen, die träge, man kann auch sagen faul, im Schlamm liegen und ein Sonnenbad nehmen. Andere lauern im Fluss regungslos auf Beute. Von denen ragen oft nur noch die Nasenlöcher aus dem Wasser. Vor allem, wenn durch Ebbe im nahe gelegenen Meer der Wasserstand im Fluss sinkt, bietet sich ein fantastischer Blick auf die schweren Reptilien. Prachtexemplare mit einer Länge von bis zu fünf Metern sind dort keine Seltenheit.

Es sind amerikanische Spitzkrokodile. Sie leben vor allem im Süßwasser und kommen auch in anderen Flüssen Costa Ricas vor. Der Río Tárcoles ist sehr fischreich, das ist der Grund, warum es hier eine so große Ansammlung dieser Spezies gibt. Immer wieder sieht man Besucher, die die Riesenechsen mit Würstchen aus der Reserve locken wollen, was manchmal sogar gelingt. Reiher, Geier und andere

Raubvögel leisten hin und wieder Gesellschaft in der Hoffnung, dass für sie einige Krumen abfallen.

Die Strecke ist viel befahren, einen breiten Fußgängerstreifen auf der Brücke gibt es nicht. Von daher sollte man ein wenig den Verkehr im Auge haben. Und natürlich immer, wenn im Land so eine außergewöhnliche (und dazu noch kostenlose) Attraktion geboten wird, gibt es auch negative Seiten. In den letzten Jahren wurden auf dem Parkplatz zunehmend Autos aufgebrochen, sodass es jetzt an der Brücke einen Polizeiposten gibt, der nach dem Rechten schaut. Einige fliegende Händler, die Holzkrokodile zum Kauf anbieten, können schon mal ziemlich penetrant sein, und selbst ernannte Parkplatzeinweiser gibt es natürlich auch.

Wer den Riesenechsen wirklich in die Augen schauen möchte, verbunden mit ein wenig Nervenkitzel, kann auf dem Fluss eine Krokodilsafari unternehmen. Das ist dann schon ein »hautnahes« Erlebnis, und die so geschossenen Fotos kann man sicherlich zu Hause wunderbar als »Mutbeweis« verkaufen. Dabei geben die Bootsführer noch allerlei Wissenswertes über die schweren gepanzerten Reptilien preis. Sie verschlingen ihre Beute ganz, die furchterregenden Zähne dienen nur zum Festhalten oder Zerreißen der Beute. Neu war mir, dass Krokodile eigentlich nachtaktiv sind. Vielleicht dösen sie deshalb den ganzen Tag vor sich hin, so meine Schlussfolgerung. Und zur Seite schauen können sie offensichtlich auch nicht. Deshalb könne man sich ruhig auf ein Stelldichein mit ihnen für ein Foto auf Du und Du einlassen, so jedenfalls der Guide. Zudem wären die bis zu 500 Kilo schweren Exemplare an Land eher behäbige Zeitgenossen. Na ja, streicheln wollte ich den Freund, der mich zum Fressen gern hat, dann lieber doch nicht …

In Sachen Krokodilbeobachtung gibt es in Costa Rica noch eine Steigerung, je nachdem, wie man es betrachtet … Im Land gibt es recht viele Gewässer, in denen Krokodile anzutreffen sind. Einige Flüsschen, in denen die Riesenechsen ihr Habitat haben, liegen unmittelbar an kleinen Ortschaften. Das hat im Laufe von Jahrzehnten dazu geführt, dass man dort diese Spezies quasi als »Haustiere« ansieht.

Ein diesbezüglich bei den *Ticos* in ganz Costa Rica bekanntes Örtchen ist Ortega, etwa 30 Kilometer nördlich des *Nationalparks Barra Honda* gelegen (Grund 100). In dem kleinen Río Charco, der die ländliche Siedlung streift, leben mit die größten Krokodile Costa Ricas. Jedes Jahr am Karfreitag wird dort ein Riesenspektakel zelebriert. An diesem Tag fangen die mutigsten Männer des Dorfes, und das sind nicht nur Jünglinge, das größte Exemplar des Río Charco ein. Dabei sind als Hilfsmittel nur Stöcke und ein Metallnetz erlaubt. Bis das Krokodil wirklich bewegungsunfähig ist, benötigen sie meistens mehrere Versuche, und die ganze Prozedur kann sich in der Hitze über Stunden hinziehen. Schließlich wird das Riesenreptil voller Stolz auf den Schultern der Akteure durchs Dorf getragen und anschließend wieder freigelassen.

Dieser Brauch geht in dem Dorf auf eine lange Tradition zurück. Für uns Europäer hat so eine Aktion sicherlich einen zwiespältigen Beigeschmack. Für Tierschützer grenzt das ja fast schon an Tierquälerei. Aber auch das muss man in Costa Rica verstehen. Und zudem ist hier noch ein starker Aberglaube mit im Spiel. Wer dem Schauspiel am Karfreitag in Ortega beiwohnt, kann sich von der schonenden Behandlung des 500 Kilogramm schweren Kolosses überzeugen.

www.mytanfeet.com · https://si.cultura.cr

102. Grund

Weil der Nationalpark Manuel Antonio zu den schönsten und beliebtesten Naturschutzgebieten Costa Ricas zählt

Für viele Besucher ist der *Nationalpark Manuel Antonio* südlich von Quepos einer der größten Highlights einer Costa-Rica-Reise. Das hat mehrere Gründe. Der recht kleine, nur sieben Quadratkilometer große *Parque Nacional Manuel Antonio* liegt direkt am Pazifik und punktet mit mehreren absoluten Traumstränden. In dem dahinterliegenden dichten, sattgrünen Regenwaldgebiet hat die Pflanzenwelt des Dschungels sich ihren Weg fast bis an das Meer gebahnt. Das Naturschutzgebiet ist äußerst artenreich. An die 350 verschiedene Pflanzen- und Baumarten und über 300 Säugetier- und Vogelarten haben dort ihre Heimat. Zudem ist der Nationalpark relativ leicht von San José und Puntarenas aus zu erreichen. Deshalb zählt er zu den am meisten besuchten Naturschutzgebieten Costa Ricas.

Das bringt natürlich auch Probleme mit sich. Da der Park mit einer ständig hohen Besucherdichte zu »kämpfen« hatte – bis zu 2000 Naturliebhaber wollten täglich das Paradies gleichzeitig genießen –, beschloss die Parkleitung vor einigen Jahren, die Besucherzahl auf 600 (werktags) beziehungsweise 800 (am Wochenende) zu begrenzen. Montags ist geschlossen, dann darf sich die Natur erholen. Einige Tiere sind durch den Menschenkontakt unnatürlich zutraulich, manche sogar aggressiv geworden, besonders durch Fütterungen. Wer heute beim Füttern erwischt wird, muss den Park sofort verlassen. Auf der anderen Seite berichten mir immer wieder Besucher, sie hätten »nirgends so viele Tiere gesehen« und »nirgendwo so nahen Kontakt zu exotischen Wildtieren gehabt wie im *Manuel Antonio* und das natürlich auch dementsprechend mit der Kamera festgehalten.

Hinter dem Parkeingang muss zunächst ein Flüsschen überquert werden. Das ist in der Trockenzeit sogar ohne nasse Füße möglich. In der Regenzeit steht bei hohem Wasserstand ein Boot bereit. Kurz zusammengefasst: Der Park besteht aus atemberaubendem Dschungelwald, in dem leicht Nasenbären, Leguane, verschiedene Affenarten, Gürteltiere, Agutis und sogar Faultiere zu erspähen sind. Er ist durchsetzt mit einigen Flüssen, an denen sich pittoreske Wasserfälle gebildet haben. Der schönste befindet sich vielleicht an der Quebrada Arroyo (*Quebrada* = Schlucht) am Fuße des Cerro-Nara-Hügels. Wie so oft in diesem Land besteht auch dieser aus zwei verschiedenen Fällen. Über Hängebrücken überquert man malerische Flussläufe und kleine Schluchten, und im Inneren gibt es auch noch eine Lagune.

Der Landteil des Nationalparks lässt sich sehr schön zu Fuß erkunden, auch ohne Guide, da die Wege sehr gut markiert sind. Mehrere Wanderwege führen durch den dichten, da kann man wirklich sagen: paradiesischen, Urwald. Einige Aussichtspunkte bieten fantastische Fotomotive, und immer wieder streift man die traumhaften Strände. Die Tiere des Parks haben sich an den Menschen gewöhnt und laufen einem quasi über den Weg, im wahrsten Sinne des Wortes. Wer ein Faultier bestaunen will, muss schon ein wenig genauer hinschauen. Aber es gibt kaum eine bessere Möglichkeit, sie zu Gesicht zu bekommen, als in diesem Schutzgebiet.

Und zum Schluss ans Meer: Die Traumstrände heißen Playa Espadilla Sur, Playa Manuel Antonio und Playa Escondido. Die beiden erstgenannten sind schlicht und einfach umwerfend. Sie liegen auf einer Landzunge, die zur Halbinsel Punta Catedral führt, die wie ein Tropf am Festland hängt. Das Wasser dort ist glasklar, es gibt kaum Wellen, und der Strand besteht aus weißem, feinem Sand. Zwischen diesen Stränden liegt nur ein etwa 50 Meter breiter Streifen Dschungel mit Kokospalmen, in denen Affen herumklettern und sich manchmal auch noch andere Tiere bemerkbar machen. Dank ihrer Lage im Nationalpark sind die beiden Strände fast komplett naturbelassen und außerdem auch sehr sauber. Was Strandmotive angeht, zieren sie die meisten Postkarten in Costa Rica. Hier kann man im wahrsten Sinne des Wortes die Seele baumeln lassen.

Für so viele Besucher gibt es dann auch eine perfekte Infrastruktur. Im Park findet man Picknickplätze, Duschen, Toiletten und sogar Trinkwasserspender. Hinweisen möchte ich auf den Manzanillobaum, der im Schutzgebiet besonders im Küstenbereich recht häufig vorkommt. Von ihm sollte man sich fernhalten und ihn auch nicht als schattiges Plätzchen für eine Pause aussuchen, denn die Früchte wie auch der Borkensaft können auf der Haut Verätzungen hervorrufen.

Fazit: Der *Manuel Antonio* ist vielleicht der »mitreißendste« Nationalpark in Costa Rica, aber ohne Zweifel der mit den schönsten Stränden. Bei der Ankunft kann man sich schon mal leicht wie in einem Zoo fühlen, doch später verläuft es sich mehr und mehr, Gott sei Dank! Und man kann auch selbst dem hohen Besuch entgegenwirken. Denn es gibt immer noch einige versteckte Orte im Park, die weniger Zulauf haben. Auch am weiter entfernt gelegenen (vierten) Strand Playa Playita ist es wesentlich ruhiger und genauso schön wie an den Hauptstränden. Also ein paar Schritte mehr lohnen sich wirklich. Zudem ist auch hier frühmorgens erst die Hälfte »los«.

Trotz der genannten kleinen Wermutstropfen ist ein Besuch des *Parque Nacional Manuel Antonio* ein absolutes Muss.

www.manuelantoniopark.com • www.sinac.go.cr •
www.areasyparques.com

103. Grund

Weil die Strandstadt Dominical junge Leute magisch anzieht

Unter Surfern ist Playa Dominical in Costa Rica als der Strand mit der ganzjährig beständigsten Brandung bekannt. Deshalb steht der Ort in der Gunst der Wellenreiter sehr hoch im Kurs. Anders als Santa Teresa ist Dominical ein liebliches, kompaktes Städtchen. Es grenzt unmittelbar südlich an den Río Barú, dort, wo sich der Fluss ins Meer ergießt. Hauptsächlich spielt sich das Leben in der parallel zum Strand verlaufenden Hauptstraße ab. Alles liegt dicht beieinander, die meisten Einrichtungen und der Strand sind in wenigen Minuten erreichbar. Es ist ein friedliches, geselliges Plätzchen für all diejenigen, die die Herausforderung der »Brakes« suchen und danach die entspannte Strandatmosphäre genießen wollen. Man erreicht den Ort über die Küstenstraße, die Richtung Süden führt. Von Quepos bis Dominical sind es etwa noch 45 Kilometer.

Was den Ort für Wellenreiter so attraktiv macht, sind seine außergewöhnlichen Bedingungen, die sich zudem noch von Zeit zu Zeit ändern. Durch eine flache Küstenstruktur brechen sich die hohen Wellen in Strandnähe. Das ruft eine nahezu ständige Brandung hervor, die besonders bei Flut gewaltige Ausmaße annehmen kann. Durch den Fluss Barú, der sich nur durch eine kleine Öffnung ins Meer ergießt, werden im Strandbereich immer neue Sandbänke aufgeschwemmt. Das erzeugt ständig andere Surfbedingungen. Vor allen Dingen bei Ebbe kann es vorkommen, dass für Surfer zum »Auslaufen« nur hüfthohes Wasser zur Verfügung steht. Immer wieder gibt es deshalb in Dominical am Ende eines Wellenrittes »harte« Landungen. Das alles lässt schon erahnen, dass Surfnovizen die Bereiche mit der stärksten Brandung meiden sollten. Die Surf-Hauptsaison, wenn man das überhaupt sagen kann, ist die Trockenzeit, also etwa von Dezember bis April. Aber selbst in dieser Zeit tritt man sich an dem kilometerlangen Strand nicht »gegenseitig auf die Bretter«. In der Umgebung gibt es weitere Strände für Wellenbezwinger. Nördlich von Dominical erreicht man Playa Matapalo, und weiter südlich reihen sich wie auf einer Perlenschnur Playa Dominicalito, Playa Hermosa und Playa Uvita auf. Der flache Playa Matapalo ist bei Ebbe mehr oder weniger ein »Spielstrand« und eignet sich auch zum Body-Surfen. Playa Dominicalito bietet bei Tiefwasser mehr oder weniger sichere Bedingungen für Anfänger. Weiter Fortgeschrittene können sich am Playa Hermosa versuchen.

Zudem strahlt Dominical eine fast magische Atmosphäre aus. Schon öfter erzählten mir Besucher, dass der Ort »Suchtpotenzial« hat. Ob der Schönheit und des tropischen Flairs vergisst man schnell die Zeit. Hier kann man leicht »hängen bleiben«. Dafür bietet das Städtchen auch einige Argumente. Man bewegt sich abseits der Touristenmassen. Eine Palmenallee umsäumt den großen Strand. In einer Reihe schöner Cafés und Bars direkt am Meer kann man es sich im wahrsten Sinne des Wortes gut gehen lassen. Abends wird die Straße mit Musik erfüllt.

Matapalo im Norden ist ein weiterer Traumstrand, nahezu unbeschreiblich schön. Im ganzen Küstenbereich sieht man immer wieder Pelikane, die entweder ganz nah über dem Wasser hinwegsegeln oder im Formationsflug in größerer Höhe den Strand überfliegen. Nach Süden hat man einen atemberaubenden Blick bis zur Landzunge von Playa Uvita. Und der Sonnenuntergang ist ähnlich spektakulär wie an den anderen Pazifikküsten. Das Schöne ist, dass er überall in Nuancen anders ausfällt.

Lebenskünstler haben sich in Strandnähe windschiefe Hütten aus Schwemmholz gebaut. Dazu passt auch ein Markt für selbst gebastelte Kunsthandwerksartikel.

Musik gibt es ebenfalls reichlich. Der angesagteste Musiktempel ist das Maracatú, und im Roca Verde kann man auch Kontakt mit der einheimischen Jugend bekommen. Besonders erwähnen muss man das *Las Efereras* in Uvita für die einmalig leckeren Fisch-Tacos.

Nördlich von Dominical mündet der Río Savegre in den Pazifik. Er ist einer der besten Flüsse im Land für Rafting-Touren (Grund 53). Auf der Halbinsel Uvita liegt der Meeresnationalpark Marino Ballena, in Costa Rica der interessanteste Ort für Walbeobachtungen (Grund 37). Auf der Küstenstraße in nördlicher Richtung erreicht man nach gut einem Kilometer das private Naturreservat Hacienda Barú. Ein weiteres Schutzgebiet, das sich bemüht, die natürliche Artenvielfalt im Land zu erhalten. Zu bestaunen sind dort Faultiere, Brüllaffen, Leguane, Tukane und Schmetterlinge.

Playa Dominical ist ein schöner Ort zum Leben. Das sieht man auch daran, dass fast Leute aus der ganzen Welt, die den Küstenstreifen »nur« besuchen wollten, sich hier für immer niedergelassen haben. Dominical hat seinen Charme.

www.villasriomar.com/dominical-uvita

104. Grund

Weil die Wasserfälle von Nauyaca zu den schönsten des Landes gehören

Ich habe schon erwähnt, dass Costa Rica aufgrund seiner Geografie und seiner klimatischen Verhältnisse eine unglaubliche Vielzahl an Wasserfällen zu bieten hat. Einer ist noch schöner und atemberaubender als der andere.

Meistens sind sie in Regenwäldern und an Berghängen durch bizarre, von der Natur geformte Lava-Auswürfe entstanden. Die Nauyaca-Wasserfälle im Hinterland unweit von Dominical gehören sicherlich zu den schönsten und spektakulärsten im Lande. Durch ihre etwas abgeschiedene Lage und den nicht unbeschwerlichen Weg dorthin werden sie jedoch zum Glück von nicht so vielen Besuchern in Beschlag genommen wie zum Beispiel der La-Paz- oder der La-Fortuna-Wasserfall (Grund 55).

Auf der Straße von Dominical nach San Isidro de El General erreicht man nach etwa 20 Minuten kurz vor dem Ort Platanillo den Abzweig, der zu den Kaskaden führt. Vom Informationsbüro aus führt eine recht raue Piste ziemlich steil abwärts zu einem etwa zwei Kilometer entfernten Parkplatz. In der Regenzeit sollte man den Weg nur mit einem Allrad-angetriebenen Fahrzeug benutzen. Dann folgt eine leicht kräftezehrende, aber gleichzeitig auch schöne Wanderung, auf der man in prächtiger Umgebung den Regenwald genießen kann.

Bis zu den Wasserfällen benötigt man etwa zwei Stunden, geht es doch auf den vier Kilometern meistens bergauf, und das kann hier und da schon mal ein wenig Schweiß kosten. Deshalb sind festes Schuhwerk und ausreichend Wasserproviant sehr anzuraten. Wer frühzeitig aufbricht, kann den kleinen Aufstieg noch in angenehmer Morgenkühle bewältigen. Außerdem hat man zu dieser Zeit mit Glück noch die Kaskaden fast für sich allein.

Wer seinen Beinen eine Auszeit gönnen möchte, kann vor Ort eine geführte Reittour zu den Wasserfällen buchen, die jedoch nicht billig ist. Die dritte Variante ist ein »Sammeltaxi«. Ein Pick-up mit einfachen Sitzgelegenheiten auf der Ladefläche bringt ebenfalls Besucher an den paradiesischen Ort.

Und plötzlich vernimmt man das Geräusch von tosenden Wassermassen. Es ist ein fast unwirkliches Rauschen, gegen das kein Meer ankommt. Man wird unweigerlich von einer magischen Stimmung ergriffen. Wie soll man dieses Wunder der Natur beschreiben? Inmitten des dichten tropischen Regenwaldes stürzen sich die Wassermassen in zwei Kaskaden über mehrere Felsformationen auf verschiedenen Wegen zuerst 45 und dann 20 Meter in die Tiefe und enden in einem sechs Meter tiefen Naturbecken, geformt aus Felsen und großen Steinen. Wer nach der anstrengenden Wanderung nass geschwitzt ankommt, weiß die erfrischende Abkühlung im Felsenteich noch umso mehr zu schätzen. Es ist ein Ort unbeschreiblicher Naturschönheit. Ein schmaler Pfad führt links den Berg hinauf zum oberen, größeren Wasserfall, wo sich neben einem tollen Ausblick auch noch eine weitere Badegelegenheit bietet.

Ich liebe es immer wieder, an einem Wasserfall unter dem dicken Schwall herabstürzenden Wassers zu schwimmen. Das löst bei mir ein ganz besonderes Gefühl aus. Das Wasser prasselt auf einen ein, deshalb ist der Atem fast »eingeschnürt«. Man schnappt nach Luft, im wahrsten Sinne des Wortes, aber diese Urgewalt des Wassers zu spüren ist einmalig. In diesen Kaskaden gibt es auch diverse Plätze, an denen man das auf einen herabstürzende Wasser auch sitzend genießen kann.

Von einigen höher gelegenen Felsvorsprüngen ist es sicherlich möglich, sich den Kick eines wagemutigen Sprungs in den unteren Felsenteich zu gönnen. Aber als »Experte« habe ich bemerkt, dass die Absprungstellen recht nass und glitschig sind. Deshalb habe ich hier in der mir nicht vertrauten Umgebung auf den Adrenalin-Stoß verzichtet.

Wer wie ich ein Wasserfall-Fan ist, für den sind die *Cataratas de Nauyaca* ein absolutes »must see«. Man wird selten auf der Welt schönere und einmaligere Wasserfälle zu Gesicht bekommen als hier. Dieses Naturwunder entschädigt allemal für den etwas mühsamen Fußweg, der aber eigentlich von jedermann zu bewältigen ist.

Einfach nur spektakulär und traumhaft.

www.cataratasnauyaca.com

14. Kapitel

Von San José nach Süden bis zur panamesischen Grenze

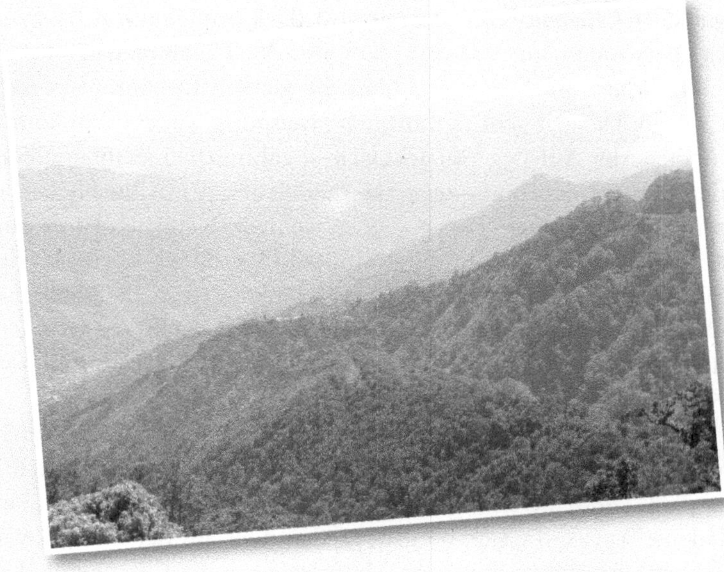

105. Grund

Weil die Fahrt über den Cerro de la Muerte immer noch den Adrenalinspiegel steigen lässt

2017 besuchte mich mein alter Freund Jürgen. Als Motorradfreak hat er mit seiner Freundin Moni ganz Costa Rica auf einer 650er Enduro erkundet. Wir hatten einige unvergessliche Tage bei mir. Als Dank für meine Gastfreundschaft lud er mich ein, mit ihm den Cerro de la Muerte zu überqueren. Denn der höchste Punkt der gesamten *Panamericana*, die von Alaska bis nach Feuerland führt, liegt etwa 130 Kilometer südlich von San José. Dort muss die *Interamericana*, wie sie in Lateinamerika genannt wird, die Kordilleren von Talamanca überwinden, und das sind mehr als 3.300 Höhenmeter!

Von San José fuhren wir über die vierspurige Autopista nach Cartago. Danach geht es nur noch zweispurig weiter. Man könnte meinen, der Aufstieg vollzieht sich in zahlreichen atemberaubenden Serpentinen und engen Haarnadelkurven mit Ausblicken in schwindelerregende Tiefen – eher weniger. Natürlich ist es eine kurvenreiche Strecke, die durch eine wild zerklüftete, hochgebirgige Urwaldregion führt, doch die Kurven fühlen sich als Beifahrer eher »harmlos« an, und auch die Steigungen sind meistens moderat. Zudem ist Jürgen ein sehr erfahrener, umsichtiger Biker. In zahllosen Kurven ging es stetig weiter bergauf.

Die Passstraße dient in erster Linie dem Transit-Schwerverkehr von und nach Panama (Kanal) und in die südlichen lateinamerikanischen Länder. Deshalb sieht man vor allem schwere, meist überladene Trucks, die sich bergauf quälen oder auf der Talfahrt versuchen, mit ihren röhrenden Motorbremsen die Geschwindigkeit beherrschbar zu halten. Den Fahrstil vieler Latinos habe ich bereits ausführlich im Grund 6 beschrieben.

Überholen vor oder in der Kurve? Kein Problem! Denn an meinem Rückspiegel hängt ja ein Rosenkranz, und zusätzlich ziert ein

Heiligenbildchen die Windschutzscheibe. Mit Gottes Hilfe wird das schon gut gehen … Aber viele halsbrecherische Fahrmanöver endeten hier ohne den Beistand von oben. Davon zeugen eine ganze Reihe von Grabkreuzen entlang der Strecke. Deshalb hat der Titel »Todesberg« auch heute noch seine Berechtigung. Der Name *Cerro de la Muerte* stammt allerdings aus der Zeit, in der man den Weg noch mit Ochsenkarren zurücklegen musste. Vollkommen erschöpft, zusätzlich schwer gezeichnet durch Kälte und Nässe, ließen nicht wenige bei der mühsamen Überquerung des Bergpasses ihr Leben.

Es wird kälter und kälter, immer wieder spürt man eisige, harte Windböen. Vom Pazifik aus erreichen Kaltfronten den Bergrücken, die starken Nebel und dichte Wolkenwände im Gepäck haben. Jürgen ruft mir zu: »Das ist ein Naturschauspiel wie aus dem Film – Fog – Nebel der Grauens!!!« Als wir in San José aufbrachen, bei strahlendem Sonnenschein und wohliger Wärme, war ich noch geneigt, im T-Shirt loszufahren. Doch jetzt werden die Glieder klamm, denn der Nebel wird dichter und die Luft noch kälter. In den Regionen über 3000 Meter kann das Thermometer nachts sogar bis auf den Gefrierpunkt sinken. Aber selbst in dieser großen Höhe ist die Vegetation noch bemerkenswert dicht und vielfältig. Wären wir nicht in Costa Rica, könnte man meinen, wir führen durch den heimischen Harz.

Und bei Kilometer 89 haben wir es geschafft. Der höchste Punkt der *Panamericana* ist erreicht. Die immer noch recht üppige Vegetation täuscht darüber hinweg, dass wir uns auf mehr als 3.300 Meter Höhe befinden. Unweit des Nord-Süd-Highways liegt der Cerro de la Muerte mit 3.491 Meter über dem Meeresspiegel. Weiterhin behindert dichter Nebel die Sicht. Nur einmal bietet sich kurz ein atemberaubender Blick, fast wie aus dem Flugzeug. Unwirklich, wie eine Fata Morgana ragen die Bergspitzen der Cordillera de Talamanaca aus dem Nebelmeer heraus.

Die Hände sind steif gefroren. Da wir kurze Zeit später wieder von Wolken eingehüllt sind, lassen wir unsere Kameras in den Taschen. Wir klatschen uns ab, und die Fahrt geht zurück. Allmählich wird es auch wieder wärmer. Ich weiß nicht, ob die Pioniere mit den Ochsenkarren damals überhaupt Zeit hatten, dieses grandiose landschaftliche Panorama zu genießen. Bei mir hat die atemberaubende Fahrt einiges an Adrenalin freigesetzt. Danke, Jürgen!

Hinweis: Auch ohne Auto oder Motorrad kann man den Cerro de la Muerte überqueren. Das Busunternehmen Musoc verkehrt täglich mehrmals zwischen San José und San Isidro de El General. Wer auf der Passhöhe aussteigen will, sollte jedoch keine *directo*-Verbindung auswählen.

www.musoccr.com

106. Grund

Weil der Aufstieg zum Gipfel des Chirripó ein wahres Glücksgefühl auslöst

Gibt es noch eine Steigerung? Ja! Zumindest, was die Höhe anbetrifft. Auch sonst ist die Bergtour, die ja mit eigener Muskelkraft bewältigt werden muss, mit dem fantastischen Motorradtrail zum Pass Cerro de la Muerte nicht zu vergleichen.

Costa Ricas höchster Berg ist der Chirripó mit einer Höhe von 3.820 Metern. Er liegt im nördlichen Teil der Cordillera de la Talamanca und ist umgeben von weiteren Zwei- und Dreitausendern. Er ist Teil eines Nationalparks, der ebenfalls seinen Namen trägt. Ich hatte ihn schon erwähnt, da es alljährlich einen äußerst ungewöhnlichen Berg-Crosslauf bis hinauf in seine Gipfelnähe gibt. Danach müssen jedoch die Läufer die gleiche Distanz noch einmal wieder talwärts zurücklegen (Grund 57). Der Aufstieg zum Gipfel des Chirripó führt teilweise über den gleichen Weg, den auch die Bergläufer nehmen. Die zweitägige Wanderung ins Hochgebirge ist eine einzigartige Erfahrung, einmal wegen der atemberaubenden Ausblicke und Erlebnisse und zum anderem aufgrund der großen körperlichen Anstrengung. Denn schließlich sind auf einer Distanz von 20 Kilometern fast 2.500 Höhenmeter zu bewältigen.

Die Tour beginnt bei angenehmen 20 Grad Celsius auf einer Höhe von 1.350 Metern. Ausgangspunkt ist San Gerardo de Rivas. Es ist das Dorf, in dem auch die Läufer starten. Sehr früh am Morgen beginnt der Aufstieg zum Basislager Los Crestones (dort ist der Wendepunkt des Berglaufes), der auf einer Höhe von 3.400 Metern liegt. Für die 17 Kilometer lange Strecke benötigt man in der Regel acht bis zehn Stunden. Der Aufstieg ist hart. Die verschiedenen mehr oder weniger steilen Wegstrecken hat man mit Namen versehen, vielleicht um die Gipfelstürmer so zu ermutigen, nicht aufzugeben. Man passiert die Teilstrecken *El Termómetro* (Das Thermometer), *La Máquina* (Die Maschine), *El límite* (Die Grenze) und *Monte sin fe* (Berg ohne Glauben / Hoffnung). Bedingt durch die Höhe wird es immer kälter, und auch der Wind nimmt zu. Nach Regentagen sind die Wege teilweise matschig und können somit rutschig sein. Der letzte Teil ist eine zweistündige steil ansteigende Wegstrecke mit dem Namen *La Cuesta del Agua* (Der Berghang des Wassers).

Die Vegetation wechselt ständig und ist sehr kontrastreich. Zu Beginn führt der Weg vorbei an Viehweiden, bald geht es durch üppige Bergnebelwälder, entlang an riesigen Baumfarnen, 50 Meter hohen Steineichen, Bromelien und Orchideen. Auf einer Höhe von etwa 3.350 Metern erreicht man die Baumgrenze. Das ist dann schon eine andere Welt. So kennt man Costa Rica eigentlich gar nicht. Der Urwald wird mehr und mehr durch *Páramo*, also steppenartiges Ödland, abgelöst. In dem Naturpark sind Raubtiere wie Ozelot, Puma und Jaguar heimisch, des Weiteren ist er das Habitat für Tapir, Ameisenbär und verschiedene Affenarten. Die Vogelwelt ist sehr bunt. Unter anderem ist hier der Göttervogel Quetzal zu Hause. Hier und da habe ich auch das ein oder andere exotische Tier zu Gesicht bekommen, doch aufgrund der Anstrengungen hat sich bei mir in diesem Moment das »richtige Auge« für Tierbeobachtungen nicht eingestellt.

Und irgendwann ist das *Refugios Base Crestones* erreicht. Nach stundenlangem Aufstieg ist man selbst als durchtrainierter Sportler ein wenig geschafft. Das Basislager befindet sich auf 3.400 Metern Höhe und besteht aus zwei einfachen Steinhäusern mit Doppelstockbetten und Duschgelegenheiten.

Gut ausgeruht und mit frischem Elan geht es am nächsten Morgen auf die Zieletappe. Jetzt kommt das Finale, im wahrsten Sinne des Wortes. Die Überwindung der letzten 420 Höhenmeter wird früh in Angriff genommen. Zunächst geht es nur leicht bergauf. Dann passiert man einige wunderschöne türkis schimmernde Gletscherseen, bevor im Endspurt dann wieder steilere Passagen zu überwinden sind. Erschwerend geht es zusätzlich noch über Steine und Geröll, und es wird noch kälter und windiger.

Dann hat man es endlich geschafft. Der höchste Berg Costa Ricas ist erobert. Es ist ein unbeschreiblicher Moment, und man wird von wahren Glückgefühlen übermannt. Die Belohnung ist ein kaum zu beschreibendes Panorama. Von der höchsten Erhebung zwischen den Vulkanen Guatemalas und den Anden sind im Norden die beiden Vulkane Irazú und Turrialba auszumachen, und in südöstlicher Richtung ragen mehrere Gipfel der Cordillera de Talamanaca empor. Doch der gleichzeitige Blick auf den Pazifischen Ozean und das Karibische Meer ist mir aufgrund von Dunstwolken in der Ferne verwehrt geblieben.

Wer große Temperaturunterschiede, kalte Winde, auch mal einen Regenschauer und eine raue ständig ansteigende Wegstrecke auf sich nimmt, wird mit einer großen Genugtuung und einem wirklich außergewöhnlichem Erlebnis belohnt. Die Anmeldung zum Aufstieg erfolgt im Büro des Nationalparks in San Gerardo de Rivas. Die tägliche Teilnehmerzahl ist auf 60 Personen beschränkt.

»Ich habe den 3.820 Meter hohen Chirripó bezwungen.« Das kann nach der Rückkehr aus Costa Rica nun wirklich nicht jeder von sich behaupten.

www.chirripo.org

107. Grund

Weil Golfito zu den wichtigsten Tierschutzgebieten Costa Ricas zählt

Und zum Schluss der Süden. Golfito kann mit einer für Costa Rica typischen Entwicklungsgeschichte aufwarten. Und die ist es wert, erzählt zu werden.

Als die United Fruit Company Mitte der 30er-Jahre auch auf der Pazifikseite begann, Bananen zu kultivieren, nahm das zuvor verschlafene Nest eine rasante Entwicklung. Denn Golfito mit seinen natürlichen Gegebenheiten eignete sich hervorragend zur Verschiffung der gelben Früchte. Mit Hafen und einer eigenen Eisenbahnlinie für den Transport wuchs der Ort auf über 50.000 Einwohner an. Es entstanden zwei Wohngebiete. Im Nordwesten lebten in recht noblen Holzvillen die amerikanischen Verwalter und im Süden die costa-ricanischen Plantagenarbeiter in einfachen Hütten. 1984 entschied das Unternehmen aus mehreren Gründen, das Gebiet für die Bananenproduktion von heute auf morgen aufzugeben. Als Folge daraus wurde die Region durch eine heftige Wirtschaftskrise gebeutelt. Teile der Stadt drohten zu verfallen. Daraufhin richtete die Regierung 1990 im Norden des Stadtgebietes eine Freihandelszone ein, in der Costa Ricaner alle sechs Monate bis zu einem bestimmten Betrag zollfrei einkaufen dürfen, wenn sie sich mindestens 24 Stunden in der Region aufhalten. Und so ist Golfito heute für viele *Ticos* ein »Pilgerort« für den steuerfreien Einkauf von importierten Waren. Nachgefragt werden vor allem Elektrogeräte und die gesamte Palette der Telekommunikation. Das hat die wirtschaftliche Situation von Golfito wieder verbessert.

Gleichzeitig sind Anstrengungen unternommen worden, neben dem Einkaufstourismus (der für ausländische Gäste eher uninteressant ist), mehr Besucher für die Naturschönheiten der Region zu interessieren. Trotzdem ist die heute etwa 35.000 Einwohner große

Stadt, die umgeben von einer Bergkette an einer lang gestreckten gut geschützten Bucht liegt, bisher erfreulicherweise vom Massentourismus verschont geblieben. Deshalb eignet sie sich hervorragend als Ausgangspunkt für die Erkundung der weitestgehend unberührten Natur im Süden des Landes. Von hier aus sind leicht mehrere Nationalparks zu erreichen, unter anderem das nördlich der Stadt gelegene nationale Tierschutzgebiet Golfito (*Refugio Nacional de Fauna Silvestre Golfito*) und der daran angrenzende Nationalpark Piedras Blancas (*Parque Nacional Piedras Blancas*).

Ursprünglich wurde das kleine Naturschutzgebiet Golfito gegründet, um seine Wasserquellen zu schützen, denn sie dienen der Stadt gleichen Namens zur Trinkwasserversorgung. Die Schutzzone ist aber noch aus einem anderen Grund äußerst attraktiv. Offensichtlich durch eine tektonische Falte ist ein nahezu 13 Kilometer langer und 400 Meter hoher Steilhang entstanden. Deshalb wird das Gebiet heute zu den wichtigsten Tierschutzgebieten des Landes gezählt und aus diesem Grunde von der Universität von Costa Rica betreut. Es besteht aus vorwiegend dichtem immergrünen Regenwald mit sehr hohen Bäumen. Zudem wachsen hier seltene und auch heilende Pflanzen. Dazu gehören Lorbeergewächse, die sonst in Mittelamerika unbekannt sind, sowie die Zamia, bei der es sich um großblättrige Palmfarne handelt, die es schon vor der Zeit der Dinosaurier gab.

Auf den gut markierten Urwaldpfaden erhält man einen weiteren intensiven Eindruck vom Naturparadies Costa Rica. Im Dschungel sind Jaguar, Nasen- und Waschbären, mehrere Affenarten, Gürteltiere und Schlangen zu Hause. Der dichte Unterwald und der hohe Baumkronenbereich sind die Lebensräume für Papageien, Tukane, Kolibris, Schlangenhalsvögel und Graureiher, aber auch für Raubvögel wie Königsgeier, Cayenne-Milan und Schleiereule. Und wieder sind malerische Wasserfälle und pittoreske Schluchten mit kleinen Flüssen zu bestaunen. Von der Klippe des Steilhanges hat man einen atemberaubenden Blick über die geschützte Bucht von Golfito, die nur einen kleinen Durchgang zum Golfo Dulce (deutsch: Süßer

Golf) hat. Auf der Wanderung kann man zahlreiche Orchideenarten, Pflanzen, deren Blüten in allen nur erdenklichen Farben schillern, und schwarze Palmen bewundern.

Da bisher recht wenig besucht, ist die Region Golfito fast immer noch ein Geheimtipp, die neben einer paradiesischen Natur auch schöne Strände (Playa Zancudo, Playa Puntarenitas, Playa Encanto), Bootstouren auf dem Golfo Dulce (Delfin-Beobachtungen) und dem Río Coto (Mangroven, Krokodile), Besuch eines Indiodorfes und eine Visite bei Goldgräbern (Río Tigre) im Angebot hat. Das Gebiet um den Playa Zancudo hat unter Sportfischern einen besonderen Namen, gilt es doch als eines der weltbesten Reviere zum Hochseeangeln.

www.golfito.info · www.golfito.biz

108. Grund

Weil man sich auf der Halbinsel Osa außerhalb der Zivilisation wähnt

Herzlichen Glückwunsch an alle, die es bis hierher geschafft haben. Das ist nun wirklich Costa Rica! Hier ist das Paradies, grüner wird es nicht. Osa liegt im Südwesten und gehört zu den wärmsten und gleichzeitig regenreichsten Regionen des Landes. Die Halbinsel ist wie aus der Zeit gefallen, sie besteht fast nur aus Urwald. An wenigen Stellen hat man ihr mühsam ein wenig Platz abgerungen für ein paar Häuser, Öko-Lodges, Läden und Restaurants. Umsäumt wird sie von langen, menschenleeren Stränden. Nirgends in Costa Rica ist der Dschungel höher, dichter und vielfältiger als hier, überall nur wilde und unberührte Natur. Auf Schritt und Tritt kann man Tiere und Pflanzen zu Gesicht bekommen, die es nur hier gibt und kaum sonst auf der Welt.

Es gibt zwei kleine Dörfer, über die man auf die Halbinsel gelangt. Puerto Jiménez liegt im Süden auf der Innenseite von Osa und ist mit 7000 Einwohnern der größte Ort der Peninsula. Täglich mehrfach pendelt eine Personenfähre zwischen Golfito (Grund 107) und dem kleinen Städtchen, welches schon einen Vorgeschmack auf die Dschungelwelt gibt: traumhafte Natur und einsame Strände.

Im Norden am Fuß der Halbinsel kommt man vom Festland aus zum Örtchen Sierpe, am gleichnamigen Fluss gelegen. Es ist ein weiterer interessanter Ausgangspunkt zur Erkundung von Osa. Der Río Sierpe liegt in einem Sumpfgebiet. Seine zahlreichen Seitenarme und Nebenflüsse bilden die Kulisse für das größte Mangrovengebiet Mittelamerikas. Deshalb ist schon die Anfahrt mit dem Boot auf die Halbinsel ein einzigartiges Erlebnis. So gelangt man zur Bahía de Drake. Diese Bucht hat ihren Namen der Tatsache zu verdanken, dass der englische Freibeuter und Weltumsegler Sir Francis Drake im Jahre 1579 hier vor Anker ging.

Für diejenigen, die eine schnellere und bequemere Anreise vorziehen: Die Inlandsfluggesellschaft Sansa bedient täglich mehrmals die Verkehrslandeplätze Puerto Jiménez, Bahía de Drake und Golfito (Grund 25).

Osa blieb lange Zeit völlig unentdeckt. Erst im letzten Jahrhundert stießen erste Menschen auf der Suche nach Gold bis zur Halbinsel vor. Bis dahin war sie einer der letzten weißen Flecken auf der Landkarte. 1975 wurde ein großer Teil der Halbinsel zum *Nationalpark Corcovado* erklärt (Grund 109), sodass seitdem hier die Suche nach Gold verboten ist. Bis heute ist das Gebiet sehr spärlich besiedelt. Auch der Tourismus steckt in dieser Region fast noch in den Kinderschuhen.

Deshalb heißt es für den Besucher: raus aus der Komfortzone. Wasser kommt nicht nur häufig von oben, sondern gibt es auch in rauen Mengen »auf der Erde«. Hier bekommt das Wort »Regenwald« wirklich seine ursprüngliche Bedeutung zurück. Das ganze Gebiet ist mit einen Netz von Flüssen und Bachläufen durchzogen, die sich durch den dichten Dschungel einen Weg zum Ozean bahnen. Und schließlich noch das Meer: Es umschließt Osa von fast allen Seiten, vom Pazifik an der West- und Südküste und vom Golfo Dulce im Osten. Mit anderen Worten, die gesamte Halbinsel wird von einem riesigen Traumstrand eingefasst, an dem man so gut wie immer allein ist. In der Regenzeit fährt man am besten mit dem Boot durch die Mangrovenwälder. Viele Wanderwege und Dschungelpfade sind in dieser Zeit so vermatscht, dass es ab und zu schwerfällt, zu Fuß weiterzukommen. Häufig ist man so allein, dass man sich schon als Entdecker fühlen kann.

Auch diese Region haben einige Aussteiger als ihren neuen Lebensmittelpunkt ausgewählt, weitab der Zivilisation. Den Urwald sehen sie als ihr Heiligtum an, den es zu beschützen gilt. Außerdem kommt bei ihnen eine beeindruckende Gelassenheit zum Vorschein, nämlich Dinge zu akzeptieren, die man nicht beherrschen oder nicht unter Kontrolle haben kann. Für mich war das eine ganz neue Erfahrung.

Natürlich sollte man sich nicht auf eigene Faust in undurchdringliche Dschungeldickichte begeben. Fast alle Urwald-Lodges werden von ehemaligen Aussteigern, von Liebhabern dieser ungezähmten Natur geführt. Die meisten haben sich schon vor langer Zeit ganz bewusst für diese wilde Einsamkeit entschieden. Indem man sich in die Obhut einer Urwald-Lodge begibt, kommt man wilden Tieren und undurchdringlichem Regenwald so nah wie sonst nirgends im Land.

Das nachhaltigste Erlebnis war eine Tour mit dem Besitzer der Águila-de-Osa-Lodge in Bahía de Drake. Bradd, ein Amerikaner, der schon viele Jahre auf Osa lebt, hat daher eine große Erfahrung in Sachen Tierbeobachtung im Dschungel. Er zeigt auf einen Baum, auf dem ein Ameisenbär herumklettert, und kurze Zeit später macht er mich auf ein Faultier aufmerksam, das in einer Astgabel vor sich hindöst. Wir sehen laut tönende Brüllaffen, auffliegende Tukane, flirrende Kolibris und knallrote Papageien. Plötzlich vernehme ich aus dem Dickicht ein heiseres Fauchen. Für den Bruchteil einer Sekunde erspähe ich einen Puma oder Jaguar. Das Herz blieb mir fast stehen. Unmittelbar darauf wollte ich meine Beine unter den Arm nehmen … Bradd hielt mich zurück: »Keine Panik, Roland, Wildkatzen sind in der Regel scheu, und außerdem finden sie hier genug Beute.« Für mich war das eine der einschneidendsten Begegnungen mit der wilden Tierwelt Costa Ricas.

Die Verbindung von einzigartiger Natur, überbordendem Dschungel, endlosen Traumstränden und der Einsamkeit weitab der Zivilisation machen die Halbinsel Osa zu einem der nachhaltigsten Reiseerlebnisse eines Costa-Rica-Besuches.

www.costaricaexperts.com

109. Grund

Weil der Nationalpark Corcovado ein wahrer Garten Eden ist

Der *Parque Nacional Corcovado* ist eine Naturschutzzone der Superlative, in der Tat das Kronjuwel aller Regenwaldparks im Lande. Er gilt als einer der weltweit artenreichsten Öko-Systeme überhaupt. Deshalb wurde das Gebiet zu einem internationalen Forschungszentrum erklärt, um diese außergewöhnliche Artenvielfalt zu studieren, denn immer noch werden hier neue Gattungen entdeckt. So gibt es eigentlich keinen Ort in Costa Rica, an dem man noch so ursprünglich Flora und Fauna beobachten kann wie in diesem Nationalpark. *Corcovado* ist ein wahrer Garten Eden.

Das Gebiet weist 13 verschiedene Öko-Systeme auf, unter anderem Tiefland-Regenwald, Bergwald, Schwemmland, Sumpfwald, Süßwasser-Sumpfgebiete, Grassumpf und Küstengebiete. Es wird als einer der biologisch intensivsten Naturorte auf der ganzen Welt angesehen. In dem Parkrevier findet man allein über 500 Baumarten, einige davon werden bis zu 70 Meter hoch. Des Weiteren sind dort bis heute 140 Säugetier-Spezies, über 400 Vogelarten, 120 verschiedene Reptilien- und Amphibienarten und mehrere Tausend Insektenarten registriert worden. In den Seen, Lagunen und Flüssen hat man über 40 Gattungen von Süßwasserfischen ausgemacht.

So ist ein Besuch im Nationalpark Corcovado absolut einmalig. Von Bahía de Drake oder von Puerto Jiménez aus können Wanderungen in der Schutzzone unternommen werden. Die Trekking-Tour durch das immergrüne Paradies oder die feuchtheiße Hölle – je nachdem, wie man es betrachtet – setzt schon einiges an Kondition voraus. Das Wandern auf kilometerlangen Pfaden durch einen dichten Urwald, das Laufen durch tiefen Sand am Meer und das Durchqueren von Flüssen kann schon manchmal schweißtreibend sein, ganz besonders in Kombination mit dem tropischen Klima. Dafür wird man allerdings mit unberührter Natur pur beschenkt, die man in dieser Art selten auf der Welt antrifft. Es gibt kaum ein Tier, das in diesem nahezu jungfräulichen Dschungel nicht vertreten ist.

In der Schutzzone sind einige Ranger-Stationen eingerichtet worden, vornehmlich in den Außenbereichen. Dort gibt es für Naturerkundungen nützliche Informationen, zum Beispiel über die Gezeiten und andere hilfreiche Ratschläge, unter anderem wie man sich bei Begegnungen mit Krokodilen oder Wildschweinen verhält (die Wildschweine in Costa Rica können mitunter recht aggressiv werden). Bei den Park-Rangern muss sich auch jeder Besucher anmelden, denn der tägliche Einlass ist auf etwa 60 Personen beschränkt. Dadurch steigt die Wahrscheinlichkeit, Tiere zu Gesicht zu bekommen, die man in anderen Schutzzonen eher selten oder gar nicht sehen kann.

Ich bin ausgerüstet mit festem Schuhwerk, Regen- und Sonnenschutz, Fernglas und einem Spray, um Mücken und andere Plagegeister von mir fernzuhalten. Mein Ziel ist es, vom Pazifikörtchen Carate bis nach Playa Sirena den Nationalpark von Süden nach Norden zu durchwandern. Während der Registrierung beantwortet der Ranger bereitwillig alle meine Fragen: Wie lang ist der Weg wirklich? Wie viel Zeit benötigt man dafür? Wie überquere ich einen Fluss mit Krokodilen? Im Falle eines Falles: Wie sind die Verhaltensregeln bei einem Schlangenbiss? Wo kann ich unterwegs Wasser auffüllen?

Da der Trail gut markiert ist, beschließe ich, die Strecke ohne Guide anzugehen. Schon nach zehn Minuten heißt es »Schuhe ausziehen«, denn die erste Flussdurchquerung steht an. Für einen kurzen Moment fühlt man sich noch einmal behütet, denn der Weg passiert eine weitere Ranger-Station. Die nächste Etappe bis nach Punta La Cancha führt mehr oder weniger am Strand entlang. Das ist teilweise sehr kräftezehrend, da man immer wieder tief im Sand einsinkt. Auf Waldpfaden bekomme ich mehrere Male die farbenprächtigen roten Aras zu Gesicht, für die der Park so bekannt ist. Nebenan springen Brüllaffen artistisch von Baum zu Baum. Dann läuft mir ein Riesen-Ameisenbär fast »über die Füße«, und ein Tapir nimmt ob meiner Anwesenheit Reißaus. Zudem kann ich mehrere Weißrüssel-Nasenbären, eine kleine Schlange und einige Echsen bestaunen. Kolibris umschwirren die duftenden Blüten der Helikonien. Auch höre ich mehrmals einen Tukan rufen. Schließlich erreiche ich einen paradiesischen Küstenstreifen, der von einer hohen Felsstruktur eingeengt wird. Hier kommt man nur bei Ebbe weiter. Da ich aber »zu früh« bin, schlagen die Wellen immer noch gegen den Felshang. Nach einer Stunde ist die Überwindung der »Meerenge« endlich möglich.

Noch nicht erwähnt habe ich die Pausen, die ich meistens für ein erfrischendes Bad am menschenleeren Traumstrand einlegt habe. Nachdem der grün schimmernde Río Claro durchquert ist, ebenfalls eingebettet in eine Paradieslandschaft, passiere ich den Wegweiser zur Ranger-Station Sirena. Hinter mir liegt ein äußerst intensiv erlebtes Abenteuer und eine Erfahrung, wie sie Robinson Crusoe wahrscheinlich auch nicht viel anders gemacht hat.

So etwas ist dann doch schon etwas für Fortgeschrittene und Individualisten, aber man kann für Touren im *Nationalpark Corcovado* auch einen Guide buchen. Ein wahnsinnig tiefes und ergreifendes Naturerlebnis!

www.sinac.go.cr · www.ecotourism.co.cr

110. Grund

Weil besonders die Steinkugeln auf der Isla de Caño bis heute Rätsel aufgeben

Im Laufe der kulturellen Entwicklung auf der Erde hat es immer wieder von Menschenhand geschaffene Monumente gegeben, für die es bezüglich der Erschaffung bis heute keine schlüssigen Antworten gibt. Vielleicht sind die beiden bekanntesten Bauwerke dieser Art die Anlage von Stonehenge in England und die riesigen Steinstatuen auf den Osterinseln. Auch in Costa Rica gibt es ein derart unerklärliches Geheimnis, das den genannten in ihrer Einmaligkeit in nichts nachsteht.

Im Südwesten des Landes wurden im vorigen Jahrhundert mehr als 350 Steinkugeln gefunden, die aus der präkolumbianischen Zeit stammen. Die meisten wurden aus einem granitähnlichem Vulkangestein geformt und sind sehr präzise modelliert. Die Größe variiert zwischen einigen Zentimetern und fast zweieinhalb Metern Durchmesser, die schwerste wiegt mehr als 16 Tonnen. Sie gehören zu den größten Rätseln der Entwicklungsgeschichte der Menschheit und wurden deshalb in die Liste des UNESCO-Weltkulturerbes aufgenommen.

Die Kugeln wurden sehr spät entdeckt. Als in den 30er-Jahren des vorigen Jahrhunderts die United Fruit Company auch in den südwestlichen Landesteilen Urwald rodete, um dort im großen Stil Bananen zu kultivieren (Grund 107), stießen Arbeiter zufällig auf diese Wunder der Menschheitsgeschichte. Sie fanden Dutzende perfekt geformter Steinkugeln, die meisten davon waren größer als sie selbst. Da die Kugeln »im Weg« lagen, räumten die Männer sie mit ihren Bulldozern achtlos beiseite. Dadurch zerstörte man aber die Anordnung der Kugeln, andere wurden dabei beschädigt und wieder andere sogar gesprengt, weil man im Inneren Gold vermutete. Doch von Schätzen keine Spur.

Dann erst begannen die Forschungen. Es gab mehrere Fundorte, die alle im Südwesten des Landes liegen. Die meisten Kugeln wurden im Tal des Río Grande de Térraba und auf der Isla del Caño gefunden. Man vermutet, dass sie von den Vorfahren der Boruca-Indios gefertigt wurden. Eine exakte Altersbestimmung erwies sich als schwierig. Man schätzt, dass sie in die Zeit zwischen 600 und 1200 nach Christi entstanden.

Wie Bearbeitungsspuren erkennen lassen, wurden sie vermutlich durch Beschlagen und Schleifen mit Steinen hergestellt. Die Kugeln weisen jedoch eine dermaßen gleichmäßig runde und glatte Form auf, dass eine Fertigung ohne moderne Hilfsmittel fast unmöglich erscheint. Neben Steinmetz-Meistern müssen an der Herstellung weitere Spezialisten beteiligt gewesen sein, die unter anderem gute Kenntnisse in Geometrie gehabt haben müssen.

Warum sie hergestellt wurden und welche Bedeutung sie hatten, ist bis heute unbekannt. Eine Annahme ist, dass sie eine wichtige Rolle in der Mythologie einnahmen, eine andere vermutet, dass sie die Hierarchie oder das soziale Ansehen einzelner Stammesmitglieder deutlich machen sollten.

Eine weitere Theorie bringt die Kugeln mit Astronomie in Verbindung. Deshalb versucht man, einen Lageplan der Fundorte zu erstellen. Das gestaltet sich jedoch schwierig, da viele Steinkugeln von ihrer ursprünglichen Position entfernt worden sind. Denn nachdem die Kugeln entdeckt worden waren, sicherten sich reiche Costa Ricaner ein Exemplar als »Souvenir«, und so zieren sie auch heute noch Vorgärten und Patios einiger Villen in der Umgebung von San José.

Ein besonderes Rätsel gibt der Fund von zahlreichen Kugeln auf der Isla de Caño auf, die etwa 15 Kilometer westlich der Halbinsel Osa liegt. Denn dort kommt der Granitstein, aus dem sie gefertigt wurden, gar nicht vor. So ist die Frage: Wie sind die tonnenschweren Kugeln auf die Insel gebracht worden? Zudem bleibt auch hier die Frage nach dem Warum bis heute unbeantwortet.

An zwei Orten im Lande sind heute die präkolumbianischen Steinkugeln zu bestaunen. Auf dem Weg zur Halbinsel Osa findet man zwischen Palmar Sur und dem Örtchen Sierpe das *Museo Finca 6*. In der freien Natur entfaltet die Betrachtung der *Esferas de Piedras* – der Steinkugeln – eine fast magische Atmosphäre. Und wer das Nationalmuseum in San José besucht (Grund 65), wird im Garten ebenfalls einige Exemplare der präkolumbianischen Relikte bestaunen können. Darunter befindet sich auch die größte, 16 Tonnen schwere Riesenkugel. Auch sie gehören zur Geschichte des Landes.

www.museocostarica.go.cr

Nachwort

111. Grund

Weil die Ein- und Ausreise sehr einfach ist, einige Informationen dazu jedoch sehr nützlich sein können

Costa Rica wird auch von europäischen Airlines mehr und mehr angeflogen. Die meisten arbeiten jedoch durch Codeshare mit anderen Fluggesellschaften zusammen. Zurzeit kommt man am besten ohne lange Zwischenstopps mit Iberia ans Ziel. Die spanische Fluggesellschaft fliegt täglich vom Madrid nonstop nach San José. Dazu gibt es von allen großen deutschen Flughäfen wie auch von Zürich und Wien gut getaktete Zubringerflüge. Lufthansa, Air France und KLM bedienen San José teilweise auch direkt, doch häufig geht es über Panama. Es gibt auch Flüge über Santo Domingo. Jedoch ist es nicht gerade angenehm, dort gegen Mitternacht für eine eigentlich überflüssige Sicherheitskontrolle die Maschine verlassen zu müssen. Dass Flüge mit Zwischenlandung in den Vereinigten Staaten ähnlich nervtötenden Kontrollen unterzogen werden, weiß man mittlerweile.

Gerade in Deutschland sind die Sicherheitskontrollen auf den Flughäfen besonders strikt, und offensichtlich variieren die angelegten Maßstäbe je nach Sicherheitsfirma. Ich wollte beim Abflug in Düsseldorf ein 85 Zentimeter langes Lattenrost-Brettchen als Handgepäck mitnehmen. Das nahm man mir weg, denn damit könnte ich auch jemanden erschlagen … Nagelschere und -feile werden ab und zu im Handgebäck toleriert und beim nächsten Mal konfisziert, deshalb ist es sicherer, so etwas im Koffer zu verstauen.

Auf dem Hinflug nach Costa Rica müssen Bürger aus der EU und der Schweiz eine Zollerklärung ausfüllen. Diese wird auf dem Flughafen in San José den Beamten überreicht, die ganz am Ende der Einreiseprozedur das gesamte Gepäck noch einmal durchleuchten. Danach darf man den Flughafen verlassen.

Die costa-ricanische Währung ist der Colón. 2019 entsprach ein Dollar etwa 600 Colones, für einen Euro bekommt man ungefähr 680 Colones. Die costa-ricanische Regierung versucht durch Devisenaufkäufe den Währungskurs stabil zu halten. Einen ständig steigenden Kurs des Colón wie noch vor Jahren gibt es jedenfalls nicht mehr.

Bitte nicht nach Ankunft auf dem Flughafen Geld tauschen. Die Wechselstuben, die sich gegenüber der Gepäckausgabe befinden, bieten einen ganz miserablen, man kann auch sagen unverschämten, Kurs an. Das sieht man leicht an der großen Differenz zwischen Devisenankauf und -verkauf. Dort gibt es auch zwei Geldautomaten, doch leider sind die häufig defekt. Jedes Taxi akzeptiert aber auch Dollar. Später im Land ist der Geldumtausch kein Problem. In allen Bankgebäuden sind Geldautomaten installiert, und in den größeren Filialen kann man natürlich auch Bargeld tauschen. Die Bankenwelt in Costa Rica ist sehr Dollar-fixiert, sodass es kaum einen Unterschied macht, direkt Euro in Colones zu wechseln oder den Umtausch über den Dollar vorzunehmen, also im Heimatland Dollar zu erwerben und die dann in Costa Rica in Colones zu tauschen. Und bitte nicht die Dienste von illegalen Geldwechslern auf der Straße in Anspruch nehmen. Es könnten Trickbetrüger sein.

Bei der Ausreise wird auf dem Airport eine Flughafensteuer von 29 Dollar fällig, die natürlich auch in Colones bezahlt werden kann. Die Schalter dafür befinden sich auf der rechten Seite der Abflughalle. Seit einiger Zeit ist bei einigen Fluggesellschaften diese Airport-Tax bereits im Ticketpreis enthalten, zum Beispiel bei Iberia. Deshalb sollte man sich diesbezüglich beim Ticketkauf darüber informieren.

Bürger aus der EU und der Schweiz benötigen für einen Aufenthalt bis zu drei Monaten nur einen gültigen Reisepass. Für den, der länger im Land bleiben möchte, gibt es drei Möglichkeiten. Erstens: bei der costa-ricanischen Botschaft im Heimatland (Berlin, Wien, Bern) ein Visum beantragen. Zweitens: vor Ablauf der Dreimonatsfrist für drei Tage nach Nicaragua ausreisen, und nach erfolgter Wiedereinreise kann man erneut drei Monate in Costa Rica bleiben. Das machen übrigens viele junge Leute. Drittens: Es gibt auch die Möglichkeit, sich länger als drei Monate im Land aufzuhalten. Dann muss allerdings bei der Ausreise ein (vermutlich) geringes »Strafgeld« bezahlt werden. Ich habe diese Möglichkeit früher nie wahrgenommen, kann somit über die Höhe der Gebühr auch keine Angaben machen. Heute stellt sich bei mir das Thema nicht mehr. Seit 2011 habe ich einen costa-ricanischen Personalausweis, der im Land *Cédula* heißt.

Also noch einmal: *Bienvenido a Costa Rica!* Herzlich willkommen! Ich habe noch niemanden getroffen, der mir gesagt hat, Costa Rica hätte ihm nicht gefallen.

Bildnachweis

Titelfoto: © Simon Dannhauer/depositphotos.com, Bildleiste von oben nach unten: © wollertz/depositphotos.com, © Michael Knecht, © Martin Knecht, © Jürgen Schäfer, © Jürgen Schäfer, © Jürgen Schäfer, © Guzel Studio - stock.adobe.com

Textteil: 1. Kapitel: © Didier San Martin - stock.adobe.com, 2. Kapitel: © Scott Griessel - stock.adobe.com, 3. Kapitel: © gdvcom - stock.adobe.com, 4. Kapitel: Curioso Photography - stock.adobe.com, 5. Kapitel: © Jürgen Schäfer, 6. Kapitel: © Roland Berens, 7. Kapitel: © wollertz - stock.adobe.com, 8. Kapitel: © Michael Ginter, 9. Kapitel: © Jürgen Schäfer, 10. Kapitel: © damedias - stock.adobe.com, 11. Kapitel: © Roland Berens, 12. Kapitel: © Roland Berens, 13. Kapitel: © ImageArt - stock.adobe.com, 14. Kapitel: © Jürgen Schäfer

Bildteil 1 (von oben nach unten): Seite I: © Roland Berens, S. II: © alexander-konsta - stock.adobe.com, © Roland Berens, S. III: © Jürgen Schäfer (beide Abbildungen), S. IV: © Jože Potrebuješ- stock.adobe.com, © Michael Knecht, S. V: © Roland Berens, © Michael Knecht, S. VI: © Jürgen Schäfer, © Roland Berens, S. VII: © Kjersti - stock.adobe.com, © ondrejprosicky - stock.adobe.com, S. VIII: © Martin Knecht, © Jürgen Schäfer, S. IX: © Martin Knecht, © Jürgen Schäfer, S. X-XI: © Jürgen Schäfer, S. XII: © Michael Knecht, © Roland Berens, S. XIII: © Roland Berens, © Gian - stock.adobe.com, © Roland Berens, S. XIV-XV: © Michael Ginter (Bild oben), S. XIV © Michael Ginter (unten), S. XV: © Roland Berens (unten), S. XVI: © Roland Berens

Bildteil 2 (von oben nach unten): Seite I: © Monika Wicke, S. II: © Roland Berens (beide Abbildungen), S. III: © Roland Berens, © Hawkeye - stock.adobe.com, S. IV-V (oben): © Michael Ginter, S. IV (unten): © Roland Berens, S. V (unten): © Michael Ginter, S. VI: © Michael Ginter, © AlvaradoFoto - stock.adobe.com, S. VII: © Jürgen Schäfer (alle Abbildungen), S. VIII: © Roland Berens, © Michael Ginter, S. IX: © Michael Knecht, © Yannick - stock.adobe.com, S. X: © Michael Stifter, © Roland Berens, S. XI: © hotshotsworldwide - stock.adobe.com, © ondrejprosicky - stock.adobe.com, S. XII-XIII (oben): © Stéphane BRACKEN - stock.adobe.com, S. XII (unten): © Roland Berens, S. XIII (unten): © Roland Berens, S. XIV: © Roland Berens, © Traveler - stock.adobe.com, S. XV: © Roland Berens (alle Abbildungen), S. XVI: © Michael Ginter

111 GRÜNDE, BRASILIEN ZU LIEBEN

ODYSSEE DURCH EIN LAND DER SUPERLATIVE,
SO GROSS UND VIELSEITIG WIE EIN KONTINENT

111 GRÜNDE, BRASILIEN ZU LIEBEN
EINE LIEBESERKLÄRUNG AN DAS SCHÖNSTE LAND DER WELT
Von Isabel Wiesmann
240 Seiten | Premium-Paperback
Plus zwei Farbteile á 16 Seiten
ISBN 978-3-86265-713-1 | Preis 14,99 €

111 Anekdoten führen auf unterhaltsame und informative Weise quer durch Brasilien, zu den klassischen Highlights und »must sees« sowie auch zu den weniger bekannten Paradiesen des größten und vielleicht facettenreichsten Tropenlandes der Erde, wo man Unglaubliches und Abenteuerliches erleben kann.

Isabel Wiesmann, die seit fast zehn Jahren in Brasilien lebt, nimmt den Leser mit auf eine literarische und persönliche Reise ins Herz Brasiliens, zu seinen liebenswerten Bewohnern, atemberaubenden Landschaften, endlosen Stränden, tropischen Inseln, unberührten Regenwäldern und beeindruckenden Kolonialstädten.

Brasilianische Lebensfreude, typische Traditionen, eine spannende Historie, farbenfrohen Feste – der Leser erlebt ein Land voller Exotik und Abenteuer, voller Naturwunder und Extreme.

WWW.SCHWARZKOPF-SCHWARZKOPF.DE

111 GRÜNDE, KUBA ZU LIEBEN

DIESES BUCH BIETET EINEN AUSSERGEWÖHNLICHEN EINBLICK IN DAS KUBANISCHE LEBEN MIT VIELEN INSIDER-TIPPS UND ZWEI SEPARATEN FARBTEILEN

111 GRÜNDE, KUBA ZU LIEBEN
EINE LIEBESERKLÄRUNG AN DAS SCHÖNSTE LAND DER WELT
Von Klaus D. Leciejewski
368 Seiten | Premium-Paperback
Plus zwei Farbteile á 16 Seiten
ISBN 978-3-942665-50-6 | Preis 14,99 €

Kuba ist ein überaus interessantes Urlaubsland! Bis auf alpines Hochgebirge bietet es alles, was einen Urlaub entweder erholsam, aufregend oder bildend oder auch alles zur gleichen Zeit machen kann. In diesem Buch ist alles davon zu finden.

In 111 Kapiteln bringt der Autor seinen Lesern Kuba näher. Seine zahlreichen persönlichen Geschichten zeigen ein liebenswertes Land, und sie können auch nachdenklich machen. Sämtliche Informationen stammen aus persönlichen Recherchen des Autors.

Die über 50 Fotografien im Buch sind keine der üblichen Aufnahmen aus Hochglanz-Magazinen, und sie bilden auch keine der weitverbreiteten Klischees ab, sondern zeigen Kuba aus einer sehr intimen Perspektive.

Eine informative und atmosphärische Erkundungstour über die traumhafte Karibikinsel!

WWW.SCHWARZKOPF-SCHWARZKOPF.DE

ROLAND BERENS, geboren 1949 in Verl, Studium der Informatik, Hispanistik und lateinamerikanischer Literaturwissenschaft mit anschließender Promotion, besuchte 1992 das erste Mal Costa Rica. Seit 2009 lebt er dort zeitweise. Er ist als Blues-Liedermacher bekannt und hat als Literatur-Übersetzer diverse Werke spanischer und lateinamerikanischer Autoren ins Deutsche übertragen.

Roland Berens
111 GRÜNDE, COSTA RICA ZU LIEBEN
Eine Liebeserklärung an das schönste Land der Welt

ISBN 978-3-86265-791-9

VERLAG
Schwarzkopf & Schwarzkopf Verlag GmbH
Kastanienallee 32, 10435 Berlin
Telefon: 030 – 44 33 63 00
Fax: 030 – 44 33 63 044

INTERNET | E-MAIL
www.schwarzkopf-schwarzkopf.de
www.facebook.com/schwarzkopfverlag
info@schwarzkopf-schwarzkopf.de